JN270965

日本の学級集団と学級経営

河村茂雄
Shigeo Kawamura

集団の教育力を生かす学校システムの原理と展望

図書文化

はじめに

　この15年間，学級集団，そして学級経営にこだわってカウンセリング心理学の視点から研究してきた。それは，自分が教師をしていたころの1990年代，東京の学校現場で頻繁に見られるようになった学級崩壊の問題に直面したことが出発点になっている。

　学級崩壊の問題は，当該する教師も学年団も，学校組織も，かなりの疲弊に追い込んでいく。そして何よりも，その学級に所属する子どもたちの教育に大きなマイナスの影響を与える。それは子どもたちの学習面やメンタル面のみならず，その後の発達面にも影響を与えるのである。

　何とか学級崩壊の問題を防ぎたい，そういう思いでこの15年間，研究に取り組んできた。そのテーマも，「学級集団が崩壊していくメカニズム」「崩壊していく学級における教師のリーダーシップ行動の特徴」「学級集団の状態と子どもたちの学級生活の満足度，学力の定着度との関係」「学級集団の状態と学級内でのいじめ問題の発生率，不登校の発生率との関係」「学級集団の状態と教師のメンタルヘルスの関係」「教師の信念と学級経営方針の関係」などで，教師が教育実践を行ううえで，少しでも参考になる知見を発信したいと研究してきた。

　幸いにも，継続してきた研究の途中で開発した学級集団分析尺度が，「Q-U：QUESTIONNAIRE-UTILITIES」という形で標準化されて市販され，広く日本全国の学校に広まっていった。そのおかげで，数々の調査研究をQ-Uのデータと関連させて検討する着想につながり，いろいろな調査研究の知見を統合して整理することができた。

　さらに，学校現場から調査協力を得られやすくなり，市単位で調査分析依頼を頻繁に受けるようになったりして，研究活動に大きな弾みがついた。そして，とても多くの，かつ継続して蓄積してきたデータをもとに，いままで取り組んできた研究成果を，ある程度体系化できる見通しができたのである。

現在，教育問題は国家の重要政策に取り上げられ，今後の教員養成のあり方も含めて，大きな改革の機運が高まってきた。学力の問題や不登校の問題，さらに通常学級での特別支援教育の推進など，学校現場の教師たちには取組みが期待される課題が山積している。その一方で，教師の精神衛生が悪化の一途を辿っていることは，毎年の文部科学省の発表のとおりである。

　このような現状は，教師個人の努力や1つの学校組織の実践レベルの工夫では，その対処にも限界がきているというシグナルでもあるだろう。日本の学校教育制度の根本のシステムからの再検討が，切に必要だと思う。

　検討すべき日本の学校教育制度の根本のシステムとは，日本特有の制度であり，自明視されてきたために，具体的に検討されてこなかった問題である。私は自分の研究成果から次の2点の再検討が，最優先課題だと感じている。

(1)固定されたメンバーで生活面やさまざまな活動に学級で取り組む日本型の学級集団制度
(2)学習指導とガイダンス（生徒指導）を教師が統合して実施していくという指導体制

　日本の学校教育の基盤といえる上記2点の現状維持がむずかしくなっている。

　本書は，私が蓄積してきた調査データと研究成果をもとにして，この2点について，あらためて熟考を試みたものである。その際，初めに(1)(2)ありきではなく，
・日本の学級集団制度は他国と比べてどのような特徴があるのか
・日本の学級集団はどのような歴史的経緯を経て現在の形になったのか
・日本の学級集団の理想的な状態や構造はどのようなものなのか
を押さえるところから取り組んだ。そのうえで
・現状の学級集団の状態はどのようになっているのか
・現状の問題はどのような要因で発生しているのか
・教師が対応に苦戦している要因は何なのか
を考え，最後に，今後教育政策として選択しうるパターンを複数考えてみた。

　今後どのような教育改革の提案がなされようとも，日本の学校教育システム

の特性である(1)(2)の問題との整合性がつかなければ，大きな成果は得られないだろう。さらに，教育改革は(1)(2)の問題を含めて検討されなければ，単なる対症療法に終わってしまうのではないだろうか。

　どのような子どもたちの育成をめざすのか，そのためにはどのような学級集団のあり方，教師のあり方が求められるのか，現在はその点をしっかり選択しなければならない分岐点にあるのだと思う。

　本書が，学校教育を考える多くの方々の目にふれれば幸いである。

　2009年12月

早稲田大学 教育・総合科学学術院 教授
博士（心理学）　河村　茂雄

「ガイダンス（生徒指導）」について

　日本の学校教育は大きくは『学習指導』と『生徒指導』から成り立っている。『生徒指導』は，戦後，アメリカのガイダンス（guidance）の理論や実践からの影響を受けて発展してきた。「日本語の生徒指導は，通常ガイダンス＆カウンセリング，ないしはスクール・ガイダンス＆カウンセリングと英訳される」（中野良顯　2004）。アメリカでは現在は「生徒指導は通常スクール・カウンセリングであるが，ガイダンスないしガイダンス＆カウンセリングという表現もなお生きている」（中野良顯　2004）。いっぽう日本では，カウンセリングという場合，個別面談を指す言葉として一般的となっている現状があり，学校で行う教師のカウンセリング的対応は"教育相談"と呼ばれることが多く，"生徒指導"は反社会的な逸脱行動への指導に対して用いられることが多い。

　文部省（1981）は，「生徒指導はそれぞれの生徒の人格の，より正常な，より健康な発達の助成のために必要な教育活動」であるとし，幅広くとらえている。つまりその中に，学校現場で用いられている教育相談，進路指導なども含まれるのである。したがって，本来の『生徒指導』を指すときは，「広義の」「包括的な」などをつけ加える必要が生じている。なお小学校や東京都など一部地域の小・中・高等学校で生活指導と呼ばれる対応は生徒指導と同義である。

　本書では，学校教育の中で『学習指導』以外の部分にあたる『生徒指導』を，児童生徒の人格形成や発達の援助，個別的のみならず集団的な対応をも強調する意図を込めて，ガイダンス（生徒指導）という用語を用いる。

引用文献
文部省　1981　生徒指導の手引き（改訂版）pp.1
中野良顯　2004　13章アメリカにおける生徒指導・ガイダンス・カウンセリングの実際　高橋哲夫（編集代表）「ガイダンスの機能の充実」によるこれからの生徒指導，特別活動　教育出版　pp.189 pp.191

目次

はじめに・2

第1章 日本の学級集団の特性・9
- 第1節 世界の学校—3つのタイプに分けられる世界の学校—・10
- 第2節 日本と英米の学級集団の特性の違い・12
- 第3節 日米の教師の仕事の違い・18

第2章 学級集団成立の歴史・25
- 第1節 英米の学級集団制度の成り立ち・25
- 第2節 日本の近代学校制度の成り立ち・28
- 第3節 戦争による日本の学級集団の変容・31

第3章 日本の学級集団の特性に影響を与える学習指導要領の変遷・35
- 第1節 学習指導要領の変遷の概略・36
- 第2節 学級経営を考えるうえでの問題・44

第4章 日本の学級集団の実態—集団の状態と教育の成果—・47
- 第1節 1学級の児童生徒数と学力の定着度，いじめの発生率の関係・49
- 第2節 学級集団の状態像別に考える・58
- 第3節 学級集団の状態ごとの教育成果の検討・66

第5章 日本型の学級集団のメカニズム・75

- 第1節 学級集団発達の視点から日本の理想の学級集団を考える・77
- 第2節 日本型の理想の学級集団の構造・81
- 第3節 理想の学級集団を形成する教師の具体的な対応・97

第6章 教育現場の学級問題への対処の現状・103

- 第1節 日本型学級集団に準じたさまざまな教育集団・103
- 第2節 大学の新しい取組み・学校化・111

第7章 現状の日本のガイダンス機能を補う取組み・117

- 第1節 日本のスクールカウンセラー制度を考える・118
- 第2節 日本の特別支援教育について考える・127
- 第3節 教師の精神衛生の実態・131

第8章 近年の日本型学級集団形成のむずかしさ・135

- 第1節 現代の子どもたちの実態・136
- 第2節 現状の学級集団の実態から見る日本の学校教育の問題点・144
- 第3節 学級集団育成の視点から考える「ゆとり教育」の問題・151

「ガイダンス（生徒指導）」について・5
Q-U, hyper-QU　学級を知り，育てるためのアセスメントツール・24

第9章 日本の学校教育のガイダンス機能についての再考・153

第1節　過去の日本のガイダンスの問題点・153
第2節　日本型の学級集団制度のもとでのガイダンス機能とは・160

第10章 グループアプローチと学級経営・173

第1節　グループアプローチとは・174
第2節　グループアプローチの考え方を生かした学級経営の実践事例・183

第11章 日本の教師のリーダーシップ行動・193

第1節　英米とは異なる日本の教師のリーダーシップ行動・194
第2節　教師の代表的なリーダーシップスタイル・198
第3節　共同体と機能体の特性を両立させるむずかしさと管理的な教師・205
第4節　日本型の学級経営で求められるリーダーシップの発揮の仕方・209

第12章 日本の学級集団制度を考える・217

第1節　日本の学級集団制度改革の方向性を考える視点・218
第2節　学級集団制度の改革の方向性・223
第3節　日本型の学級集団制度を継続する形態・229

あとがき・235

第 1 章

日本の学級集団の特性

　学校制度を確立している多くの国々では，「学級集団」という制度が広く見られる。国民全体に広く教育を普及するうえで，財政的な面を考えると，子どもたちを集団にして，少ない教師で一斉授業を展開する方式が経済的効率性が高いからである。

　しかし，同じ学級集団と表記されても，学級の「集団」としての特性は，どの国も同じとはいえない。特に日本と他の国々とは大きな違いがみられる。その背景には，その国の学校教育の考え方があり，そして，それに基づく学級集団を組織する目的，集団のとらえ方に，国ごとに相違があるからである。そのため，教師の役割も国ごとに異なる面があるのである。

　2000年ころから大学生の学力低下批判がマスメディアを中心に巻き起こり，2004年に国際学力テストであるOECD「生徒の学習到達度調査」（PISA2003）が公表され，日本は読解力において世界8位から14位に低下したことに批判が集まった。

　そして，しだいに小・中学校の「ゆとり教育」が厳しく批判されたり，1学

級の児童生徒数が日本は他の国々の学級と比較して多いことがその原因であるかのような論調が見られるようになってきた。特に後者の問題では，1学級の児童生徒数の世界各国間での比較は，各国の学級集団が同じ条件，特性であることを前提になされなければならないが，実際にはそうではない。したがって，バラバラな条件のもとで1学級の児童生徒数だけを単純比較したのでは，そこから導き出された考察は妥当性を欠いてしまうのではないだろうか。

本章では日本の学級集団の特徴を，他国と比較しながら考えてみたい。

第1節 世界の学校 ― 3つのタイプに分けられる世界の学校 ―

世界各国の学校教育はどのような理念のもとに，どのように展開されているのだろうか。学校はどのような特徴をもっているのだろうか。

二宮皓（2006）の指摘によると，世界の学校を「教育課程（教科中心か課外活動もあるのかなど）」と「生徒指導体制」の2つの軸で比較的に分析してみると，大きく3つのタイプに分類できるという。以後，二宮皓，学校教育研究所（2006）の文献をもとに，本書と関係する点について整理する。

1 教科学習中心の学校

ドイツ，デンマーク，フランスなどのヨーロッパ大陸に典型的に見られる学校で，ラテンアメリカの学校も同様であるという。ヨーロッパ大陸の学校は伝統的に，学校は教科を教える勉強の場であって，クラブ活動を楽しむ場ではなく，また，しつけや生徒指導的ケアリングは家庭や教会の責任と考えられ，学校は関与しないという。生徒指導体制はほとんど整備されておらず，教育課程も教科中心で課外活動（特別活動）が行われない（注1）。

2 「思想」と「労働」重視の学校

ソ連や東ドイツといった旧社会主義の国々，キューバや中国の学校である。

旧社会主義の国々はヨーロッパ大陸の伝統に基づく教科中心の教育課程を中心とし，その教育課程に社会主義思想・イデオロギー教育を組み込み，同時に労働を重視する「労働科」の時間が特設された編成である。

また，社会主義思想は学校で教えると同時に地域でも教えるという，学校と社会が一体となった生徒指導体制をとっている（注2）。

3 教科学習とともに課外活動を積極的に実施する学校

イギリスやアメリカの学校で，オーストラリア，ニュージーランド，カナダなどのかつての英連邦国家であった国の学校である。

英米諸国の教科学習の特徴は，教育内容について国家の定める統一基準（日本の学習指導要領，教科書の検定など）はなく，州，学区（教育委員会），学校にその裁量が大きく委ねられていることである。したがって，選択教科・科目も柔軟に設定することができる。知識や経験が児童生徒の学習量に応じて単位換算される「単位制度」の普及もこのシステムを支えている（注3）。

さらに英米諸国では，教科指導に加えて，生徒指導体制が確立され整備されている。アメリカでは，生徒指導はガイダンス・アンド・カウンセリングと呼ばれ，学校のなかに定着している。生徒指導の対応内容は，教科・科目の選択履修指導，学業指導，進路・職業ガイダンス，心理相談，教育相談などからなっている。初期のころは教師がこうした機能を果たしていたが，その機能の拡大とともに独立した専門職として扱われるようになり，ガイダンス・カウンセラーとして学校に配置されるようになった。規模の大きな中等学校では，生徒指導部長統括のもとにカウンセラーが指導するという体制がとられている。

日本の学校は英米型の「教科学習とともに課外活動を積極的に実施する学校」に属する。第2次世界大戦終戦後，日本は連合国軍最高司令官総司令部（GHQ）の占領政策が始まり，教育に関してはアメリカ教育使節団の指導を受けることになったので，日本の学校教育は特にアメリカのシステムがモデルになっていることが多い。

しかし，現在の日本の学校の学級集団は，英米の学校の学級集団とは，集団としての機能が異なっている。それは，学級集団を組織する目的，考え方が日本と英米では異なっているからである。

　次に，日本と英米の学校の，学級集団の違いについて考えてみたい。

注1：例えばドイツは，入学式や卒業式の儀式的行事はなく，運動会や文化祭，生徒会活動もないという。クラブ活動などの特別活動はまったくなく，学校は半日で終わり，サッカーなどのスポーツは午後の時間，地域のクラブスポーツをベースに行われており，学校で行われることはない。さらに，教師は生徒指導や教育相談を行うことはなく，それは学校の外の専門機関の仕事と考えられている。

注2：中国では少年先鋒隊（7歳～14歳）が組織され，その組織は学校単位で大隊が編成され，中隊，小隊に分かれる。集団主義教育による規律ある青少年の育成を目的に，赤いネッカチーフを首につけ，放課後や夏休みなどに，音楽や演劇などのグループ活動，清掃などの社会奉仕活動などを行っているという。

注3：例えば，アメリカでは連邦政府に教育の内容や制度を統制する権限は与えられておらず，それらはすべて各州政府の権能であり，多くの州がその権限を州内の地方の教育行政の単位である学区に委譲している。徹底した地方分権型制度なのである。学区は特別地方公共団体であり，その予算は，連邦政府からの補助金5～6%，州政府からの補助金50%，残りは学区の税収入であり，資産価値の高い地域の学区は多くの税を課税できるが，貧困地域の学区の税収入は少なくなるという地域間格差が大きい。学区に組織される教育委員会は，学校教育のあり方を決めるのは，教育の専門家ではなく，住民という素人であるべきだ，という直接民主主義思想が守られてきている。人々のもっている「常識」こそが，意思決定の基準であるという考え方である。

　　また，イギリスでは古くから人格教育の観念や紳士教育の思想があり，心も体も健康で，教養のある優れた人格を育てるのに重要という観点から，課外活動（スポーツ，文化，レクリエーション，社会奉仕などのクラブ活動）が積極的に導入されている。アメリカの学校も課外活動やクラブ活動として，スポーツや文化活動が活発に取り入れられている。フットボール，バスケットボール，チアリーディング，マーチングバンドは有名である。

第2節　日本と英米の学級集団の特性の違い

　学校で提供する教育内容において，日本は英米と同じタイプの学校に分類されるが，学級集団の特性は日本と英米ではとても異なる。それを「集団」の視点から考えてみたい。

　集団に関する研究は，レビン（Lewin,K.）によって集団力学（group dynamics）として開拓された。集団力学とは，集団の力動的性質や構成員の

行動の法則性を,実証的に研究する科学である。集団の定義は現在にいたるまで数々なされてきた。狩野(1985)はいくつかの代表的な集団の定義,かつ集団の特性から,集団を社会システムととらえ,整理している。要約すると次のようになる。

集団とは,
・その集団のもつきまりや期待される行動様式に従った複数の人々の集まりである
・所属している人々の間には単なる役割関係以上の関係が存在する
・所属する人々のいろいろな関係は,全体としてある一定の構造をもつようになる
・その集団のもつある一定の構造により,特定の目標達成に取り組む
・実際に営まれている集団の機能・取組みのうえに,所属する人々のその集団への適応・不適応が生まれ,さらにその集団のメンバーとして外部への適応・不適応が生まれる

このような特性をもつ人々の集合体が,社会システムとしての集団である。
つまり,集団とは単なる人々の寄せ集めではない。上記の5つの特性を有することにより,所属する一人一人の行動は集団の影響を受けるのである。

1 機能体と共同体

集団をとらえる方法は多種多様なもの(注1)がある。そのなかで,日本と英米の学級集団の特性を比較するには,機能体と共同体というとらえ方がわかりやすい。

〈機能体〉

機能体の集団は,特定の目的を達成することをめざした集団である。成員(所属する人々)の役割や責任,期待される行動が明確になっており,かつ目的の効率的達成のために,集団のあり方も明確になっている。

したがって,成員の行動は事前に確認された規則にのっとった契約があり,成員間の交流は役割交流が中心になってくる。特にこの面が厳密な機能体の集

団は，一般的には組織（体）と呼ばれる。利潤を追求する企業などがこの代表例である。

〈共同体〉

共同体の集団とは，血縁や地域，ある特定の精神を共通にするという意識などのつながりで生まれ，成員間の相互依存性が強く，成員の生活の安定や満足感の追求を目的とした集団である。家族や地域社会，特に従来の村社会がその典型である。

共同体の集団における規則はあるが，きちんと明文化され契約されたものというよりも，集団内の成員同士が共有する暗黙のルールが，集団の規律を維持していく面が強い。成員間の交流も感情交流が大事にされてくる。

ただ現代は，1つの集団が機能体か共同体の面だけに特化しているという場合は，現実には少ない。例えば，機能体の代表例のような企業も，各部門の集団（営業部，総務部などの部署）には，成員間の親和的な交流は，役割関係をスムーズにするうえでも不可欠である。そこで歓送迎会や定期的な飲み会が行われたりする。

また，野球好きという共通点で組織され，野球を楽しむことが目的の草野球チームでも，地域の野球大会でいい成績を残したいというのは人情であり，特定の目標が掲げられ，それに向かって全体で取り組むということもよくある。特定の目的を達成することをめざす機能体的な活動をすることで，成員間の交流も深まり，満足感も高まってくるのである。

しかし，各集団成立の本来の目的から，集団全体としては，機能体の面が強い集団や，共同体の面が強い集団というものがある。

2　日本と英米の学級集団の特性の違い

日本と英米の学級集団の特性のおもな違いは，次の点である。
・英米の学級集団は，学習集団としての機能体の特性が強い
・日本の学級集団は共同体の特性を有し，同時に学習集団としての機能体の役

割も担っている

　英米の学級集団は，児童生徒個々の学習の定着に主眼がおかれ，学習集団としての機能体の面が主になっている。学習集団に参加するための規則（懲戒の種類も多く，細かく定められている）や行動様式も明確に設定され（事前の契約），ゼロトレランス（注2）というシステムの実施も可能になるのである。

　二宮（2006）によると，イギリスの初等教育では，1人の教師がすべての教科を教える学級担任制が一般的であるが，教育方法は子ども一人一人の進度に応じた個別指導が基本である。例えば，算数における新しい単元の導入部分は一斉授業であるが，その後，子どもたちは教室の算数教材のコーナーからカードを持ってきてその問題を個々に解き，解答ができると先生に見せにいき，チェックを受けるという具合である。さらに中等教育では，教科指導は学力別に編成される学級をベースにして行われるのが一般的である。すなわち，子どもたち個々の学力の定着をめざした，学習する場としての学級集団という機能体の特性が強いのである。

　それに対して，日本の学校で組織される学級集団は，単に子どもたち個々の学習の定着だけに主眼をおいて組織されているわけではない。学級集団は所属する子どもたちにとって1つの小さな社会であり，そのなかで子どもたちには班活動や係活動，給食や清掃などの当番活動，さまざまな学級行事，学校行事への学級集団としての取組みなどが設定されている。

　日本の学級集団は，最低1年間構成されるメンバーが固定され，そのメンバー集団を単位にして，生活活動，学習活動，子どもたち同士のかかわり合いを通した，心理社会的な発達の促進を目的としているのである。

　つまり，日本の学級集団は，子どもたちの学校生活・活動におけるベースとしての共同体の面が基盤にあり，そのうえに学習集団としての機能体の特性をもたせようとしているのである。

　学習指導も教師による一斉指導が主流で，子ども同士の学び合いが大事にされている。1つの学級集団に2つの集団機能を両立させようとしているのであるが，集団の特性としては，共同体の側面を強くもつことが特徴で，特に小学

校，中学校の義務教育にこの傾向が強い。

　例えば小学校の例を見ると，日本の学級集団での生活や活動は，班活動，日直・多様な係活動，作業を集団で受けもつ。また朝夕の学級単位の会，全校朝会，児童会活動や委員会，クラブ活動，遠足・修学旅行などの行事，運動会・集団演技，集団登校，班による給食・清掃活動（英米では，給食・清掃は教育活動とは考えられていない）など，日々の生活や学期の節目ごとの行事において，学級集団内の小集団活動や全体活動が網の目のように設定されている。これらの取組みは教科ではない。

　このような取組みが作用し合って，子どもたちに学級という共同体の一員としての共通の意識や行動の仕方の一体化が生まれてくるといえる。

　米国の学級集団では，学習活動のなかにグループディスカッションが取り入れられることはあるものの，日本のような，班単位の集団作業・活動も小集団での係活動もなく，あくまでもグループ活動は学習活動のバリエーションの1つという位置づけである。

　日本の民間教育の塾や予備校などでも，子どもたちを集団にして学習活動に取り組ませているが，このときの集団は機能体であることはいうまでもない。その集団の目的は，受験指導や補習学習という具合に明確になっており，それに向かって学習活動が展開されていくからであり，子ども同士のかかわり合いを意図的に形成していくという面はないからである。

　英米の学級集団は，メンバーが年間固定された日本の塾のような集団に近いと考えると，日本の教員たちはイメージしやすいのではないだろうか。

3　日本と英米の義務教育の考え方の違い

　藤井（2002）によると，義務教育に対する考え方も，世界の国々では大きく2つの類型に分けられる。

　1つは「教育義務」と考える立場で，一定の条件のもとで，学校以外の場での教育も義務教育として認める考え方である。この考え方で国の教育システムが構成されているのは，イギリス，アメリカ，フランス，イタリア，カナダな

どの国々である。

　もう1つは「就学義務」と考える立場で，原則として義務教育の形態として国の定めた学校に就学するという方法しか認めない考え方である。この考え方で国の教育システムが構成されているのは，日本，韓国，中国，ドイツ，スペインなどの国々である。

　日本は特にアメリカの学校の教育内容をモデルにしている面が強いが，義務教育の考え方は大きく異なる。

　したがって，日本では不登校の問題が社会問題となり、毎年データが公表され，その対策に躍起になっているが，アメリカのように，もともと学校に行かないで教育を受けるという選択を認める国々もあるため，不登校問題の国際比較もこの点に留意しなければならないだろう。

注1：個人を取り巻く集団には，いろいろな特性をもった集団がある。所属集団と準拠集団というとらえ方もある。現代社会に生きる個人がかかわる集団は，1つだけという場合は少ない。1人の人間が複数の集団に所属することは，ごく普通のことである。例えば，大学生が自分の研究テーマに合った研究室に所属し，かつ，大学内の趣味のサークルに所属する，バイト先には職場集団がある，という具合である。このように，ある個人が公式的に所属している集団を，所属集団という。
　　これに対して，各個人の考え方や行動，志向が，その集団に共有的な行動の基準に位置づいているような場合，その集団をその人の準拠集団という。準拠集団はその人にとって居場所となり，自ら進んで所属したくなるような集団である。
　　したがって，人によっては学校や職場の所属集団が，そのまま準拠集団になっている場合もあれば，そうでない場合も生じるわけである。家族も，その成員構成が住民票に記載され社会の単位として位置づいていることを考えれば，一種の所属集団である。この家族集団が準拠集団になっていない場合，所属している子どもはとても不幸なことである。

注2：世界各国の教育の場での懲戒は種類が多く，細かく定められている。日本では公立の義務教育諸学校では退学させることができないが，外国ではそうした考えはない。同様に日本では，教育を受ける権利を侵害するという理由で，すべての学校において停学させることは許されていない（教育委員会が行う出席停止は懲戒ではない）が，諸外国ではそういう考えはない。日本は学校規律を維持する手段が非常に制限されているのである。さらに，英米では体罰は否定される傾向はあるが，依然として体罰を容認する制度は残っており，一律に禁止するという法制度にはなっていない（二宮　2006）。
　　「生徒指導メールマガジン」第16号などによると，1970年代からアメリカの学校では校内での暴力，いじめ，教師への反抗，発砲事件，性行為，学級崩壊などの諸問題が深刻化したが，その建て直しのための政策の一つが，ゼロトレランス（zero-tolerance policing）である。「寛容の名のもとに曖昧な指導をしない」という方針で，学校が細部にわたった明確な罰則規定を定めた行動規範を生徒・保護者に示し，それに違反した生徒にはただちに責任をとらせるもので，改善が見られない場合にはオルタナティブスクール

(問題児を集める教育施設)への転校,放校や停学などの処分がある。クリントン大統領政権下の1994年にアメリカ連邦議会が各州に同方式の法案化を義務づけ,1997年,各州法で「ゼロトレランス」を進めるよう義務づけた。

児童生徒の逸脱行動やルール違反で教育的環境を喪失した学校,教室に,健全な教育環境を維持するためにとられた教育方法であり,従来の生徒理解に重点をおいて指導する「ガイダンス(生活指導)」とは一線を画した教育方法である。

第3節 日米の教師の仕事の違い

　日米の学級集団の特性の違いは,学級集団を担任する教師の仕事の領域に如実に表れる。特に初等教育では,日米ともに学級担任制度をとっているが,教師の仕事の内容にはかなりの違いが認められる。

　学校教育の目的は児童生徒の人格の形成であり,そのために知識や学力,技能,そして社会性を身につけさせることが求められている。これを受けて,学校教育は「学習指導」と「生徒指導(ガイダンス)」がその両輪であるともいわれる。しかしこれらの担当に,日米では違いが見られるのである。

1 アメリカの教師の仕事

　八並・國分(2008)によると,アメリカでは,教師は一般に学習指導(インストラクション)に従事する。日本で見られるさまざまな学級活動を行っていく学級担任や校務分掌のような仕事は受けもたない。もちろん,部活動やほかの課外活動に携わることもない。

　日本の生徒指導や進路指導,学級担任のような生徒の学校生活を援助するような,ガイダンス(生徒指導)全般に関する仕事は,その専門の資格を有するガイダンスカウンセラーが担当するのである。学校には常勤のガイダンスカウンセラーが複数在籍し,そのほかにも非常勤のガイダンスカウンセラーやキャリアカウンセラー,退職警官らが携わるセーフティオフィサーなどの,教師以外の専門家が組織され,ガイダンス(生徒指導)全般に関する仕事を担当している。

また，アメリカの学校ではカフェテリアが特設されている場合が多く，子どもたちは各自カフェテリアで食事をする。教師の仕事は給食時間中の規律の監督であり，そもそも給食の時間は，日本のように学習指導要領に基づく「学校給食」教育の時間ではない。

　さらに，日本では学校の掃除は教育の一環であるが，アメリカ（欧米の多くの国も同様）では，学校の校舎の掃除は清掃職員が行うのである（二宮 2006）。

2　日本の教師の仕事

　日本は，学習指導（インストラクション）も生徒指導（ガイダンス）も，両方ともに伝統的に教師が担っている。中学校では部活動の担当も，教師の仕事の大きな比重を占めている。

　つまり，アメリカでは学習指導は教師，生活指導はその専門の免許をもつガイダンスカウンセラーらが担当しているという分業制をとっているのに対して，日本は学習指導とともに生活指導全般に関する仕事も教師が担当している。例えば日本の小学校では，日々の生活や学期の節目ごとの行事において，さまざまな小集団活動や全体活動が網の目のように組織されていることを指摘したが，その指導をするのも学級担任の教師である。

　恒吉（1992）は，「子どもたちは，始めから協調的な集団行動ができるわけではない。教師は子どもたちが集団行動を協調的，かつ効率的にできるように，今月の目標，今週の目標，クラスの目標など明確な目標や手順を数多く提示し，班活動の展開の仕方，給食指導（給食のねらい，身だしなみ，配膳の仕方，正しい食べ方），集団での掃除の仕方，学校行事，登下校などの学科外活動を理解させながら，子どもたちだけでできるように指導することが求められる。教師は，絶えず指示を与えなくても活動をいつもどおり行わせることができるように，1つの集団活動に対して，どのようなことが，いかに行われるべきか，そのなかでの参加者の役割は何かを示し，型を教え，それが子どもたちのなかでルーティン化されるまで繰り返し対応することが必要になる」と指摘している。

これがうまくいかないと共同体としての学級集団は不安定になり，その影響は学習指導にも及ぶことになる（注1）。担任教師は，学級集団が共同体の特性をもつように，子どもたちの集まりを「集団化」していくことを強く要請されているといえよう。

　したがって，日本ではそのような学級集団育成，学習指導，生徒指導や進路指導，教育相談など，学級集団の形成・維持と，学級の子どもたちに関するすべての指導・援助を総称して，「学級経営（注2）」という言葉が用いられている。日本の教師たちが用いている「学級経営」という概念は，教育学の「教育方法（注3）」に近いと考えられ，学校教育全体にかかわるとても広い概念である。学校現場の教師たちがもつ「学級経営」のイメージは，次の図のようなものであろう。

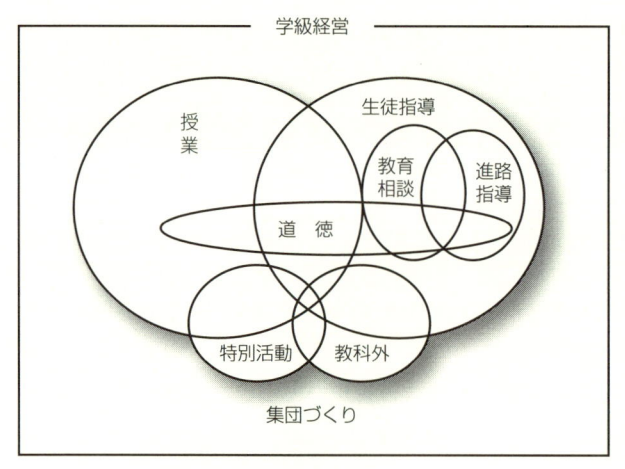

図1-1　学級経営のイメージ

　また職員室も，米国では，教員室には個別の机がなく，個々の教室から教師が一時的に集まって昼食を食べたりしてくつろぐ場として設置されているのに対し，日本の学校の職員室は，大部屋にそれぞれの教師の机が隣り合わせに並べられ，教師が頻繁に接触するような仕組みになっている（恒吉 1992）。そのなかで学年団の情報交換や打ち合わせ，教師が一緒に協力していかなければな

らない校務分掌の連絡などがとりやすいようになっている。そして，教職員全体を見渡せる位置に管理職の机が配置されているのが一般的である。教職員の集団も，日本の学校では共同体的な面が強いといえる。

3 日米の教師の仕事の相違の背景

米国の学校は，機能体としての学習集団の学級で，子どもたち個人の違いに対応することを目的とした，個別化された学習指導（能力別指導，カウンセリング，補償教育，特殊教育，ギフテッド教育，バイリンガル教育，スピーチセラピー，コンピューター教育など）が教師によってなされている。そして，生徒指導面では教師陣の分業化（教師のほかに，特殊教育学級の専門教師，スピーチセラピスト，心理学者，カウンセラーなどがいる）が発達しているのである。

分業化された各役割を担当する者は，その領域の専門の資格をもった者である。その領域の資格のない素人に任せられないという論理である（二宮 2006）。

さらに，教師が教科外の活動として，学級のすべての子どもたちを単位としたさまざまな集団活動を設定して，子どもたちの心理社会的な発達を促進していくという発想が少ないといえるだろう。

それに対して，日本の学校の教師は万能型であり，スクールカウンセラー（注4）が配置されている場合でも，週1回か2週に1回の割合でしか学校に来ることはないので，対象となる子どもの対応における責任は，担任教師に帰属されることが多いのである。

日本と，日本がモデルにしているアメリカの学校教育の異同を整理すると，次のようになる。

〈同じ点〉
・学校で教科学習とともに課外活動を積極的に実施する
〈異なる点〉
・「学習指導（インストラクション）」と「生徒指導（ガイダンス）」は，日本は教師が両方を統合して担当し，アメリカは教師とガイダンスカウンセラー

が分業して担当する
- 学級集団の特性としては，日本は生活共同体の特性をもち，その集団内でさまざまな活動を展開しながら学習指導も行うのに対して，アメリカは学習指導を中心とした機能体の特性が強い
- 義務教育の考え方が，日本は原則として義務教育の形態として国の定めた学校に就学するという「就学義務」とする考え方をとるのに対して，アメリカは，一定の条件のもとで学校以外の場での教育も義務教育として認める「教育義務」と考える立場である
- 日本は，文部科学省が出す学習指導要領によって各学校の教育内容や指導時間が均一に定められているが，アメリカでは連邦政府に教育の内容や制度を統制する権限は与えられておらず，徹底した地方分権型制度をとる
- 日本では公立の義務教育諸学校では退学，停学を行うことは許されていない（教育委員会が行う出席停止は懲戒ではない）が，アメリカでは教育の場での懲戒や罰則は種類が多く，細かく定められている

注1：恒吉僚子（1992）は，米国の教師は自分の存在を前面に押し出し，教師が個人リーダーとして，自ら指示を下して児童を率いていく仕組みであり，ものごとの因果関係や力関係などの非感情的な指導をする，直接統制の傾向がある。それに対し日本の教師は，集団活動において逸脱行動があった場合，子どもの感情や罪悪感に訴え，人の気持ちになることを促し，改心させたり，行動を変えさせたりしようとする指導が多いことを指摘している。このような指導は，教師の側からすると，直接言わなくても，相手が意にそうような行動をとることがしだいに学習されるため，子どもの行動を間接的に統制できるとしている。そして，日本ではこの間接的な統制が学校で制度化され，日本的な集団管理体制のもとに，直接干渉を控えながらも教師が教室を統制できる状況をつくり出していることを指摘している。ここにも米国の機能体集団の学級集団における教師のリーダーシップのとり方と，日本の共同体集団の学級集団における教師のリーダーシップのとり方の違いを見ることができるだろう。

　さらに，アメリカでは学校規律の確保のために，懲戒の種類が多く，細かく定められているのに対し，日本の公立の小・中学校で行いうる懲戒は「訓告」のみであり，学校規律を維持する手段が非常に制限されている。体罰でも，日本では1890（明治12）年の教育令ですでに禁止しているが，英米諸国では体罰が否定される傾向はあるものの，依然として体罰を容認する制度が残っており，国家単位で一律に禁止するという法制度にはなっていない。

注2：日本の学校における学級集団は，集団の目的と目標が国家の教育政策に規定されている。学級集団の目的は集団自体の向上ではなく，所属している子どもたちの発達の促進である。子どもたちは偶然かつ強制的に所属させられる。目的達成のため教師の教育的働きかけを受け，子どもの自発性は制限を受けるという

型式をもっている。
　　具体的には，教師という成人をリーダーとし，同年齢の児童生徒によって組織された，最低1年間固定された閉鎖集団である。そして，学級は知識や技能の獲得をめざす教科学習の場であるだけではなく，学級生活を通して行われる人格形成の場でもある。つまり，学校教育の目的が具体的に展開される場が，まさに学級集団なのである。
　　したがって，学級経営とは，教師が学級集団のもつ学習集団と生活集団の2つの側面を統合し，児童生徒が，学校教育のカリキュラムを通して獲得される教育課題と，人間としての発達上の課題である発達課題を，統合的に達成できるように計画・運営することである。そしてその学習場面として，対人交流，集団体験を伴った授業や学級活動，行事などが設定され，その基盤に児童生徒が学校生活を送るうえでのホームとしての生活体験があるのである。

注3：長谷川榮（2004）によると，教育方法とは教育目的を達成するために指導の計画と展開の措置や手段をとることである。狭義の教育方法は，学習指導と生徒指導とを指す（広義に解すると，ここに教育課程論が入る）。この2つは，教科指導と教科外指導とを示す領域概念ではなく，教科と教科外のいずれの領域にも発揮される機能概念である。それは，教科や教科外においても，学習指導も生徒指導も機能して行われている事実にある。学習指導を展開する際には，指導目標，教材または学習材，学習指導過程，学習形態，学習集団，指導技術，学習指導メディア，時間配分，空間配置および学習評価の諸要因が計画され，実施される。生徒指導を進める際には，自己指導力と社会的能力の育成をめざして，健康と安全，生活適応，学業，社会性（公民性や道徳性），余暇の過ごし方，進路などの生活上の諸問題を指導内容として計画し，子どもたちが自力で解決するよう援助することが求められる。大切なのは，個別指導と集団指導の2つの方法の連携である。

注4：スクールカウンセラーも教師同様に，日米ではその役割が大きく異なる。本文でも説明したとおり，米国のスクールカウンセラーは教育専門家であり，常勤で学校教育の生徒指導（ガイダンス）全般を担当している。それに対して日本では，生徒指導（ガイダンス）全般は教師の仕事となっており，日本のスクールカウンセラーは非常勤で，発生した不登校などの特定の問題に対して対応するのがおもな役割になっている。米国における，スクールサイコロジストに近い役割である。

引用文献
藤井泰　2002　イギリスにおける義務教育制度の動向　松山大学論集　第14巻第1号
学校教育研究所（編）　2006　諸外国の教育の状況　学校図書
長谷川榮　2004　教育方法　日本学校心理学会編「学校心理学ハンドブック」　教育出版　196-197.
狩野素朗　1985　個と集団の社会心理学　ナカニシヤ出版
文部科学省初等中等教育局児童生徒課　2006　生徒指導メールマガジン第16号
二宮皓（編）　2006　世界の学校―教育制度から日常の学校風景まで―　学事出版
PISA　2003　PISA（OECD生徒の学習到達度調査）2003年調査　文部科学省生涯学習政策局調査企画課
　　http://www.mext.go.jp/b_menu/toukei/001/04120101.htm（2010年2月現在）
恒吉僚子　1992　人間形成の日米比較　中公新書
八並光俊・國分康孝　2008　新生徒指導ガイド　図書文化

参考文献
Campbell,C.A., & Dahir,C.A. 1997 The national standards for counseling programs. Alexandria, VA：author.　中野良顯訳（2000）「スクールカウンセリング・スタンダード：アメリカのスクールカウンセリングプログラム国家基準」図書文化
石隈利紀　1999　学校心理学　誠信書房

TOPIC
Q-U, hyper-QU
学級を知り，育てるためのアセスメントツール

■開発の経緯と概要

Q-U（「楽しい学校生活を送るためのアンケート」）は，子どもたちの学校生活での満足度と意欲，学級集団の状態を調べる質問紙である。河村が1995年に開発し，2009年の時点で，小・中・高校で合計約200万部が利用されている。

この調査を実施することで，まず，不登校・いじめなどの不適応の可能性を抱えている子ども，学校生活の意欲が低下している子どもの早期発見につなげられる。

次に，学級集団に対しては，学級崩壊に至る可能性や学級集団の雰囲気をチェックして，対応の方策を得ることができるようになっている。

■実施について

Q-U（hyper-QU）は，教育実践の効果を比較して確認するために，年に複数回実施する。1回の実施につき，2～3つの尺度を測っている。

①学級満足度尺度

学級満足度尺度は，学級での子どもの対人関係を測る。「承認」と「被侵害」の2軸で個人を分布させ，個人の状態とともに学級集団の傾向を関数的にみることができる（図）。

例えば，右図のように分布をみることで，学級集団の傾向をつかむことができる。こ

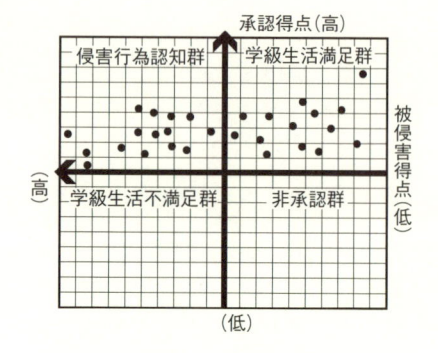

図　ゆるみのみられる学級集団のプロット

の場合は，承認得点が全体に高めだが，侵害行為認知群も半数近くいるので，ルールが定着していないゆるみのみられる学級集団といえる。

②学校生活意欲尺度

学校生活意欲尺度は，子どもが何に対して意欲が高いかを測る。①のテストとかけ合わせることで，学級集団の潜在的なニーズがわかり，学級担任が次に重点的に取り組むべき項目がみえてくる。

③ソーシャルスキル尺度（hyper-QUのみ）

hyper-QU（河村　2008）では，①②の尺度に加えて，集団形成に必要なソーシャルスキルがどの程度身についているかが一目でわかるようになり，これまで以上に的確な指導が可能になった。

文献
河村茂雄ほか（編）　2004　Q-Uによる 学級経営スーパーバイズガイド　図書文化
河村茂雄　2006　学級づくりのためのQ-U入門　図書文化
河村茂雄ほか（編）　2008　Q-U式学級づくり　図書文化

第2章

学級集団成立の歴史

　今日の日本の学校に見られる学級集団は，共同体と機能体という両面の特性をあわせもつ，生活集団を基盤とした学習集団である。それはどのような経緯で現在の形として成立したのだろうか。

　まず，日本がモデルにした英米の学校の学級集団の成立の歴史を概観する。その後で，日本の学級集団の成り立ちの経緯について，先行文献を整理し，ポイントを解説する。英米型の学校の学級集団はどのように確立され，それを日本はどのように取り入れていったのだろうか。

第1節　英米の学級集団制度の成り立ち

1　英米における学級集団の原型の成立

　19世紀，産業革命の進行で工業社会へと変貌した欧米諸国では，貧しい地域

の子どもたちも含めた，すべての子どもたちに教育を受けさせる機会を提供しようという動きが見られ始めた。

そのためには，教育活動にかける経費が安上がりで，効率的により多くの子どもたちに授業を受けさせるシステムが必要とされた。その結果生まれたのが，今日の世界各国の学校で見られる，学級集団という制度の原型ともいえるシステムである。

その代表的なシステムがモニトリアル・システムとギャラリー方式である。この内容について，広岡（2007）の文献をもとに整理する。

(1) **モニトリアル・システム**

イギリスのベル（Bell）「貧民教育のための国民協会（イギリス国教会系）」や，ランカスター（Lancaster）「英国内外学校教会（非国教会系）」の民間の教育施設は，教師（マスター）が直接生徒に教えるのをやめ，優秀な生徒を助教（モニター）に定め，彼らに3R's（reading，writing，arithmetic，つまり「読み・書き・計算」）を教え，彼らが約10人の生徒のグループを相手に，自分の習った3R'sを教えるという方式をとった。

1人の教師がモニターを指揮することにより，多数の生徒の授業を可能にしたのである。これをモニトリアル・システム（ベル・ランカスター法と呼ぶ場合もある）という。

読み方と計算の能力で生徒を能力別の「クラス」に分けた。この「クラス」に今日の学級集団の原型を見ることができる。能力別の「クラス」内の規律の確立には，軍隊的な規律でいっせいに動くことが生徒たちに強く求められた。

このモニトリアル・システムは，急速にイギリス全体，さらにヨーロッパ大陸，アメリカ大陸まで広まった。

(2) **ギャラリー方式**

産業革命は婦人労働も普及させ，それに伴い，幼児の保育の問題が緊急な社会的問題となった。さらに苛酷な児童労働についても問題とされ始めてきた。この問題の解決のために，イギリスのロバート・オーエン（Owen,Robert）は，ニューラナークの紡績工場内に性格形成学院を設立（1816年）し，1840年

には世界最初の幼稚園を設立した。さらに，「性格は環境によって形成される」というオーエンの有名な言葉に代表されるように，彼は環境が人間の性格に多大な影響を与えると考え，児童労働を緩和することにも尽力した。

幼稚園では3〜5歳の幼児をモニターとして活用するには無理があり，モニトリアル・システムに代わる教授法として，ギャラリー方式（現在の大学の階段教室のような階段上に机が並べられた状態で，数十人の幼児が教師の方を向いて授業を受ける形態）の一斉授業形態が試みられた。

ここにモニターによる教授ではなく，教師による対面式の一斉授業方式が始まったのである。この階段教室に集まった幼児たちのクラスは，同一能力の幼児たちの集合体である。

2　英米における同年齢の子どもたちが集う学級集団の成立

モニトリアル・システムもギャラリー方式も，同じクラスに集められた子どもたちは，能力別に分けられた子どもたちであった。そこから，クラスは能力別から同年齢の学年制へと移行していくのである。

国の産業社会への移行過程のなかで，国家が全国に均一の教育水準を維持していくことが求められるようになってくる。そこで学校の効率的運営を，国家の政策によって実現しようとする動きが各国で生まれた。

柳（2005）によると，イギリスでは1862年改正教育令が出され，子どもの出席状況と学習の習得度，教師の資格や学校の状況，すなわち各学校の教育内容と教育環境の評価によって，国家からの補助金が学校管理者に支払われるというシステムで，現場の学校を統制しようとした。そのため，学校が子どもたちに教える内容を3R's「読み・書き・計算」に限定し，さらにそれらの内容を6段階にわたるスタンダードとして制定した。各スタンダードは1年間にわたって履修される内容であり，6歳から11歳までの年齢に対応していた。ただしこの年齢別というシステムは，子どもたちの発達段階から考慮されたものではなく，学校が国家からの補助金を多くもらおうと，成績のよい子どもに同一スタンダードを毎回受けさせるといった不正を防止するため，年齢を統一し，名

前が記録されたものであるという。

　しかしどのような理由であれ，一斉授業の対象として学級内に入れられた子どもは，同一能力の子どもたちの集団から，同年齢の集団へと変えられ，一斉進級制度，すなわち学年制が生まれることになった。ここに事実上6学年にわたる初等学校制度が始まったわけであり，学年制によるクラスの制度が実現することになったのである。

　このような経緯で確立した英米の学級集団制度を，日本は明治期に輸入したのである。ただし，当時の日本は農村社会で，英米のような産業社会への移行期を迎えておらず，英米の学級集団制度がそのままは定着しなかった。現在のような形に定着し始めたのは，大正時代に入ってからである。

第2節　日本の近代学校制度の成り立ち

1　英米の学級集団制度の輸入から始まった日本の近代教育制度

(1) 学制の布告

　日本の近代学校制度は，1872（明治5）年に布告された「学制」によって動き始める。その骨格は欧米諸国の教育システムをほぼ輸入したものである。

　このときの尋常小学校は，上等小学校と下等小学校に分けられ，それぞれ八級から一級まで分けられた等級制で組織され，試験による個人の成績によって等級が上がっていくシステムである。学級も同年齢で分けるのではなく，個人の能力しだいで進級し，成績がよければ飛び級も行われた。モニトリアル・システムのクラス制と原則的に変わらないものである。

　しかし，学制は授業料の受益者負担と児童の就学による労働力の減少により，国民に過度の経済負担を与え，就学率が伸びず失敗に終わった。

　日本の近代学校教育制度が確立していくのは，近代国家が確立していく1885

年以降である（1885年内閣制度創設，1889年大日本帝国憲法発布）。推進したのは，明治初年よりイギリス，アメリカに外交官として駐在し，国家の近代化や繁栄には教育の国家思想の育成が必要とした初代文部大臣森有礼である。

柳（2005）によると，森は義務教育の最優先課題として，「起立」「礼」「着席」という号令に従って行動するというような，集団行動のできる日本人の育成をめざした。そのための教員の養成を重視し（注1），師範学校を設立した。

師範学校で行われた一斉教授の方式は，明治30年代には1つの定型として定式化された。注入主義的な考え方による定型的，画一的な一斉指導法である。

(2) **教育勅語の発布**

1890（明治23）年に教育勅語が発布され，日本の教育の源は，天皇の徳と，国民が一体となって忠孝を尽くし美徳を発揮してきた国体（天皇制社会）そのもののなかにあるとし，翌1891（明治24）年，祝祭日学校儀式規程が設けられ，学校行事の際には天皇の写真を掲げ，教育勅語を校長が朗読し，君が代を歌うことが指示された。

教育の目的が，個々人の知育を中心に教育を行うことから，日本国民としての一体性を滋養するための道徳教育が中心になってきたといえよう。

同年に「学級編成等ニ関スル規則」が出され，「学級」は等級制ではなく，同じ年齢の子どもと担任からなる学級制が開始されることが明確に宣言された。ここに，一斉授業の対象として学級内に入れられた子どもは，同一能力の子どもたちの集団から，同年齢の集団へと変えられ，一斉進級制度，すなわち学年制が生まれることになった。

また，国家の祝日には児童生徒全員が教師の指導のもと，整然と整列し祝いの儀式に参加するという，児童生徒の規律化も推進されたのである。

欧米の近代学校教育制度の成立から生まれてきた学級集団は，経済的効率性が重視され，読み・書き・計算の学力の定着を主眼とした学習集団としての機能体であったろう。そして，生徒たちは軍隊的な規律でいっせいに動くことが強く求められたのである。その欧米の教育制度を輸入して確立した日本の学級

集団も，当初は機能体であり，さらに目的として学習面だけではなく集団行動の定着をめざす面も強いものであったといえよう。この時点では，まだ学級集団は，さまざまな学級活動が展開するような特性をもつにはいたっていない。

2 日本の学級集団の特性の変化・大正デモクラシーの影響

第1次世界大戦（1914～1918）前後，日本は工業の発展により大きく飛躍する。同時に労働者階級による社会主義運動が高揚し，日本は大正デモクラシーに導かれていく。

デモクラシーの根本思想は，自由と平等，個人の価値の尊重である。大正デモクラシーの思想と運動は，世界的な潮流であった新教育運動（注2）と結びつき，日本における大正自由教育運動につながっていく。児童の個性が尊重され，自発的，創造的な活動が重視された（広岡　2007）。

大正時代に入り，学級のなかに「学級文庫」「学級新聞」「学級通信」「学級誕生会」などの活動を導入し，学級文化の向上をめざす学級文化活動が展開された。今日の小学校の教室に見ることのできる活動の始まりである。学級が学習活動以外の多くの活動を展開する場になるという，他国では見られない共同体の面がこの時期に形づくられた。

また，人間教育をうたった私立の小・中学校（注3）も創立された。

柳（2005）は，欧米の産業革命時に開発された学級集団制度は，いまだ欧米社会と比べて産業化が遅れ，村落共同体の生活様式が残る日本では，単なる学習指導のための機能体の集団という形だけでは定着せず，学級集団は給食活動，作業活動，自治活動，娯楽・遊戯活動など，さまざまな活動と生活が含まれる生活共同体の形を伴って定着したことを指摘している。今日の日本の学級集団に近い形態の誕生である。

注1：教員の養成を重視した政策として，師範学校の設立がある。1886年の「師範学校令」では教員が備えるべき気質として「順良親愛威重」をあげ，整列・行進を軸とする「兵式体操」や全寮制など，師範学校への

軍隊式教育の導入を図り、「師範型」と呼ばれる師範学校卒業生独特の特性が形づくられた。師範学校では生徒の学費を含むすべての経費は公費負担であり、卒業生の教員としての服務義務も定められた（広岡2007）。

また、学制発布とともに師範学校に招かれたスコット（Scott）によって伝えられた一斉教授の方式は、途中修正されながらも、明治30年代には注入主義的な考え方による定型的な画一的な一斉指導法として定式化された。

注2：新教育とは、広岡（2007）、花井ら（1979）の文献によると次のように要約することができる。産業革命以後の欧米諸国の帝国主義化のもとでの公教育の教育方法：「知識注入主義」「軍隊的訓練」などを「旧教育」と呼び、それに反対する立場として、子どもの自主性や興味・関心を重視し、ルソーやペスタロッチの思想に見いだせる「子ども尊重」の立場である。19世紀から20世紀初頭にかけて、世界的な規模の新教育運動として各国に広まった。

例えば、〈イギリス〉セシル・レディ（Reddie,Cecil）が設立したアボツホルムの学校（1889）。少人数制で家族的生活による教育を行い、労働・スポーツ・芸術等を重視して活動的な人物育成をめざした。ニイル（Neill,A.S.）が設立したサマーヒル学園（1921、場所はドイツのドレスデン）。フロイトの精神分析学を基盤に、自由と自治の教育を実践した。〈ドイツ〉ルドルフ・シュタイナー（Steiner,R.）が設立した自由・ヴァルドルフ学園（1919）。授業では教科書をまったく使わず、テストや通信簿にも点数がつかず、生活共同体の中で自己管理・自己実現できる人間の育成をめざした。〈アメリカ〉ジョン・デューイ（Dewey,J.）は、問題解決学習（経験とは人間の活動と環境の間の相互作用から形成される。人間の成長は経験をたえず再構成していくことで、教育とはその後の経験を成長させるように経験を再構成すること）を主張し、アメリカの児童中心主義の学校教師の全国組織：進歩主義教育協会を発足させた。

注3：私立の小・中学校としては、日本における新教育運動である大正自由教育運動の流れの中で、児童の個性が尊重され、自発的、創造的な活動が重視される学校が設立されていった。今日も残る代表的な学校としては、沢柳政太郎が設立した成城小学校、羽仁もと子が設立した自由学園、赤井米吉が設立した明星小学校、小原国芳が設立した玉川学園などがある。

第3節　戦争による日本の学級集団の変容

大正時代に今日の日本の学級集団に近い形態が誕生したが、昭和に入りその学級集団の特性は、戦時体制のなかで変化していった。

そして戦後、その特性は連合国軍の統治で再び大きく変化する。本節では、その経緯を整理する。

1　戦時体制の影響

広岡（2007）によると、世界大恐慌（1929年）の波に巻き込まれた日本は、1931（昭和6）年の満州事変から戦争の時代に突入する。政治の世界では軍部が実権を握り始め、不況による社会不安は社会主義者らを多く生み出し、政府

は国民に対する弾圧を始めるとともに、国体の本義にそった思想統制を始める。1932年に設立された国民精神文化研究所は教師再教育の場となり、教員に対する思想対策と弾圧が行われた。

1938（昭和13）年には国家総動員法が施行され、政治だけではなく、産業経済、教育、地域社会、文化、報道、通信などのすべての組織、機関が戦争貫徹のために組織され、動員された。

1941（昭和16）年12月8日、日本はハワイの真珠湾攻撃により太平洋戦争に突入していったのである。そして同年、「国民学校令」が公布され、小学校に代わって「国民学校」が成立した（注1）。国民学校は初等科6年、高等科2年からなっており、合わせた8年間が義務教育とされ、皇国民の練成を目的とし、皇国民に必要な資質が5つ（国民科、理数科、体錬科、芸能科、実業科）に分けられ、それぞれが教科となった。集団行進や教練などの団体訓練、皇大神宮・宮城遥拝や国旗掲揚などの学校行事も重視し、教科一体となって教育の効果を上げるべきとされ、教科外の教育が学校教育のなかに初めて明確に位置づけられた（広岡　2007）。

学級という集団の場は、皇国民としての社会的行動様式、集団の場での行動様式の確立の訓育の場となったといわれている。皇国民としての価値観とそれに基づく行動のあり方が、軍国主義的な形で、子どもたちに教育されていった。

戦局の悪化とともに、1938年から学徒勤労動員が始まり、本土空襲が激化した1944年には学童集団疎開が実施され、1945（昭和20）年4月から学校機能が停止した。そして、1945年8月15日、日本は終戦を迎えるのである。

2 戦後の教育改革

広岡（2007）によると、終戦後、日本は連合国軍最高司令官総司令部（GHQ）の占領政策が始まり、教育に関してはアメリカ教育使節団の指導を受けることになった。

アメリカ教育使節団は、ジョン・デューイに代表される進歩主義教育の影響を受けた27名の学者で構成されていた。戦前において展開されてきた中央集権

的な教育制度を改め，暗記中心的な教育目的や画一化，義務と忠誠の縦の関係を強調する教育方法が改善され，人格の発達・民主主義的で市民精神の権利と責任を推奨されるべきことが強調された。また，GHQは軍国主義に通じる教育を禁じ，職業軍人や国家主義者らの教師を教育の場から追放した。

　1946（昭和21）年に日本国憲法が公布され，翌1947（昭和22）年に教育基本法，学校教育法が公布された。教育基本法は教育の基本的な法律として，戦後日本の教育理念の支柱となった。

　戦前の教育は臣民の義務，国家にとっての有用な人材の育成であったのに対し，個人の人格の完成が教育の目的として強調されている。翌1948年に教育勅語は失効し，各学校の勅語謄本は回収された。

　具体的には，教育の機会均等，男女共学，義務教育9年制が新たに規定された。初等教育から，就学を重ねるに従って1つのレールの上を進む制度である6-3-3-4年制の単線型学校体系が定められ，家庭の経済的状況や社会的状況とは無関係に，すべての学習者が平等に学校教育を受けることができることを制度的に保障したのである。また，「生徒指導」の概念が日本の学校に導入されたのもこの時期である（注2）。

注1：国民学校では皇国の道を教える国民科と身体の練磨を図る体育科が重視され，高等科の生徒を中心に学校田や校庭を開墾して食料の確保を図ったりした。16歳以上は男女を問わず軍需工場に動員されたのである。このように，戦時体制化では個人が国家利益や目標と一体化するように組織され，それに準じた教育が行われたのである。

注2：生徒指導の概念は，アメリカのガイダンスカウンセリングをモデルにしたものである。これは生徒の個人的・社会的発達の援助や教育相談を骨子としており，単に生徒の規律指導を意味するものではなく，すべての生徒の学校生活を援助する役割である。

　　したがって生徒指導は，教育相談，進路指導とオーバーラップする。そしてこの役割は，アメリカではガイダンスカウンセラーが担当するが，導入した日本では，学習指導を担当する教師がその役割も担い，現在にいたっている。

引用文献
花井信ほか　1979　学校と教師の歴史　川島書店
広岡義之　2007　教育の制度と歴史　ミネルヴァ書房
柳治男　2005　〈学級〉の歴史学　講談社選書メチエ

第2章 学級集団成立の歴史

参考文献
山崎英則・徳本達夫　1994　西洋教育史　ミネルヴァ書房
山崎英則・徳本達夫　2001　西洋の教育の歴史と思想　ミネルヴァ書房

第3章
日本の学級集団の特性に影響を与える学習指導要領の変遷

　戦後制定された教育制度や学級の制度的規定は，教育施設，学級の構成要件，学習指導として指導すべき内容などは明確にしているとはいえ，学級集団の質的なあり方を強く規定するものとはなっていない。ただ，日本の学級集団は共同体の面を強くもち，その同じ集団で学習活動を展開していくという構造を維持していた。さらに，アメリカの生徒指導の概念（児童生徒の個人的・社会的発達の援助や教育相談を骨子とし，単に規律指導を意味するものではない）が導入され，学習指導を担当する教師がその役割も担い，現在にいたっている。

　本節では，現場の学校，学級集団を担任する教師が，教育実践のあり方，学級経営の展開に一定の影響を与えているだろう学習指導要領について，学習指導要領データベース作成委員会（2001）をもとに整理する。

　学習指導要領は，日本の教育政策の指針として文部省が作成してきたものである。その内容は，各時期の政治や社会状況に影響を受け，改訂されていった。したがって，各時期の学習指導要領の性格を押さえることで，その時期の教師たちが求められていた教育実践の傾向をつかむことができるだろう。

本書では学習指導要領の性格を，教師が学級経営を行っていくうえでの影響を考え，次のように大胆に識別して明記した。
・系統主義的な学習が強調されたもの
・経験主義的な学習が志向され，児童生徒の心の発達が強調されたもの

系統主義的な学習活動の展開が強調されるとき，学習環境としての学級集団は機能体の面が強くなるだろう。反対に，経験主義的な学習が志向され，児童生徒の心の発達が強調されるとき，学習環境としての学級集団には共同体の面がより求められると思われる。

なお，小学校，中学校，高等学校で学習指導要領の完全実施年度が異なるが，本書では大きく改訂された年代を代表的に明記する。

第1節　学習指導要領の変遷の概略

1　1947（昭和22）年から1957（昭和32）年まで
―経験主義的な学習が志向された時期―

(1) 1947（昭和22）年版学習指導要領

文部省は「学習指導要領」を発表した。これは戦前の教則や教授要目とは異なり，法的には拘束性をもたず，教師の手引きとされた。「学習指導要領一般編」と「各教科編」の構成である。小学校4年生以上に自由研究を設置した。修身科は廃止され，道徳教育は，新設された社会科の中で教えられることとなった。

主として戦前の暗記中心主義に代わる子どもの発達段階を前提とした教育観で構成されており，経験主義的学習内容が豊富であったことが特徴である（広岡　2007）。経験主義的学習とは，児童生徒の生活経験を題材にし，個々の生活のなかから自ら課題を見いだし，取り組むものである。

従来の一斉指導には「学問的背景をもつ教科内容を児童生徒に教えるには，個人のバラバラの経験を課題化していては児童生徒が問題意識を共有化するの

はむずかしい」という考え方があり，経験主義的立場とは対立するものだった。

(2) 1951（昭和26）年版学習指導要領

　前回と変わった特徴はなかった。児童生徒の，生物として・発達に応じて・社会的存在としての３種の必要に応じるものとして内容が構成されている。そして単元による学習を重視していた。また，小学校４年生以上の自由研究が，小学校では「教科以外の活動」，中学校では「特別教育活動」と変更された。

　広岡（2007）によると，日本社会は1955年から1970年の間，神武景気，岩戸景気，オリンピック景気，いざなぎ景気を経験し，高度経済成長期といわれ，国の経済の次元が教育政策に大きな影響を与えるようになってきた。また1957年，ソ連が史上初めて人工衛星の打ち上げに成功したことに資本主義国はショックを受け（スプートニク・ショック），科学教育の重点化（アメリカの国防教育法）と，能力主義再編成を図る新たな教育政策の方向性をとる傾向が出てきた。

　日本も教育政策上の方向転換がなされ，経験主義的教育観から系統主義的教育観への移行があった。具体的な政策では，1957年の国の新長期経済計画では，このままでは理工系学生が8000人不足するという見通しが提示され，理工系学部と高校職業科の拡充が進められた。1960年の「所得倍増計画」の第３章では，「人的能力の向上と科学技術の振興」が提言された。

2　1958（昭和33）年から1976（昭和51）年まで
―系統主義的な学習が強調された時期―

(1) 1958（昭和33）年版学習指導要領

　「生活単元学習」から学習内容の系統性が強調され，地理・歴史などにおいて系統的に教授することが求められた。さらに，基礎学力の充実，科学技術教育の重視がうたわれている。また，道徳の時間が特設され，道徳教育が実施されることになった。高校においても「倫理社会」を必修科目として設置した。

　特に，学習指導要領は教育課程の基準的性格を強め，法的拘束力を有するようになり，各学年，各教科ごとの最低必要時間数が示された（図３-１）。

第3章　日本の学級集団の特性に影響を与える学習指導要領の変遷

【総授業時数の推移】

①小学校

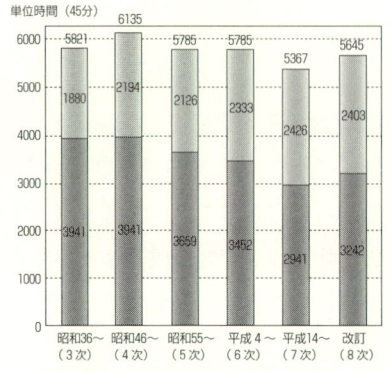

②中学校

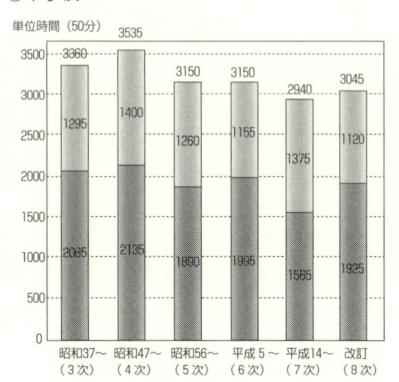

■：国語，社会，算数・数学，理科，外国語（中学校）の授業時数の合計
▨：上記以外の教科等の授業時数の合計

※昭和46年度～のグラフにおける小学校の総授業時数については，総授業時数の他に学習指導要領において特別活動の一部に充てることが望ましいとされていた時間数を加えている。

【各教科の授業時間の推移】

①小学校

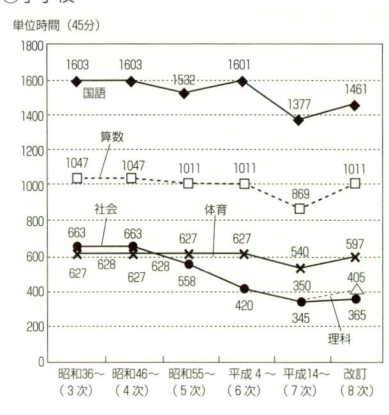

②中学校

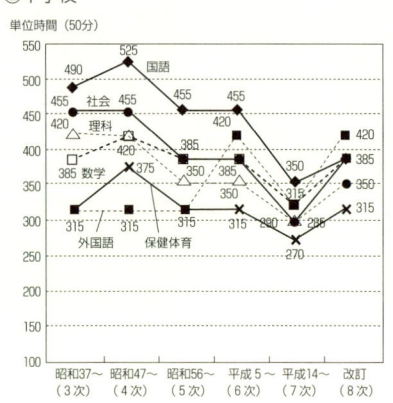

図3-1　小中学校の授業時数の推移（梶田叡一　2008）

(2) 1968（昭和43）年版学習指導要領

　教育内容の現代化（注1）が掲げられ，教科内容も増加し，各学校での総授業時数はピークを迎えた。算数・数学に集合，関数，確率などの現代数学の基本概念が導入され，科学技術を支える高度な知識の育成がめざされた。

　小・中学校では特別教育活動と学校行事が統合され，特別活動となった。体育は，学校の教育活動全体を通じて行われるべきとして総則に規定された。

　高度経済成長期における日本の経済的成功は，日本式の学校教育が人材育成を支えていると欧米諸国から高い評価を得，かつ，それを裏づけるように，国際教育到達度評価学会が実施した，2回の数学（1964年，1980～1983年実施）と理科（1970～1971年，1980～1983年実施）の国際学力比較調査の結果で好成績を収めた（表3-1,2）。

表3-1　IEA 国際数学教育調査結果（第2回　中間報告値　中学生）（藤田　1997）

順位	算　数		代　数		幾　何		確率・統計		測　定	
1	日本	60.3	日本	60.3	日本	57.6	日本	70.9	日本	68.6
2	オランダ	59.2	フランス	55.0	ハンガリー	53.4	オランダ	65.9	ハンガリー	62.1
3	ベルギー	58.0	ベルギー	52.9	オランダ	52.0	カナダ	61.3	オランダ	61.9
	カナダ	58.0								

数字は平均正答率
文部省編『我が国の文教政策　平成元年度』より作成

表3-2　IEA 国際理科教育調査結果（中学3年生）（藤田　1997）

順位	第1回（1970年／平均得点）		第2回（1983年／平均正答率）	
1	日本	31点／80点満点	ハンガリー	72%
2	ハンガリー	29点／80点満点	日本	67%
3	オーストラリア	25点／80点満点	オランダ	66%

国立教育研究所『中学校の数学教育・理科教育の国際比較』（1997年）より作成

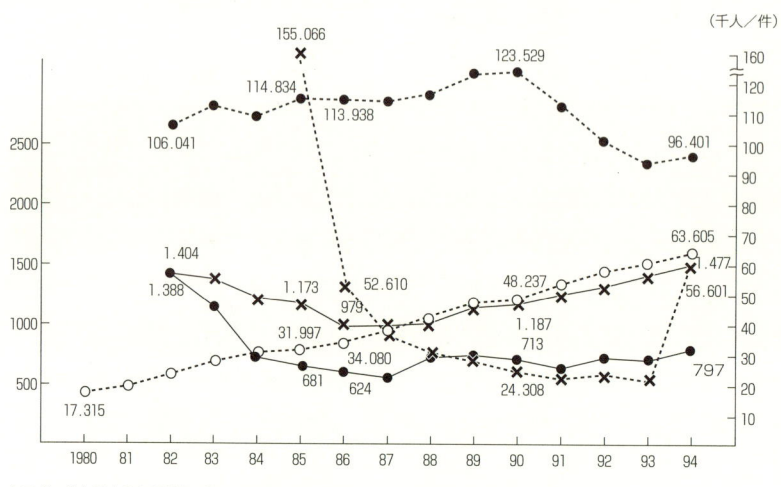

図3-2　問題行動の推移（1980～1994年）（藤田　1997）

　1970年代半ば以降，日本の学校現場では校内暴力，いじめ，不登校の問題が頻発するようになった。1980年前後に，全国の中学校，高校において頻発した校内暴力がピークに達した（図3-2）。

　藤田（1997）によると，国内では，校内暴力の多発は，管理主義教育と受験競争のプレッシャーが原因である。また，いじめの発生は受験競争のプレッシャーとゆとりのない画一的・管理的な教育が背景にある。不登校の増加は，ゆとりのない画一的・管理的な教育と，いじめに象徴される子ども同士の人間関係のゆがみが大きな要因である……など，日本の学校教育の特徴に，校内暴力，いじめ，不登校の問題の原因を求める声が高まった（注2）。またこの時期は，高校進学率が1970年代半ばに90%を超え，1980年代には大学・短大・専修学校を合わせて，高等教育進学率は50%を超える高学歴社会になった。

第1節　学習指導要領の変遷の概略

3　1977（昭和52）年から2007（平成19）年まで
―経験主義的な学習が志向された時期―

(1) 1977（昭和52）年版学習指導要領

　前回とは反対に，教育課程の現代化の批判が高まり，「ゆとり」と「精選」が強調されて，学習内容は１割削減され，各教科の標準授業時間数も削減された。教育現場では「落ちこぼし」の問題が表面化し，その対策の面もあり，学問中心から人間中心へ教育課程を転換するといわれた。

　また，1974年に高校進学率が90％を超えたことを踏まえて，小・中・高校12年間の教育内容の一貫性に配慮がなされた。

　1980（昭和55）年に義務教育標準法が改正され，同学年の児童生徒で編成する学級の場合，40人を基準とした。

(2) 1989（平成元）年版学習指導要領

　個性重視と新しい学力観が提唱された。小学校１，２年生に生活科が新設され，個性を伸張させる教育の重要性が強調される。

　教育課程として，各教科，道徳，特別活動の３領域を位置づけている。特別活動は，学級活動，児童会活動，クラブ活動および学校行事の４つの内容から構成されている。学級活動は，以前は「学級会活動」と「学級指導」とに分けられていたものが統合された名称である。中学校では，人間としての「生き方」について自覚を深めるという道徳性の育成に配慮された。

　また，従来小学校45分，中学校50分という授業１単位当たりの定められた時間が，弾力化された。中学校の「技術・家庭」に「情報基礎」が追加され高校では男女ともに家庭科が必修となった。さらに，高校では世界史を必修とし，社会科は解体されて，地歴科と公民科になった。

　1996（平成８）年に中央教育審議会が「21世紀を展望した我が国の教育の在り方について」を答申した。子どもに「生きる力」と「ゆとり」をと副題がつき，強調された。

(3) **1998（平成10）年版学習指導要領**

「ゆとりの中で生きる力をはぐくむ」という基本方針のもと，学習内容が3割削減され，完全学校週5日制が実施された。算数で電卓を用い，π＝3となった。また，小学校3年生以上に総合的な学習の時間が創設された。高校では，情報科が必修となった。

2000年ころから，学力低下批判がマスメディアを中心に巻き起こった。最初は大学生の学力低下が批判の的であったが，2004年に国際学力テストであるOECD「生徒の学習到達度調査」（PISA2003）が公表され，日本は読解力において世界8位から14位に低下したことに注目が集まり，しだいに小・中学校の「ゆとり教育」が厳しく批判されるようになった。「ゆとりが一部でゆるみになっている」「自主性・自発性の尊重という名目で一部に指導の放棄が見られる」「総合学習の時間が一部で遊びになっている」という指摘も出された（梶田　2008）。

このようななかで，2000年までは学習指導要領の内容は標準だったものが，2002年からは「最低基準」となった。2007年には教育再生会議が「ゆとり教育」の路線から基礎学力重視の教育への転換を求める提言を行った。

また，2000（平成12）年には学校教育法施行規則が一部改正され，民間人の校長が制度的に登用可能となった。また，職員会議は校長が主催するという，校長がよりリーダーシップを発揮できるよう，職員会議が法的に位置づけられた。学校に組織マネジメントの発想を取り入れたものである。

4　これからの方向を考える

(1) **2008（平成20）年版学習指導要領**

基本的には1998（平成10）年版の理念・考え方である「生きる力」の育成を踏襲している。だが，それは「確かな学力」の育成が基盤になっていることが示され，1998年版で大幅に削られた各教科の指導内容をかなり復活させている。その結果，小学校低学年では週2時間，中・高学年と中学校では週1時間，授

業時間数が増加した。

　ポイントは「習得・活用・探求」である。確かな学力を育成していくうえで「関心・意欲・態度」は大切だが、その上に立つ「思考力・判断力・表現力」も大事である。そしてそれを「知識・理解」や「技能」に結晶化させていくようにするためには、「習得・活用・探求」が求められるという考え方である。

　「ゆとり」でも「詰め込み」でもなく、きちんと系統を決め、つまずきの様式まで念頭において、筋道を立てて学ばせていくような体系的で効率的な学ばせ方も必要である。同時に、時間をかけて探求するような学ばせ方も必要であり、どちらか一方ではなく、双方を共に考えていくことの重要性が強調されている。

注1：1959年米国のマサチューセッツにおいて初等・中等学校における科学教育の改善についての討議が行われ、その議長を務めたのがブルーナー（Bruner,J.S.）である。その成果はブルーナーによって、「教育の過程」としてまとめられた。考え方の中心は発見学習と呼ばれるもので、学習者自らの内発的動機により、問題を解決する能力や学習の仕方を発見することをめざした教授法である。ブルーナーは米国の進歩主義的教育が知的生産性において非能率的であることを指摘し、新たなカリキュラムを提案し、教育の現代化に貢献した（広岡　2007）。

注2：藤田（1997）によると、この時期の校内暴力、いじめ、不登校の問題は、実は日本国内だけの問題ではなく、アメリカもイギリスも同じような問題を抱えていた。そして注目すべき点は、アメリカもイギリスも学習指導の考え方が日本と同様（日本が米英の影響を受けたといえるが）、経験主義的な学習と系統主義的な学習の間で、振り子のように行ったり来たりし、その時期は両国とも経験主義的な学習の考え方を基盤にしていたという、日本とまったく逆だったことである。そう考えると、日本の学校で頻発した校内暴力、いじめ、不登校の問題の原因を、管理主義や詰め込み、画一的な指導という系統主義的な学習に対して米英でも見られる批判に帰属させること、さらにそれを日本の学校教育の特徴に帰属させることは、かなり難があると考えられる。

　そして、アメリカやイギリスも日本と同じように国内で教育改革の機運が高まり、日本が系統主義的な学習から経験主義的な学習へと方向を転換したのに対して、アメリカやイギリスは逆に、経験主義的な学習から系統主義的な学習へと方向を転換したのである。つまり、アメリカとイギリスは日本の逆の方向に教育政策を転換したのである。

　ただ、日本の教育政策の方向は転換されたが、その後、不登校やいじめの問題が解決されたといえないのは悲しい事実である。

第2節 学級経営を考えるうえでの問題

1 学習指導要領はその時期の実態を反映してその性格が変遷している

1947（昭和22）年に文部省が「学習指導要領」を発表してから60年以上たつなかで，学習指導要領は3回，大きくその性格を転換したといえる。

まず，①戦後直後の1947（昭和22）年から10年間，「経験主義的」な学習が強調され，児童生徒の心の発達が強調された時期があった。

②1958（昭和33）年からの20年間は，1955年から1970年の間の高度経済成長期と重なった時期である。スプートニク・ショックからアメリカの科学教育の重点化と能力主義再編成を受け，日本も教育政策上の方向転換がなされ，経験主義的教育観から，「系統主義的」な学習指導が強調される時期が続いた。

③1977（昭和52）年からの30年間は，教育現場では「落ちこぼし」の問題が表面化し，1980年代前半では校内暴力が頻発し，その後に不登校の問題が浮上し，教育政策は学問中心から人間中心へ転換され，再び「経験主義的」な学習が強調され，児童生徒の心の発達が強調された時期であった。

そして，④2004年に国際学力テストであるOECD「生徒の学習到達度調査」（PISA2003）が公表され（表3-3），日本は読解力において世界8位から14位に低下したことに注目が集まり，しだいに小・中学校の「ゆとり教育」が厳しく批判されるようになってきた。2008（平成20）年からは系統主義的な学習に主眼がおかれ，「学習指導面」が強調され，機能体の面が強調される時期に入っていくのだろうか。

表3-3 読解力における習熟度レベル別の生徒の割合（数字は％）

低⇔高	レベル1未満	レベル1	レベル2	レベル3	レベル4	レベル5
日本	7.4	11.6	20.9	27.2	23.2	9.5
カナダ	2.3	7.3	18.3	31.0	28.6	12.6
フィンランド	1.1	4.6	14.6	31.7	33.4	14.7
フランス	6.3	11.2	22.8	29.7	22.5	7.4
韓国	1.4	5.4	16.8	33.5	30.8	12.2
アメリカ	6.5	12.9	22.7	27.8	20.8	9.3
OECD平均	6.7	12.4	22.8	28.7	21.3	8.3

このように学習指導要領の強調点の変遷を見ていくと，社会の動きに合わせて国の教育政策は，振り子のように行ったり来たりしている。学習指導の両端の根底にあるのは，経験主義的な学習と系統主義的な学習という2つの考え方であろう。

　学習指導要領の内容は，おもに学習指導に関する領域が多く，それは学習集団としての学級集団のあり方に影響を与えると思われる。具体的には，前頁に示した②の系統主義的な学習が強調された時期では，子どもたちの学習の成果が注目されやすく，教師が子どもたちにきちんと学習を定着させるために，学級集団は学習集団としての機能体の面が強まってくる。逆に，①，③の経験主義的な学習が強調された時期では，子ども同士の学び合い，子ども一人一人の個性が注目されることになり，学級集団は共同体の面が強まってくるという具合にである。教師の学級経営の方針に，学習指導要領の内容が当然反映されてくると考えられるからである。

2 教師たちの学級経営に学習指導要領の方針は十分浸透しているか

　1977（昭和52）年版学習指導要領では，「ゆとり」と「精選」が強調され，学問中心から人間中心への転換と，子どもたち一人一人の興味や関心，意欲を大事にし，学び合いを尊重する経験主義的な学習が志向されたはずである。しかし，文部省は1985年に，服装を細かく規制するなどの，過度に形式主義的な管理教育や体罰を是正し，学校に自由と規律の毅然とした風紀を回復する必要性を指摘している。つまり，学習指導要領が変わって10年近く経ても，文部省は学校現場に根強く残る管理教育是正についての答申を出している現状があった。学習指導要領の理念や方針が，学校現場の教師たちの学級経営に十分浸透していない面があることが考えられる。

　この背景には，次のような要因が考えられる。第1章でも述べたとおり，日本の学校教育は原則として，担任教師が学習指導とガイダンス（生徒指導）の両方を，固定されたメンバーで構成される学級集団を単位にして，所属するすべての子どもたちに行うシステムをとっている。したがって，学校現場の担任

教師にとって「学級経営」は，学級集団育成，学習指導，生徒指導や進路指導，教育相談など，学級集団の形成・維持と，学級の子どもたちに関するすべての指導・援助を総称している。個別指導と集団指導の2つの方法の連携をとりながら，トータルに展開していくための計画と実践のイメージも含まれているだろう。日本の教師たちは広い概念として「学級経営」という言葉を用いている。

　しかし，学習指導要領はその性格上，子どもたちに教えなければならない教科や学習内容，授業時間数などの教育課程の基準を示している。教科指導と教科外指導とを示す領域概念の面が強く，学級経営に関しては「特別活動」領域の学級活動やホームルーム活動のあり方のガイドラインが示されることが多い。いっぽう生徒指導に関しては，文部省の「生徒指導の手引き（改訂版）」(1981年）で，その理念や領域があげられ，教師に求められる対応が示されている。

　これらそれぞれ示されている学習指導と生徒指導を，教師たちは学級集団で統合的に展開していかなければならない。例えば，学習指導を展開する授業でも，私語や授業妨害に対して，その時点で生徒指導的な対応も求められる。

　この統合的に展開する方法論は教師たちに委ねられ，全体的な指針が示されてこなかった。そのことが，学習指導要領の理念や方針が，学校現場の教師たちの学級経営に十分浸透していかない要因の背景にあると考えられよう。

　学力低下などの学習指導の問題と，不登校やいじめの問題などの生徒指導上の問題は，複雑に絡んでいる。学級集団という視点からは，2つの問題は強い相関関係にあることが考えられる。集団状態が悪化した学級では，両方の問題が同時に噴出してくることが想定される。ここに日本の学校教育のむずかしさがあり，またそれが言及されてきたことはきわめて少ないのである。

引用文献
藤田英典　1997　教育改革―共生時代の学校づくり―　岩波新書
学習指導要領データベース作成委員会　2001　過去の学習指導要領　国立教育政策研究所内
　　http://www.nicer.go.jp/guideline/old/ （2010年2月現在）
広岡義之　2007　教育の制度と歴史　ミネルヴァ書房
梶田叡一　2008　新しい学習指導要領の理念と課題　図書文化
PISA　2003　PISA（OECD生徒の学習到達度調査）2003年調査　文部科学省生涯学習政策局調査企画課
　　http://www.mext.go.jp/b_menu/toukei/001/04120101.htm （2010年2月現在）

第4章

日本の学級集団の実態
―集団の状態と教育の成果―

　1990年代半ばころから，一斉形態の授業や学級活動が成立しない，いわゆる学級崩壊の問題がマスコミに取り上げられ，社会問題となった。旧文部省も1998年に「学級経営研究会」を立ち上げ，「学級がうまく機能しない状況」を，「子どもたちが教室内で勝手な行動をして教師の指導に従わず，授業が成立しないなど，集団教育という学校の機能が成立しない学級の状況が一定期間継続し，学級担任による通常の手法では問題解決ができない状態に立ち至っている場合」と定義して，実態把握を行っている。

　そのまとめとして，問題発生の複合性を強調し，代表的な10のケースの報告とその対策を示した。しかし，このような状況に対する学級集団発達の視点での解明にはいたっていない。このようななかで，全国連合小学校長会（2006）は，学級崩壊の状態にある学級は，小学校の8.9%にのぼっていることを報告している。

　以上からは，次のことが示唆される。

第4章　日本の学級集団の実態―集団の状態と教育の成果―

> ● 学級集団は教師の学級経営のもと，集団としての発達は時間とともに一定の正の方向に向かうだけではなく，いくつかの要因が重なると負の方向に向かうこともある
> ● 学級集団を単位として教育を行うという日本の学校の機能が成立しない状態の学級が，日本の学校現場ですでに一定数出現している

「学級」を１つの単位として集団指導する日本の学校現場では，子どもの学習は個人的な過程であるとともに，「学級」の影響を強く受ける社会的なものである。学級集団が，教育環境として児童生徒が建設的に切磋琢磨するような状態と，相互に傷つけ合い，防衛的になっている状態とでは，子どもの学習意欲や友人関係形成意欲，学級活動意欲に大きな差が生じる可能性は否定できない。

しかし，学級集団の状態と，子どもの学力や心の問題との関係を，ある程度のサンプルで実態調査した研究は，近年実施されていない。本章では，筆者が実施した延べ５万人の児童生徒を対象にした調査をもとに，最近の学級集団の状態と，子どもの学力の問題や生徒指導・心の問題との関係を考察していく。

〈本調査研究の概要〉

調査対象：関東，東北，北陸，中部の１都８県（延べ約1800学級弱，５万人の児童生徒）。人口５万人未満の町〜50万人以上の都市にある学校に対して，各カテゴリーごとに均等に調査依頼をし，協力を得た小・中学校の各学級とその児童生徒を対象とした。

調査時期：2005年10月〜2006年１月

調査方法：調査対象の児童生徒に「Q-U：QUESTIONNAIRE-UTILITIES」（小・中学校用）＊①と「ＮＲＴ：Norm Referenced Test」（小・中学校用）＊②を実施し，児童生徒の学級生活の満足度や学習意欲，学力の定着度を測定した。実施時期は，学級生活の影響が表れたと判断される２学期以降にし，児童生徒への検査の実施は，担任教師に依頼した。

*① 「たのしい学校生活を送るためのアンケート Q-U：QUESTIONNAIRE-UTILITIES」（小・中学校用）
小・中学校の児童生徒の学級生活の満足度や学習意欲の測定に用いる，標準化された心理検査である。Q-Uとは，子どもたちの学級生活の満足度と意欲を測定するものである。その結果によって，①不登校になる可能性の高い児童生徒，②いじめ被害を受けている可能性の高い児童生徒，③各領域で意欲が低下している児童生徒，を発見することができる。あわせて，学級集団の状態が推測でき，学級経営の指針に活用することができるものである。

*② 「ＮＲＴ：Norm Referenced Test」（小・中学校用）
児童生徒の学力の定着度の測定に用いる，標準化された学力検査である。NRTはアチーブメント・テストで，学習した結果の到達度を測定するものである。知能検査と併用することで，その児童生徒の知能指数から期待される到達点の目標を導き出すことができる。期待される到達点よりも一定水準以上高かった場合をオーバーアチーバー（ＯＡ），一定水準以上低かった場合をアンダーアチーバー（ＵＡ）という。OAの状態の児童生徒は，良好な学習環境，高い学習意欲，効果的な学習方法の活用によって，学習の定着がとても高くなっていると判断される。逆に，UAの状態の児童生徒は，何らかの要因で学習が定着できていないと判断される。

第1節　1学級の児童生徒数と学力の定着度，いじめの発生率の関係

1　これまでの動き（背景）

　学級集団の状態に影響を与えるものとして，教育現場ではまず1学級の児童生徒数が注目される。1学級の児童生徒数が少ない少人数学級のほうが，教師の目が子どもたち全員にいきわたりやすいので細やかな指導を行うことができ，子どもたちの学級適応や学習活動への支援がより充実するだろうというのがその理由である。近年，全国で少人数学級を導入する地域が増えている。

　その背景には，2005年，文部科学省は公立小・中学校の学級編成の権限を都道府県教育委員会から市町村教育委員会へ移し，市町村教育委員会が少人数学級を自由に編成できるように決定したことがある。そして，標準の学級人数を40人と定める現行法を改正し，2011年度から数年かけて完全実施を実現したいとしている。このような流れのなかで，各県や市町村単位で，35人学級，33人学級，30人学級を実施する地域が出てきた。

　少人数指導の実施状況を見ると，小学校で59.9％，中学校で78.6％であり，学年別に見ると，小学校1，2年生で40〜50％，3〜6年生で80％，中学校では

95％前後と，多くの学校で実施されている（文部科学省　2005a）。一方，少人数学級については，「小1プロブレム・中1ギャップ」の問題への対応を意図した小学校低学年で30人以下，中学校1年生で35人以下の学級編成にしようという取組みが多く，小学校高学年や中学校2，3年生の少人数学級の実施は，まだあまり広がっていないというのが現状であろう。

　少人数教育の評価としては，少人数指導，少人数学級ともに学習面においては，「総じて児童の学力が向上した」「授業につまずく児童生徒が減った」「発展的な問題に取り組める児童が増えた」という質問項目に「そう思う」と答えている教師の割合が，小・中学校のいずれも80％以上と多かった。ただ，学級規模に関する学習面の調査は，これまで学校（教師），保護者，管理主事を対象としたものが中心で，学力テストによる検証はあまり実施されていない（全国都道府県教育長協議会　2003）。

　一方，少人数教育の評価の生活面においては，少人数指導においては，小・中学校ともに「児童生徒の基本的な生活習慣が身についた」という項目は「そう思う」と答える割合が65％と多いが，「不登校やいじめなどの問題行動が減少した」という項目については，小学校では「そう思う」が65％なのに対して，中学校では「そう思わない」が60％と高い割合を占めている。少人数学級については，両項目，小・中学校ともに，「そう思う」と答える割合が70％以上と多かった（文部科学省　2005a）。ただ，生活面に対する調査は学習面に対する調査と比較してさらに少なく，学習面と同様に学校（教師），保護者，管理主事を対象としたものが中心で，児童生徒の側から見た少人数学級に対する評価は，自由記述によるアンケート調査にとどまっているものが多い。

　しかし，2005年，文部科学省が実施した「義務教育に関する意識調査」（文部科学省　2005b）の「クラスの人数をもっと少なくしてほしい？」という質問項目では，「賛成」「まあ賛成」を合わせると，小学生20.6％，中学生25.6％，なのに対し，保護者69.0％，一般教員95.3％で，小・中学生と保護者・一般教員間で，大きな意識のズレがあったことを報告した。つまり，子どもたちが必ずしも少人数学級に賛成しているとはいえないことを示唆している。

つまり，少人数学級実施への要望は圧倒的に教師に多く，「少人数学級にすれば子どもたちの学級適応や学力は向上するだろう」という仮説について，近年の児童生徒を対象に実証的に検討した報告が見られないなかで，教育現場では常識のように用いられ始めた。実際に，35人学級，33人学級，30人学級，25人学級などの少人数学級の政策をとり始めた自治体も見られてきた。なぜその人数なのかの実証的な根拠があるものは少ないのが現状である。

　このような現状のなかで，本節では，1学級の児童生徒数と，学級生活の満足度，学力の定着度との関係について，筆者の2005年から2006年にわたって実施した調査研究のなかから検討する。

2　調査からわかったこと

(1) 学級の児童生徒数と学級適応と学力の定着度との関係

　1学級の児童生徒数を5人刻みで，6つの学級グループに分け，小学校1年，小学校2〜3年，小学校4〜6年，中学校1年，中学校2〜3年ごとに，①学級生活に満足している児童生徒の比率，不満足な児童生徒の比率，②学習意欲の平均値，③学力におけるオーバーアチーバー（OA），アンダーアチーバー（UA）の各出現率を算出した。小学校1年，中学校1年を独自に分析したのは，問題になっている小1プロブレム，中1ギャップに注目したためである。

　小1プロブレムとは，近年，小学校に入学した子どもたちが，着席や整列などの教師の指示に従えず，授業中勝手に立ち歩いたり騒いだりという，学級経営のむずかしさを取り上げた問題で，保育所・幼稚園の自由な教育と学校教育とのギャップ，家庭の教育力の低下などがその要因として指摘されている。中1ギャップとは，小学校6年生に比べて中学校1年生では不登校の出現率が約3倍弱に急上昇したり，中学入学と同時に学業不振になる生徒が急増する問題で，小学校教育と中学校教育とのギャップがその要因として指摘されている。

　しかし，中学校1年は中学校2〜3年と有意な差が認められなかったので，独立して分類せず，一緒に表示した。また，中学校は20人以下の学級がそもそも少なく，かつNRTの同時調査ができた学級数が少なかったため，学力の定

着度については25人以下の学級としてカテゴライズした。小学校1年は、学力のNRTのサンプルにバラツキ（36人以上の学級のデータが少ない）が見られたので、この領域の考察は控えることにした。

(2) 結果

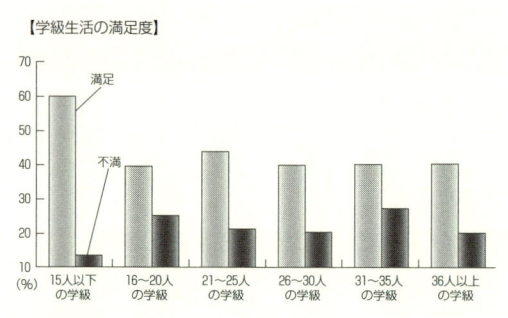

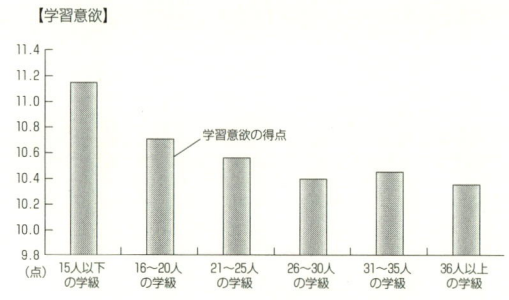

コメントは学級グループごとに、統計上有意な差が認められたもののみ言及した（図4-1,2,3,4）。

図4-1 小学校1年生の学級規模による比較（河村 2007）

〈小学校1年〉

①学級生活に満足している児童の比率、不満足な児童の比率：15人以下の学級グループのみ、学級生活に満足している児童が多く、不満足な児童が少なくなっている。

②学習意欲の平均値：15人以下の学級グループのみ学習意欲が高くなっている。

①②の結果から小学校1年生は1学級15人以下の学級が理想的と判断できる。

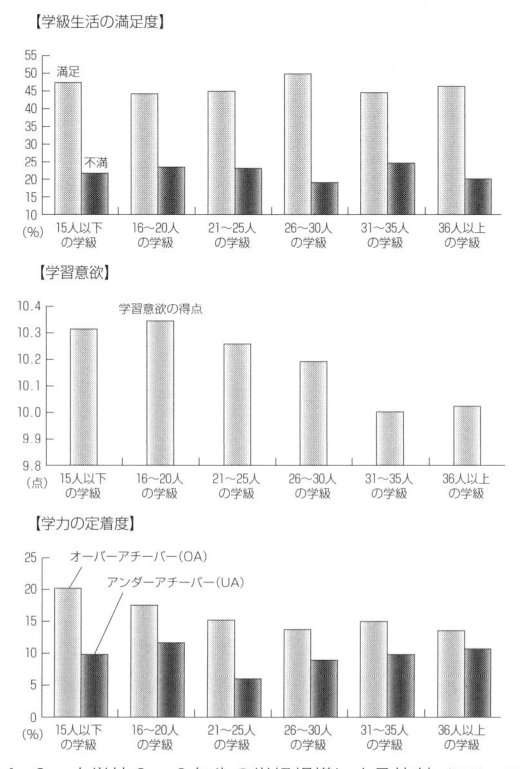

図4-2 小学校2〜3年生の学級規模による比較（河村 2007）

〈小学校2〜3年〉
①学級生活に満足している児童の比率，不満足な児童の比率：人数による学級グループの間に差は認められない。
②学習意欲の平均値：31人以上の学級グループで低い傾向が認められる。
③学力におけるオーバーアチーバー（OA），アンダーアチーバー（UA）の各出現率：UAの出現率には学級グループによる差は認められず，15人以下の学級でOAの出現率が相対的に高くなっている。

①②③の結果から，小学校2〜3年生は，政策的にどうしてもこの人数がよいと判断するのはむずかしい。

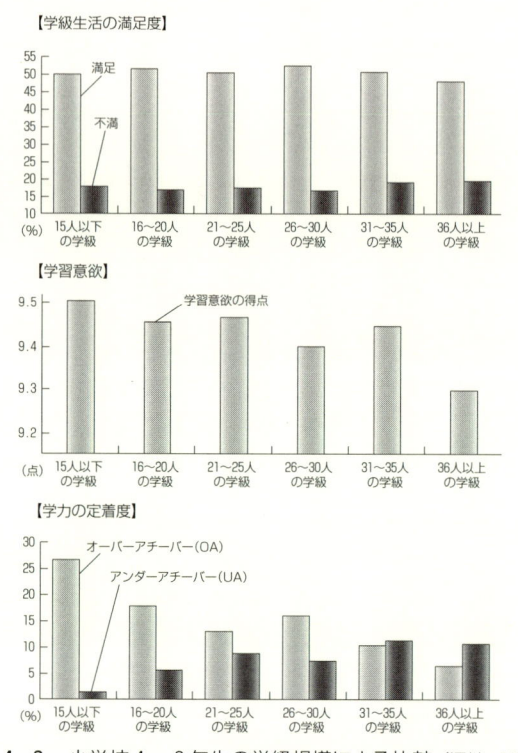

第4章 日本の学級集団の実態—集団の状態と教育の成果—

図4-3 小学校4〜6年生の学級規模による比較（河村　2007）

〈小学校4〜6年〉
①学級生活に満足している児童の比率，不満足な児童の比率：人数による学級グループの間に差は認められない。
②学習意欲の平均値：36人以上になると学習意欲の低下が認められる。
③学力におけるオーバーアチーバー（OA），アンダーアチーバー（UA）の各出現率：15人以下の学級グループのみOAが多くなり，36人以上になると全体的に学力の定着度が低下する。

①②③の結果から，小学校4〜6年生では，1学級35人以下が理想で，授業などの学習活動で15人以下の少人数指導の工夫を検討する価値はある。

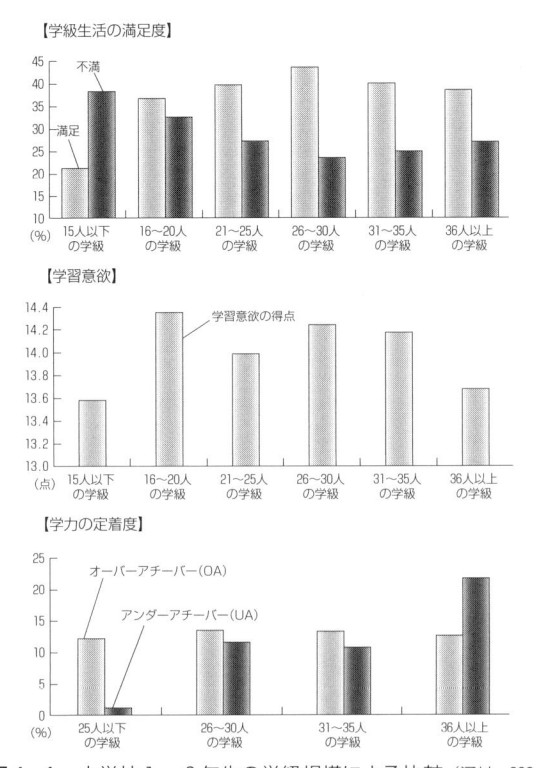

第1節　1学級の児童生徒数と学力の定着度，いじめの発生率の関係

図4-4　中学校1～3年生の学級規模による比較（河村　2007）

〈中学校1～3年〉
①学級生活に満足している生徒の比率，不満足な生徒の比率：15人以下の学級グループのみ，満足している生徒の比率が低く，不満足な生徒の比率が高い。
②学習意欲の平均値：15人以下と36人以上の学級グループで低くなる。
③学力におけるオーバーアチーバー（OA），アンダーアチーバー（UA）の各出現率：25人以下の学級グループのみUAの出現率が低くなり，36人以上の学級グループでUAの出現率が高くなる。

　①②③の結果から，中学校では，1学級35人以下が理想で，逆に1学級15人以下という少人数になると注意が必要である。

(3) まとめと考察

結果から全体的に以下のことが示唆される。

児童生徒の学級生活の適応面では，1学級の児童生徒数の多少と児童生徒の学級生活の満足度では，小学校1年生を除いて，その関係はほとんど認められないと判断される。

つまり共同体の特性をもつ日本の学級集団では，児童生徒の学級生活の満足度は，物理的な1学級の児童生徒数よりも，共同体的側面である学級内の児童生徒同士の人間関係のあり方，学級集団の集団としての雰囲気や状態，教師の学級経営や指導や援助のあり方がより大きな影響を与えるのではないだろうか。

ただし小学校1年生は，15人以下の学級については検討に値する。逆に中学校では，15人以下の学級グループで，満足している生徒の比率が低く，不満足な生徒の比率が高くなることから，物理的に少人数すぎることが学級集団の状態に与える影響についての対策は必要になるだろう。

学習面では，1学級の児童生徒数が36人以上になると学習意欲の低下，アンダーアチーバー（UA）の出現率の上昇が認められる。しかし，現実的には標準の40人学級を定めた現行法においても，日本の義務教育の1学級児童生徒数の平均は33人（1998年）で，その数は少子化に伴って年々減少している。

したがって，1学級の児童生徒数は35人が上限という目安で，現状の実態を大きく改革すべき，とはならないだろう。児童生徒の学習意欲や学力の定着には，現状の教師たちの指導力とそれに対応できる学級の児童生徒数には，ある程度の関係が認められるというレベルで考えたほうがよいだろう。

また図4-5は，日本の1学級の児童生徒数が多いことをネガティブに指摘されるときに使用されることが多い，国際比較の結果である。

この図でわかることは，「機能体」の特性をもつ欧米の学級集団では，1学級20人前後が多いということである。

共同体の特性をもつ日本の学級集団とは，そもそもその性格や目的が異なるので，単純に比較はできないが，本調査でも小学校で15人以下の場合や中学校で25人以下の場合に，OAの出現率の上昇や，UAの出現率の低下が認めら

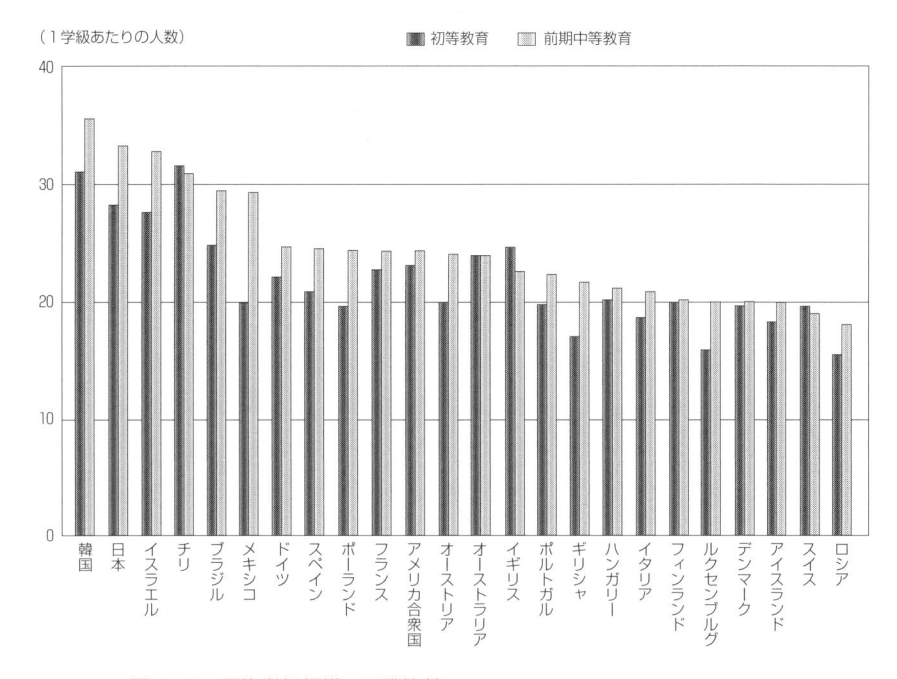

第1節　1学級の児童生徒数と学力の定着度，いじめの発生率の関係

図4-5　平均学級規模の国際比較（経済協力開発機構 OECD 2009より抜粋）

れる。したがって，日本が現在のような学級集団制度を継続するならば，学習場面では学級集団全体でそのまま授業を展開するだけではなく，小学校なら15人以下，中学校では25人以下の少人数指導のクラスの設定は有効であると判断される。

　まとめとして，1学級の児童生徒数の多少は，教師の仕事量の問題を別にすると，児童生徒の適応面，学習面に大きな影響を与える要因とはいえない。ここに，日本の学級集団が単なる機能体ではなく，共同体の面を有しながら，同時に学習集団としての機能体の機能も担っている，という特性があるのではないだろうか。

　単なる物理的な人数の問題よりも，集団の質，すなわち学級集団の状態や雰囲気，子どもたちの人間関係の態様が大きな影響を与えるのである。

※本研究の一部は教育カウンセリング研究2（1）（河村・武蔵　2008b）に掲載された。

第2節 学級集団の状態像別に考える

　筆者が実施した，延べ5万人の児童生徒を対象にした調査を分析した結果，子どもたちの学力や学級適応に大きな影響を与えていたのは，学級集団の状態であった。

　学級集団の状態とは，学級内の子どもたちの人間関係，そこから生まれる相互作用，インフォーマルな小集団の分化，子どもたちと教師との関係などにより，その様相が現出する。子どもたちの多数に見られる特定の考え方，行動の仕方（そのなかにルールに対する態度も含まれる）である。それは，学級集団に所属する大多数の子どもたちの，学級集団に対する，または学級集団内における感情，態度，行動傾向などから，所属する一人一人の子どもたちや外部の人間が受ける学級集団全体の雰囲気という印象で語られることもあり，一定期間，一定の様相を呈するのである。

　1990年から2008年までの学術的な研究を概観すると，学級集団発達に関する実証研究や，学級集団が個々の児童生徒に与える影響についての実証研究はとても少なくなっている。「学級がうまく機能しない状況」という学校現場が抱える問題に対して，学級集団発達に関する学術的な知見の提供が乏しいのが現状である。

　また，従来の学級集団発達の研究では，学級が集団として発達していくプロセス，つまり正の方向への発達の研究が主だったが，学級崩壊の問題は，学級集団発達が負の方向へ退行していくプロセスもあることを改めて示すことになった。そして，小学校の学級でその8.9%が学級崩壊状態であるという実態は，学級集団発達が負の方向への退行というプロセスを辿っていることが，今日の学校現場では決して特異な例ではないことを示している。

　本節では，学級集団の状態と子どもたちの学力や学級適応との関係について考察する前に，学級集団の状態にはどのようなタイプがあるのかを考えてみたい。

1 学級集団の状態のタイプ分け

　学習指導要領や学級経営に関する先行研究を整理していくと，日本の教師たちが望ましいと考える学級集団は，次のような状態である。

- 自由で温かな雰囲気でありながら，集団としての規律があり，規則正しい集団生活が送れている
- いじめがなく，すべての子どもが学級生活・活動を楽しみ，学級内に親和的で支持的な人間関係が確立している
- すべての子どもが意欲的に，自主的に学習や学級の諸々の活動に取り組んでいる
- 子ども同士の間で学び合いが生まれている
- 学級内の生活や活動に子どもたちの自治が確立している

　上記の状態を整理していくと，望ましい学級集団には，次の4つの要素が成立していると考えられる。

Ⅰ　集団内の規律，共有された行動様式
Ⅱ　集団内の子ども同士の良好な人間関係，役割交流だけではなく，感情交流や内面的なかかわりを含んだ親和的な人間関係
Ⅲ　一人一人の子どもが学習や学級活動に意欲的に取り組もうとする意欲と行動する習慣，同時に，子ども同士で学び合う姿勢と行動する習慣
Ⅳ　集団内に，子どもたちの中から自主的に活動しようとする意欲，行動するシステム

　第1章で紹介したように，共同体的な子どもたちのつながりをベースにした集団で，学習や日々の生活，活動を，温かな親和的な雰囲気のなかで，子ども同士が学び合いみんなで一緒に高まっていく……というイメージである。
　ここで集団を規定する最低限の必要条件はⅠとⅡになるだろう。ⅢとⅣは，ⅠとⅡの条件下で集団としての発達が進んだ状態で生起してくるものである。

そこでこの2点に着目して、集団の状態を把握することができる。

```
A：学級内の規律の確立
B：学級内の親和的な支持的な
　　人間関係の確立
```

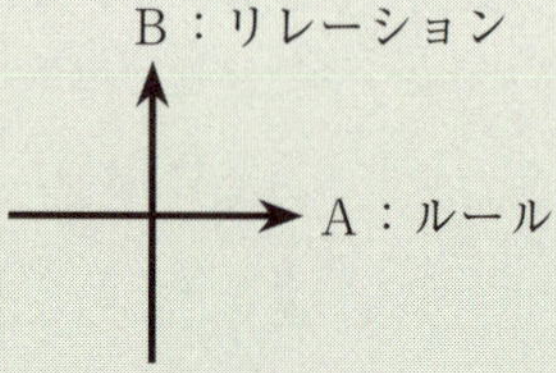

                B：リレーション
                    ↑
          ──────────┼──────────→ A：ルール

図4-6　集団を規定する必要条件

　同じ学級で子どもたちが3カ月以上共に生活する月日が経過し、プラスに発達した学級集団の状態は、教師の学級経営方針の違いによって、以下に説明する①満足型、②管理型、③なれあい型の3タイプが多く見られてくるだろう。

　また、ある程度プラスに発達した学級集団の、タイプの状態のレベルとして、大まかに次のような目安で考えてみた。

　　第1段階　混沌・緊張期　　：☆
　　第2段階　小集団形成期　　：☆☆
　　第3段階　中集団形成期　　：☆☆☆
　　第4段階　全体集団成立期：☆☆☆☆

①満足型　A：☆☆☆☆，B：☆☆☆☆　　AとBが統合されて成立している

　この集団は、共同体の面をベースにしながら高い機能性を有している。
　理想型の学級集団形成を意図した教師が、適切な指導行動で学級経営した場合に成立する。教師が教室にいなくても、子どもたちが自分たちで親和的に、意欲的に活動できている状態である。

②管理型　A：☆☆☆，B：☆☆　　Aに比重が偏って成立している

　この集団は教師の指導のもと、規律が確立し機能性もある程度あるが、子ども同士の親和的な人間関係の形成が部分的であるなど、全体的に低調である。
　学校教育において、子どもに要請されることは、「a 教科学習に取り組むこと」「b 学級や学校の活動に取り組むこと」、そしてそれらを集団として取り

組むために,「c 学級と学校のルールに従うこと」である。

担当する学級が管理型となる教師は,このａｂｃの達成を重視し,かつ,教師の力で強権的に実行しようとする傾向がある。

学力や活動の取り組みに対する教師の評価によって,学級内の子どもたちの間には地位の高い子どもと低い子どもというヒエラルキーができており,その結果人間関係の形成も広がりにくい状態になっている。子どもたちは教師の評価を気にする傾向があり,リーダーになる子どもが固定されていることが多い。

日本でいちばん多く存在するタイプの学級集団で,1980年ころの中学校が荒れたとき,また1990年代に不登校が増加したときに,画一的で管理的な教育と批判されたのがこのタイプである。

③なれあい型　Ａ：☆☆，Ｂ：☆☆☆　Ｂに比重が偏って成立している

集団は共同体の面をベースにしているが,組織だっていないため全体の機能性は高まっていない。②とは逆に,教師が学級集団の共同体の成立を重視するタイプの場合が多く,前述したａｂｃの達成よりも,教師と学級内の子どもたち一人一人との親和的な人間関係の形成を重視する傾向がある。

一見元気で伸び伸びしているような雰囲気があるが,学級全体にルールが定着していないため,授業では私語が見られ,また係活動も低調になっている傾向がある。子ども同士のトラブルもたびたび発生する状況である。

個性を伸ばす教育の重要性が強調され,新しい学力観が提唱された1989(平成元)年版学習指導要領が実施されたころから目立ち始め,「ゆとりの中で生きる力をはぐくむ」という基本方針のもと,学習内容が３割削減され,完全学校週５日制が実施された1998(平成10)年版学習指導要領が実施されたころには,都市部の若い教師のなかに一定数見られるようになってきた。

また,地方の郡部の少人数の学級でも,このタイプが見られる。教師を中心とした家庭的な雰囲気があるが,子どもたちは教師に依存的な傾向がみられ,学力の定着度も高くはない。

●拡散型　　A：☆，B：☆　　AとBがともに成立していない

　これまで述べてきた3タイプ以外に拡散型がある。この集団は，教育的な集団としては成立していない。以前は教育意識の低い「でもしか教師」が担任する放任された学級で見られた状態である。今日では，学級集団育成のスキルのない教師が担任する学級でしばしば見られるが，一過性である。

　教師から放任，もしくは適切な対応がなされなくても最低限の集団の体をなしていたのは1990年代初頭までで，すすんでリーダーシップをとる子どもが激減した今日，学級は集団にならないまま退行して崩れてしまうことが多い。このタイプの教師は，集団形成という意識，スキルが乏しいと考えられる。

　上記の4つは，日常よく見られる学級集団の状態である。

2　学級集団発達が負の方向へ退行した学級集団の状態

　小学校で8.9%の学級が崩壊状態であるという実態（2006年）からもわかるとおり，学級集団発達が負の方向への退行というプロセスを辿るのは，今日の学校現場では決して特異な例ではない。学級集団が退行し崩壊するプロセスには，どのような学級集団の状態が想定されるのであろうか。

　学級集団が退行し崩壊するプロセスでは，集団を規定する必要条件の「Ⅰ　学級内の規律の確立」「Ⅱ　学級内の親和的な支持的な人間関係の確立」が低いだけではなく，その領域にマイナスの傾向が発現してしまっている状態である。

　教師の適切な指導がなかった場合，時間の経過とともに教師が提示した規律に反発・無視したり，子ども同士の人間関係も防衛的であったり，敵対的なものになったりと退行・崩壊していく。その状態を大まかに次の目安で考えた。

　　第1段階　★　　　　みんなバラバラで緊張感が漂っている
　　第2段階　★★　　　小グループが非建設的な行動をしている
　　第3段階　★★★　　半分くらいの子どもに非建設的な行動が見られる
　　第4段階　★★★★　子どもたち全体が教師に反発し非建設的な行動が常時
　　　　　　　　　　　見られ，一斉授業・活動が成立しない

④荒れ始め型　A：★★，B：★★　AかBどちらかの崩れが他の崩れを誘発し，相乗的に悪化。一定の個別対応が必要になってくる

　このタイプは，②管理型から崩れはじめた場合と，③なれあい型から崩れた場合とが考えられる。

〈②管理型から崩れた場合〉

　学習や日常の行動面で教師の評価の低い子どもたちが固定化し，徐々に教師の指示に対して無気力になったり，消極的な攻撃行動としてサボタージュが見られたりする。また，そのなかで教師に反発して逸脱行動をしたり，教師に反抗し意識的にルール破りをする子どもも見られる。学級内の規律が崩れ始め，それに触発されるような形で，抑えられていた欲求が他者攻撃となったりして，子ども同士の関係もギクシャクしてくるのである。

〈③なれあい型から崩れた場合〉

　管理される息苦しさが少ないなかで，子どもたちは比較的自由にふるまうことができているが，学級内の規律の定着度が低いなかで，徐々にトラブルが頻発してくる。その不安から身を守るため，子どもたちは３〜４人の小グループを形成する。さらに小グループが乱立して，グループ対立が起こり始め，学級内の規律とともに学級内の人間関係も崩れていくのである。

　集団がこれらの退行を始めると，どちらも一斉授業や活動に一部支障が出始め，教師は個別対応をする比重が高まり，全体への対応が低下するという悪循環に入っていく。学習や活動の成果も徐々に低下していく状態である。個別対応は反社会的な問題，非社会的な問題の両方が発生する可能性が高まってくる。

⑤崩壊型　A：★★★★，B：★★★★★　AとBがともに崩れている

　学級のきまりは無視され，規律が完全に崩れている。その結果，一斉授業は成立しにくく，係活動，掃除や給食活動の実施にも支障が出ている。教師の指示はほとんど通らず反発が起こり，学級は騒然とした雰囲気のなかで，子ども

第4章　日本の学級集団の実態―集団の状態と教育の成果―

同士の間にはトラブルが頻発している。いじめ問題や不適応問題がかなりの比率で見られる。

　もちろん，④荒れ始め型から⑤崩壊型の間には，いくつかレベルがある。また，⑤崩壊型にもいくつかのレベルが考えられる。例えば中学校の学級で，特定の教師のときだけ授業が成立しない学級と，どのような教師であっても1人では授業が成立しない学級とでは，その崩壊の度合いは違うのである。ここでは，代表的なレベルのものを取り上げて解説した。

　このように学級集団発達が正，負の両方に進行するにつれ，学級集団はそれに応じた特異な状態や雰囲気が形成されてくる。代表的なものを整理すると，次のような状態が現在の学校現場ではよく見られる学級集団である。

①満足型――――AとBが統合されて成立している。共同体と機能体の統合
②管理型――――Aに比重が偏って成立している
③なれあい型――Bに比重が偏って成立している
●拡散型――――AとBがともに成立していない
④荒れ始め型――AかBどちらかの崩れが他の崩れを誘発し，相乗的に悪化
　　　　　　　してくる。一定の個別対応が必要になってくる
⑤崩壊型――――AとBがともに崩れている

　これらをQ-Uで測定し，プロット図に記入すると次のような形となって表れる。

第2節　学級集団の状態像別に考える

①満足型（右上寄り・凝集）

③なれあい型（上寄り・横伸び）

②管理型（右寄り・縦伸び）

④荒れ始め型（斜め）

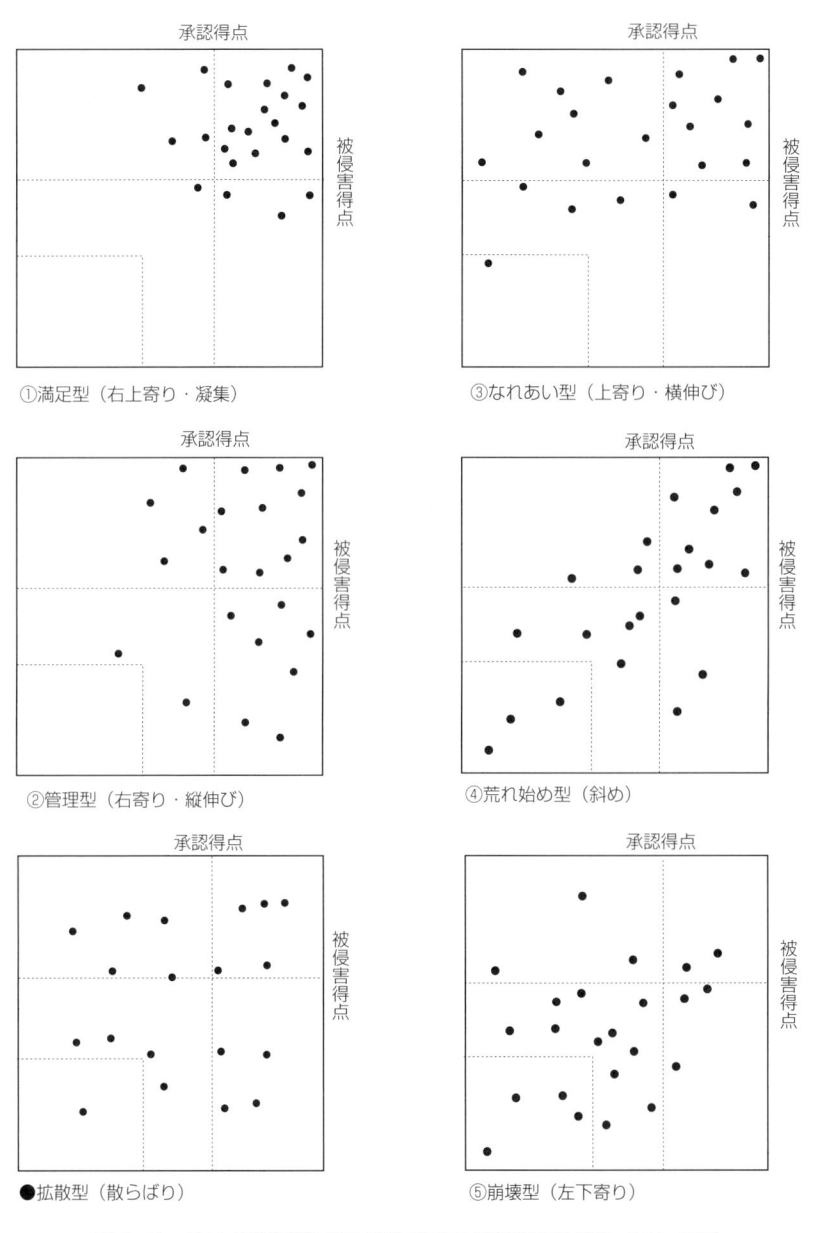

●拡散型（散らばり）

⑤崩壊型（左下寄り）

図4-7　Q-Uの学級満足度尺度に表れる学級集団の特性（河村　2009）

第4章　日本の学級集団の実態―集団の状態と教育の成果―

第3節　学級集団の状態ごとの教育成果の検討

本節では学級集団に所属する子どもたちの学力の定着度，いじめの発生率を，第2節で状態によって分けたタイプごとに検討していく。

1　学級集団の状態と学力の定着度

調査対象の学級のなかで，一斉授業がいちおう成立していると考えられる学級を抽出し，学級集団の状態と子どもたちの学力の定着度との関係を検討する。学級集団の状態のタイプは，①満足型，②管理型，③なれあい型の3つである。

日本の学校現場で，大きな問題もなく教育活動が展開している学級は，教師たちに特に検討されることもなく存在してきた。そのような学級で，学級集団の状態の違いによって，子どもたちの学力の定着はどの程度影響を受けるのかを検討してみたい。

学級集団の状態の違いによって分けられた3つの学級グループごとに，学級内の子どもたちの学力におけるオーバーアチーバー（OA），アンダーアチーバー（UA）の各出現率を算出することによって考察する。

分析の結果は，有意に学級グループごとに大きな差が認められた（図4-8）。

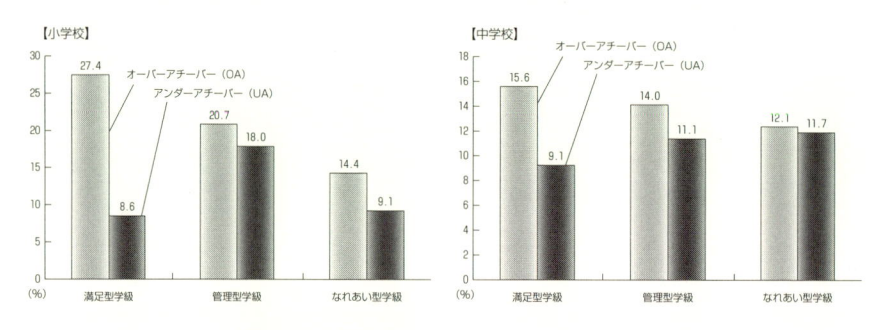

図4-8　学級集団と学力（河村　2007）

その差は教科担任制の中学校よりも，ほとんどの授業を1人の学級担任が担当する学級担任制をとる小学校で顕著に表れたが，小学校，中学校ともにほぼ共通して，理想の学級集団の状態と考えられる満足型の学級でその成果が突出して良好なことが明らかになった。すなわち，オーバーアチーバー（OA）の子どもたちが有意に多く，アンダーアチーバー（UA）の子どもたちが有意に少なくなっているのである。ちなみに，NRTによるOAとUAの子どもの出現率はともに16%が想定されている。

以下に，小学校の学級を取り上げて，各学級グループごとに考察する。

(1) 満足型の学級

満足型の学級での学力の成果には目を見張るものがある。学級の3分の1近くの子どもたちがOAであり，UAの子どもが10%を下回っているのである。集団士気の高まりが子どもたち一人一人の士気も高め，子どもたちが切磋琢磨して学習に取り組んでいることが想定される。そのような状態が習慣化しているのだろう。中学校でもほぼ同様の結果が示されている。

(2) 管理型の学級

管理型の学級は，規律よく授業が展開していたとしても，隠れた問題が潜んでいると考えられる。OAとUAの子どもの出現率がともに全体平均を上回っている。つまり，学級内で「できる子ども」と「できない子ども」との格差が広がった状態になっていることが想定される。特に，UAの子どもの出現率が突出して多く，周りから見ると静かに授業を受けていたとしても，真に学習に向かえていない子どもの比率がとても高いことが想定される。

中学校でもほぼ同様の結果が得られており，学級内の生徒間の学力の格差の広がりが示された。

(3) なれあい型の学級

なれあい型の学級は管理型とは逆に，OAとUAの子どもの出現率がともに低い状態である。特にOAの子どもの出現率が低く，授業が子ども同士の意欲を高め合うような，学び合いに乏しいものになっている可能性が高いと思われる。学級内で，比較的自由な雰囲気で学習していても，学習が子どもたち一

人一人に閉じたものになっていることが想定される。中学校でもほぼ同様の結果が示されている。

〈教科教育における学級集団の状態〉

一斉授業が成立していると考えられる3つのタイプの学級集団は、全体から見ると子どもたちの学力の定着は相対的に高いと思われる。しかしそのなかでも、学級集団の状態の違いによって、所属する子どもたちの学力の定着には有意な差が見られたことは、学級での一斉の学習指導では、学級集団の状態という環境要因で大きな差が出ることを、改めて示唆したものと思われる。

学校現場で行われる授業研究は、その性格上、学級集団の状態が良好な学級で行われることが多い。例えば満足型の学級集団である。そこでの授業者の発問や指示、授業展開は、参観する教師のモデルにされることになる。

しかし、満足型の学級集団でうまく展開した授業案を、管理型やなれあい型の学級でも同じように展開することができるのであろうか。学力の定着が学級集団の状態に大きく左右されるとすれば、当然、授業場面の雰囲気や子どもたちの取り組む姿勢には、学級集団の状態が色濃く反映されるからである。

子どもたち一人一人の学習の定着や深まりを目標にする授業案は、学級集団の状態に寄り添ったものを作成することが求められるだろう。教師には学級集団の状態に合った授業の展開、指導行動が切に求められるのである。

そして、今回の結果は、教師が作成する授業案や計画には、授業を展開する学級集団の状態をより考慮する必要があることを示唆するものといえるだろう。

2 学級集団の状態といじめの発生率

文部科学省の発表によると、いじめの定義が変更された2006年度、公立の小学校では、全国で5,087件、中学校では、12,794件のいじめが発生していると指摘されている。これは、学校としては小学校の1割、中学校の3割強で発生していることになる。近年のいじめを理由とする自殺事件の多発により、いじめ問題へのさまざまな対策が講じられており、いじめを早期に発見し、適切に対応することが求められている。

第3節　学級集団の状態ごとの教育成果の検討

これまでのいじめに関する研究を見ると，いじめの実態，いじめの加害者・被害者の心理，いじめ防止プログラム，教員のいじめ対処のあり方など多面的な検討がなされている。一方，いじめは学校や学級などの集団のなかで起こりやすい（文部科学省　2007）という指摘がなされている。しかしこの指摘に関して，学級集団の状態といじめ問題との関連を実証的に検討した研究はいまだ見当たらないのが現状である。

そこで，小学校，中学校ごとに調査対象の学級のなかで，崩壊状態になり教育環境を呈していないような状態以外の学級を抽出し，学級集団の状態といじめの発生率との関係を検討した。

学級集団の状態のタイプは，小学校では①満足型，②管理型，③なれあい型の3つであり，中学校では①満足型，②管理型，③なれあい型，④荒れ始め型の4つである（注1）。子どもへのいじめに関する調査として，「長い期間いじめを受けている」という質問に対し，「いま，そうである」「前にそうだったことがある」「いじめられていない」の3択で回答を求めた。

(1) 分析結果から見えてきた「いじめの発生率」

「長い期間いじめを受けている」という質問に対し，小学生では，「いま，いじめられている」3.6％，「前にいじめられていた」13.5％，「いじめられていない」82.9％であった。中学生では，「いま，いじめられている」2.0％，「前にいじめられていた」9.7％，「いじめられていない」88.3％であった（図4-9）。

これは，小学校では28人に1人，中学生では50人に1人が，いま長期的ないじめを受けていることになる。

(2) 学級状態別の「発生率」

次に，学級集団の状態を分類し，各々のいじめの発生率を算出した（図4-10）。

小学校では，満足型学級を1とすると，管理型で2.4倍，なれあい型で3.6倍の発生率となっており，学級集団の状態といじめの発生率が関連していることが明らかになった。中学校では管理型が1.6倍，なれあい型が2.0倍，荒れ始めの学級は5.0倍であることが明らかになった。小学校，中学校ともに，なれあい型の学級でいじめの発生率が高く，荒れ始めの学級にいたっては，いじめや

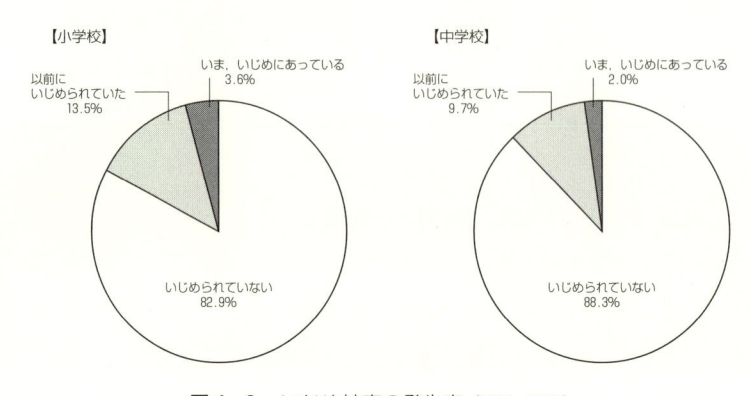

第4章　日本の学級集団の実態―集団の状態と教育の成果―

【小学校】
- いま、いじめにあっている 3.6%
- 以前にいじめられていた 13.5%
- いじめられていない 82.9%

【中学校】
- いま、いじめにあっている 2.0%
- 以前にいじめられていた 9.7%
- いじめられていない 88.3%

図 4-9　いじめ被害の発生率（河村　2007）

【小学校】児童100人につき
- 満足型学級　1.4人
- 管理型学級　3.4人
- なれあい型学級　5.0人

【中学校】生徒100人につき
- 満足型学級　0.9人
- 管理型学級　1.4人
- なれあい型学級　1.8人
- 荒れ始めの学級　4.5人

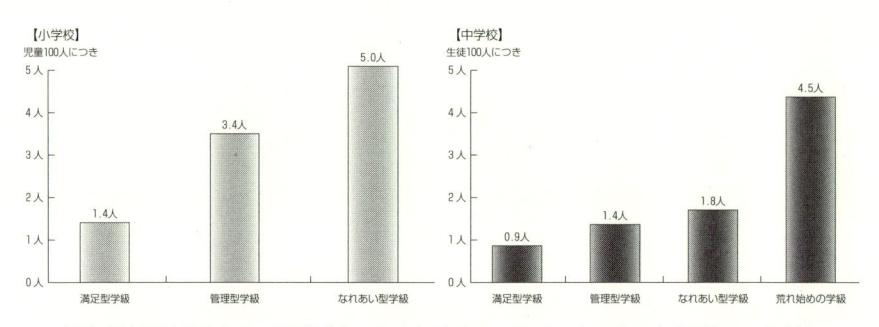

児童生徒100人当たりの，「長期的ないじめを受けていて，とてもつらい」と訴えている割合

図 4-10　学級タイプ別いじめの発生率（河村　2007）

トラブルが頻発していることが明らかになった。

　いじめの国際比較（日本，イギリス，オランダ，ノルウェー）をした滝充（2001）は，いじめの起きる場所として，日本は他の3ヵ国と比べて教室で発生する比率が高く，他の3ヵ国は校庭で発生する比率が高いことを指摘している。

　日本の学級集団は，最低1年間メンバーが固定され，1日の大半を過ごし，学習面や生活面で子ども同士がかかわることが多い共同体の特性をもった閉鎖集団である。このような特性をもつ集団で，集団内の子どもたちに欲求不満がたまってくると，その影響は所属する他の子どもへの非建設的ないじめなどに

よって発散される可能性が高まってくると考えられる。

また、いじめがたびたび発生する教室・学級集団内では、子どもたちは落ち着いて授業や活動に参加する意欲が低下するものと考えられる。

3 学級集団の状態別に見たいじめの特徴

学級集団の状態が、「管理型」学級、「なれあい型」学級の状態を示してきた場合、いじめ問題の発生率が高まることを指摘したが、実は集団の状態ごとにいじめられる子どもに一定の傾向があることが整理された（河村・武蔵 2008a）。

(1)「管理型」学級集団
● 学級集団内で、地位の低い子どもがいじめ被害を受けやすくなる

教師がやるべきことを強く指導する「管理型」学級集団では、学級内でできる子どもとできない子どもが明確になりやすく、子どもたちの間で地位の高低が生まれやすくなる。学力が低い、運動が苦手、身体的に劣るなど低い地位と見られてしまう子どもは、「あいつはみんなと同じようにできない」ということで、周りの子どもたちから軽視されることが多くなる。教師から叱責を受けることが多いのも、それを助長する。

このような状況のなかで、「あいつは駄目な子だ、いじめられたりからかわれたりするのは当然だ」という雰囲気が、学級集団のなかに自然とできてしまう可能性が高い。そして教師もそのような雰囲気のなかで、該当する子どもが周りの子どもたちからからかわれたり、言葉の暴力を受けているのを見ても、深刻に受けとめなくなってしまう傾向が考えられる。「仕方がない、該当する子どもにも問題がある」という意識である。

このような学級集団の状態のなかで、地位の低い子どもが他の子どもたちにいじめられるのである。教師も、いじめの現場を見てもいじめと認識しない、いじめ問題であることに気がつかないのである。

(2)「なれあい型」学級集団
● 閉じた閉鎖的な小グループのなかで、地位の低い子どもがいじめ被害を受け

やすくなる
● 小グループの対立のなかで，目立つ子どもがいじめ被害を受けやすくなる

　子どもたち個々とのかかわりを重視する「なれあい型」学級集団では，教師と子どもたち個々との垣根が低く，管理される息苦しさはないものの，学級全体の規律やルールの確立が徹底されない傾向がある。子どもたちは〇年〇組の一員という，学級への所属意識が低下する。そのような集団では，学級が集団全体として不安定になり，小さなトラブルが増えていく。

　その結果，学級の内部に気の合う3，4人の子どもたちからなる小さなグループがたくさんできる。不安のグルーピングである。このような小グループの特徴は，固まることによって周りの子どもたちの攻撃から自分たちを守るという側面があるので，外に対して閉鎖的である。また，常に一緒に集まって同じように行動しているが，真に仲がよくて一緒にいるというよりも，周りの攻撃から自分を守るために固まっていることが多いので，小グループ内の児童生徒同士のつながりは意外と弱いものである。小グループ内の子ども同士は互いに気をつかい合い，互いの個性を認め合うよりも，同調する傾向が強くなる。そして，自分たちは仲間であることを確認する行為が多くなる。代表的な行為は，仲間同士で秘密を共有する，共通する敵をもつ，ということである。

　このような小グループの乱立が，学級内にいじめを生む温床になる。

　まず，小グループ内にも地位の階層が起こり，地位の低い子どもがいじめの被害を受けることがある。そのメカニズムは管理型の場合と同様である。この子どもはいじめが苦しくても，グループを出ると孤立する不安があるのでグループ内にとどまることが多い。このような小グループは閉鎖的なので，内部で起こっていることが外部から見えにくく，教師にも見えにくいのである。

　次に，他のグループの子どもを共通の敵にする傾向があるので，それがいじめ行為につながりやすい。特定の子どもをいじめのターゲットとする理由も，「頭がいいからと威張っている」「運動ができるからといって，いい気になっている」「かわいこぶっていてうざい」など，嫉妬レベルのものが多く，教師には見えにくい。「管理型」学級集団では学級内で地位の低い子どもがいじめの

第3節　学級集団の状態ごとの教育成果の検討

ターゲットになることが多いが，「なれあい型」学級集団では地位の高い子どももターゲットになることが珍しくないのである。一般のいじめられる子どものイメージとは違うタイプなので，教師は気がつきにくいのである。

　第3節全体のまとめとして，子どもたちの学力の定着度やいじめの発生率は学級集団の状態ごとに有意な差が認められた。
　最低1年間メンバーが固定され，1日の大半を過ごし，学習面や生活面で子ども同士がかかわることが多い共同体の特性をもった閉鎖集団である日本の学級集団は，子どもたち一人一人に与える影響は，プラス面でもマイナス面でもとても大きいことが明らかになった。

注1：本来ならば，④荒れ始め型，⑤崩壊型の学級集団も含めて比較検討したいところだが，⑤崩壊型の学級は調査の実施，学校現場の調査協力がむずかしく，サンプルが特定の地域の学校に偏り，全体の分析に含めることができなかった。小学校では同様の理由で，④荒れ始め型の学級集団も外して分析を行った。今回分析に用いたデータは，ランダムに抽出した地域の学校で，すべての学級の調査協力に応じてくれたものである。特定の1,2の学級を除いて協力してくれた学校のデータは除外したが，その理由は，除外された学級が④荒れ始め型，⑤崩壊型の学級の可能性が高かったからであり，それらを含めると全体のデータに偏りが生じることが懸念されたためである。

引用文献
学級経営研究会　1998　学級経営の充実に関する調査研究（中間まとめ）
河村茂雄　2007　データが語る①学校の課題　図書文化
河村茂雄・武蔵由佳 2008a 学級集団の状態といじめの発生についての考察　教育カウンセリング研究　2（1），1-7．
河村茂雄・武蔵由佳 2008b 一学級の児童生徒数と児童生徒の学力・学級生活満足度との関係　教育カウンセリング研究　2（1），8-15．
河村茂雄（監修）　2009　みんなのやくそくノート小学3～6年教師用指導書　図書文化
経済協力開発機構　OECD　2009　図表で見る教育 OECD インディケータ2009年度版　文部科学省生涯学習政策局調査企画課 HP
　　http://www.mext.go.jp/b_menu/toukei/002/index01.htm　（2010年2月現在）
文部省　1989　平成元年学習指導要領
文部省　1998　平成10年学習指導要領
文部科学省　2005a　今後の学級編成及び教職員配置について（最終報告）　文部科学省初等中等教育局 HP
　　http://www.mext.go.jp/b_menu/shingi/chousa/shotou/029/toushin/05100402.htm
　　（2010年2月現在）
文部科学省　2005b　義務教育に関する意識調査　文部科学省初等中等教育局初等中等教育企画課 HP

http://www.mext.go.jp/b_menu/houdou/17/06/05061901/gimukyouiku.htm
　（2010年2月現在）
文部科学省　2007　平成18年度児童生徒の問題行動等生徒指導上の諸問題に関する調査
　　　http://www.mext.go.jp/b_menu/houdou/19/11/07110710/001.htm（2010年2月現在）
滝充　2001　第三章「いじめの方法・場所」　森田洋司監修 いじめの国際比較研究 金子書房
全国連合小学校長会　2006　学級経営上の諸問題に関する現状と具体的対応策の調査
全国都道府県教育長協議会　2003　報告「全国的な学力調査の具体的な実施方法等に関する中間まとめ」に対する意見書

参考文献
森田洋司（監修）　2001　いじめの国際比較研究 金子書房
根本橘夫　1991　学級集団過程の規定要因と学級集団の発達段階に関する試論　心理科学13（1），30-41

第5章

日本型の学級集団のメカニズム

　繰り返しになるが，本章に入る前に，少し整理しておく。
　第4章でも紹介したが，学習指導要領や学級経営に関する先行研究を整理していくと，日本の教師たちが望ましいと考える学級集団は，次のような状態をその最大公約数としてまとめることができる。
〈日本の教師たちが望ましいと考える学級集団〉
● 自由で温かな雰囲気でありながら，集団としての規律があり，規則正しい集団生活が送れている
● いじめがなく，すべての子どもが学級生活・活動を楽しみ，学級内に親和的で支持的な人間関係が確立している
● すべての子どもが意欲的に，自主的に学習や学級の諸々の活動に取り組んでいる
● 子ども同士の間で学び合いが生まれている
● 学級内の生活や活動に子どもたちの自治が確立している
　上記をさらに整理していくと，望ましい学級集団とは，次の要素が成立して

いることが確認される。

〈望ましい学級集団の要素〉
Ⅰ　集団内の規律，共有された行動様式
Ⅱ　集団内の子ども同士の良好な人間関係，役割交流だけではなく，感情交流や内面的なかかわりを含んだ親和的な人間関係
Ⅲ　一人一人の子どもが学習や学級活動に意欲的に取り組もうとする意欲と行動する習慣，同時に，子ども同士で学び合う姿勢と行動する習慣
Ⅳ　集団内に，子どもたちのなかから自主的に活動しようとする意欲，行動するシステム

　上記の4点から，日本の教師たちが想定する望ましい学級集団の状態は，「英米の学習集団としての機能体の面が強い学級集団に対して，日本の学級集団は共同体の面を有し同時に学習集団としての機能体の機能も担っている」という点を如実に表している。

　教える・指導するのが教師の役割で，教わるのが子どもたちの役割だが，だからといって，指導－教わるという縦の役割関係が良好に成立している集団を，単純によい学級集団と日本の教師はとらえていないということである。

　特にⅣにその傾向が強く見られる。子どもたちの自主的・自治的な活動で学級集団が運営されていくのを是とする傾向がある。この場合，学習活動や学級活動，当番活動などすべての活動が含まれ，かつ，生活集団である共同体の運営に関することも含まれる。授業の展開でも，教師と子どもとの縦の良好な関係だけではなく，子ども同士の学び合いが尊重される。

　ただし，子どもたちが自主的・自治的に活動することを奨励しながらも，日本の学校教育のあり方として定められた目的・目標，教師の意図する方針を外れない形が前提であることを押さえておかなければならない。

　本章では，第1章で解説した，共同体の面を有し，同時に学習集団としての機能体の機能も担っている集団である日本の学級集団について，その発達と，構造について検討する。

第1節 学級集団発達の視点から日本の理想の学級集団を考える

　最低1年間，固定されたメンバーと担任教師で構成される日本の学級集団では，集団の状態は，子どもたちの間の相互作用，インフォーマルな小集団の分化，子どもたちと教師との関係などにより，その様相が現出する。その様相は，集団に所属する大多数の子どもたちの，学級集団に対する，学級集団内における，感情，態度，行動傾向などから，所属する一人一人の子どもたちや外部の人間が受ける学級集団全体の雰囲気という印象で語られることもあり，一定期間，一定の様相を呈する。

　ただし，学級集団の状態は，子どもたちの間の相互作用，インフォーマルな小集団の分化，子どもたちと教師との関係，それらの変化により，学級集団の雰囲気や子どもたちの学級や教師に対する感情，行動傾向などに変化が起こる。このような学級集団の状態の変化を，学級集団の発達過程と呼ぶ。

　教師が，前述Ⅰ～Ⅳの4つの要素を満たした望ましい学級集団の形成を志向していくとき，ある程度共通する学級集団発達過程が出現してくる。学級集団発達過程については，先行研究を概観するといくつかの説があるが，その最大公約数として，次の5つの段階が考えられる。ただし，学級集団発達過程が建設的な成熟過程を辿っている場合である（河村ほか　2008，2009）。

1　学級集団発達過程

〈第1段階――混沌・緊張期〉
　学級編成直後の段階で，子ども同士に交流が少なく，学級のルール（注1）も定着しておらず，一人一人がバラバラの状態である。
　集団への帰属意識も低い状態である。学級集団は堅苦しい雰囲気であり，すでにある友人関係に閉じこもったり，他の子どもと表層的なつき合いを試みたり，教師を知るために試し行動を行う子どもも見られる状態である。
〈第2段階――小集団形成期〉

学級のルールが徐々に意識され始め，子ども同士の交流も活性化してくるが，その広がりは気心の知れた小集団内にとどまっている状態である。

学級内では，一定の安定に達するまでに，小集団同士の友達の引っ張り合いや，トラブルがよく見られる状態である。

〈第3段階——中集団形成期〉

学級のルールがかなり定着し，小集団同士のぶつかり合いの後に一定の安定に達した状態。指導力のあるリーダーのいる小集団などが中心となって，複数の小集団が連携でき，学級の半数の子どもたちが一緒に行動できる状態である。この時期は，そういう学級全体の流れに反する子どもや下位集団が明確になる時期でもある。

〈第4段階——全体集団成立期〉

学級のルールが子どもたちにほぼ定着し，一部の学級全体の流れに反する子どもや小集団ともある程度の折り合いがつき，子どもたちがほぼ全員で一緒に行動できる状態である。

〈第5段階——自治的集団成立期〉

学級のルールが子どもたちに内在化され，一定の規則正しい全体生活や行動が，温和な雰囲気のなかで展開される。さらに課題に合わせてリーダーになる子どもが選ばれ，すべての子どもがリーダーシップをとりうるようになる。学級の問題は自分たちで解決できる状態（逸脱行動には集団内で抑制するような行動が起こり，活動が停滞気味のときには，子どもたちのなかから全体の意欲を喚起するような行動も起こる，子どもたちだけで考えても学校教育の目的から外れないという具合）である。子どもたちは自他の成長のために協力できる状態である。前述の望ましい学級集団のⅠ～Ⅳの要素がすべて満たされている。

2 教師の指導行動から学級集団発達過程を考える

学級集団発達の第4段階までは，教える・指導する役割の教師が，教わる役割の子どもたちに縦の関係で指導するという形でも満たすことができるだろう。教師の役割や権限，子どもの行動すべき内容を事前に合意する機能体の集団で，

普通に見られる教師のリーダーシップ行動である。

　例えば，教師が役割上もつ権力で強い指導行動を発揮するような，リーダーシップをとる場合である。子どもたちは教師の強い指導に服従する形になる。しかし，全体行動は粛々と展開されても，教師に言われたことしかしないという具合に，子どもたちの学校生活や諸々の活動に自主的に取り組む意欲は低くなり，全体的に子どもたちの学級生活の満足感も低いものになると考えられる。また，そのようなリーダーシップの遂行は，明確な評価軸（例えば，学習の成績，協調性の有無など）を伴うことで成り立つので，学級集団内では子どもたちの間にその評価軸にそった社会的地位のヒエラルキー（上下の序列）が発生しやすく，子ども同士の感情交流を伴う親和的な人間関係は形成されにくくなることが想定される。

　一方，教師が強い指導力を行使しなくても，
- 子どもたちが教師に対して厚い信頼をもっている場合（カリスマ型リーダーシップ）
- 教師からも子どもたちからも信頼を得るような優れたリーダーの子どもが存在する場合
- 学級集団全体の流れに反する子ども・下位集団の力が弱い場合

も，この段階の状態は現出することがあるだろう。第4章で分類した「管理型学級」「なれあい型学級」でもこの段階にいたることもあるであろう。しかも学習や活動も活発になされ，子どもたちはこの段階での学級生活に十分満足することが考えられる。

　しかし，このような学級集団の状態は，教師と特定のリーダーの子どもに他の子どもたちが依存している状態であり，すべての子どもたちの自主性・自立性を育成するという点ではなお不十分なのである。学級集団を第5段階の自治的集団成立期の状態に導くためには，機能体集団で見られる，教師の縦関係のリーダーシップ行動をもとにした学級経営方法だけでは限界があるだろう。

　ここに，共同体の面を有し，同時に学習集団としての機能体の機能も担っている日本型の学級集団を形成するための，学級経営の方法が必要になってくる。

第5章　日本型の学級集団のメカニズム

また，その学級経営の展開方法が日本の学級，ひいては日本の学校の独特の雰囲気を形成しているともいえるだろう（注2）。

注1：学級集団に規律があるといった場合，学校や学級で定められた規則やきまりに子どもたちが素直に従って行動しているから，と考えるのは一面的である。それ以上に，学級内の規範やルールが子どもたちに内在化され，共有され，そのなかで子どもたちが行動している面が大きいのである。したがって，その都度教師から指示されなくても，子どもたちは内在化されたルール，明文化されていないが学級内に確立されている期待される行動様式にそって，自ら行動できるようになっているのである。

　　学校や学級内で明文化された規則やきまりと，規範やルールとは同じではない。学校や学級の規則やきまりは，社会でいえば法律に相当するが，規範やルールは多くの人がそのように行動しているというときの，「そのように」を生み出す準拠枠，判断基準である。

　　例えば，学級内に「チャイムがなったらすぐに着席する」というきまりがあったとしても，学級によって子どもたちの行動はいろいろである。①教師が教室にいないときでもチャイム着席している，②子どもたちは教師が教室に来たら席につく，③教師が来ても立ち歩いている，などである。これらの状態を生み出すものが，その学級の子どもたちの規範やルールなのである。①はきまりと規範・ルールが一致している。②は教師の意図と子どもたちの欲求の折り合い点で規範・ルールが成立している。③は教師の求めるきまりは無視され，子どもたちの共通の欲求次元で規範・ルールが成立しているのである。

　　教師が学級集団に子どもたちの自主的な規律を形成しようと考えたとき，①のような規範・ルールを子どもたちの間に形成しなければならないのである。規則・きまりを押しつけ，強く管理したなら，子どもたちは②のような状態か，従うがそこには自主性が見られない状態になるだろう。

　　指導力の高い教師は，子どもたちの間に自主的な規律を生む規範・ルールをどう形成するかをめざすだろう。例えば，子どもたちで学級のきまりをつくらせたり，一部の子どもの建設的な行動を積極的にみんなの前でほめて，子どもたち全体の規範・ルールとして定着させようとする，などである。学級集団内にこのような規範やルールが成立すると，この規範やルールは子どもたちの認知（思考），感情，行動に集団斉一性（集団に所属する子どもたちの間に生じる意見や行動の一致の程度）を与えるようになる。集団斉一性にそった行動をすることにより，子どもたちは学級の一員という実在感を得ることができる。また，斉一性は他の子どもたちからその規範・ルールに従うように同調圧力が働くのである。

注2：学級集団発達の第4段階「全体集団成立期」は，最低，学級集団は教師の指導のもと，日本型の理想の学級集団の状態（Ⅰ～Ⅳの統合された成立）の，Ⅰ「集団内の規律，共有された行動様式」と，Ⅲの前半の「一人一人の子どもが学習や学級活動に意欲的に取り組もうとする意欲と行動の習慣」が成立している状態である。したがって，子どもたちを学級集団全体として活動させるという面だけを考えれば，機能体集団で見られるリーダーのリーダーシップ行動（教える・指導する役割の教師が，教わる役割の子どもたちに，縦の関係で指導するという形。アメリカの教育現場では，教師が子どもたちをしっかり統制するリーダーシップを発揮できることが教員の基本条件であるといわれている）でも，満たすことが可能であろう。ただし，Ⅱ「集団内の子ども同士の良好な人間関係，役割交流だけではなく，感情交流や内面的なかかわりを含んだ親和的な人間関係」とⅢの後半「子ども同士で学び合う姿勢と行動する習慣」，Ⅳ「集団内に，子どもたちのなかから自主的に活動しようとする意欲，行動するシステム」を実現するには，それだけではむずかしいのである。

　　具体的に説明すると，まず，上記の要素一つ一つを独立して満たすことを，教師の指導行動の視点で見てみよう。Ⅰは，機能体集団で見られるリーダーのリーダーシップ行動でも満たすことができるだろう。Ⅱは子どもたち同士のかかわり合い，共同体的な集団を形成していくことを背後から支援していく対応が求められる。教師に子どもたちが服従していたり，依存している状態だけでは不十分で，子ども同士にある程度の感情交流があり，相互依存するような人間関係の構築が求められるのである。それは，結果とし

て学級集団としての一体感を育むことにもつながってくる。Ⅲの後半は、子ども同士の情意的側面が入ってくる領域であり、動機づけやモデル学習の効果の点からも、Ⅱのような教師の対応が求められるだろう。ⅣはまさにⅡの状態から成熟した集団がもつ機能と考えられ、Ⅱのような対応が求められる。

そして、最もむずかしいのは、4つの要素を統合して成立させることであり、それを推進していくリーダーシップをとることである。それは学級集団発達の第4段階までは機能体の集団で用いられるリーダーシップを駆使し、第5段階から対応を変えていくというような機械的な対応では、子どもたちは心情面でついていくことができないからである。学級集団発達の第5段階をめざす学級経営をするには、教師は最初から一定のリーダーシップをとることが求められるのである。

第2節 日本型の理想の学級集団の構造

日本型の理想の学級集団の状態を、Ⅰ～Ⅳの4点をトータルに満たす状態、また学級集団発達の第5段階「自治的集団成立期」の状態、かつ子どもたちの学力の定着度が高く、学級生活の満足感の高い学級、と定義して考えてみる。その構造を検討するために、次のような研究を行って整理した。

〈研究方法〉

調査対象：関東、近畿、東北、北陸の小・中学校で事前に研究に同意を得られた小・中学校それぞれ16校

①調査対象学級は、次の条件に該当した各学年×10学級を目安とした。
- 1学級の児童生徒数の全国平均値が27.4人（1998年文部統計要覧）であることを考慮し、1学級の児童生徒数が20人～34人規模の学級とする。
- 対象となる学級は地域特性が偏らないようにサンプリングする（都市部、住宅地、商工業地、農水産地域）。

②特定の学級だけの抽出になるとバイアスがかかるため、単学級以外の学校で、全学級の協力が得られ、かつ、特定の教科や活動について県や市の教育委員会指定を受けていない学校の全学級を対象とする。

調査時期：2006年4月～2009年12月

具体的な調査時期は、先行研究で学級集団の形成上変化が大きいと指摘

のある学期初めの5月，学級編成から3ヵ月後の7月，夏休みを経て学校行事が一段落する11月，学年末の2月，の4時点で実施する。
　なお，この研究は2011年までの継続研究である（※）。

調査方法：調査対象の児童生徒に「Q-U：QUESTIONNAIRE - UTILITIES」（小・中学校用）と「ＮＲＴ：Norm Referenced Test」（小・中学校用）を実施し，児童生徒の学級生活の満足度や学習意欲，学力の定着度を測定した。さらに，研究協力者が各学級に赴いて観察記録をまとめた。

手続き：本研究は，次の3段階で研究を進めた。

①学級集団の状態と児童生徒の学習意欲・友人関係形成意欲・活動意欲との関係，学級集団の状態を規定する要因を，1学級に対して年間4回調査し分析する。学級集団の状態として，児童生徒相互の対人関係の状況，小グループの実態，学級内に定着している規範やソーシャル・スキルの内容，教師の行った指導行動の要因を取り上げる。

　研究協力者が分担して学校訪問し，調査・観察を行う。観察は観察者による自然観察法とビデオ撮影（同意が得られた場合のみ）を併用する。

②4回の分析結果を時系列のなかで整理し（このとき学級集団の変化を成熟というプラス方向だけではなく，成熟－後退という両方向で整理する），学級集団のいくつかの発達過程を見いだし，そのなかから目的とする学級集団形成の発達モデルを抽出する。

③①②のプロセスを通して，児童生徒の学習意欲や友人関係形成意欲，学級活動意欲を向上させる学級集団の状態とその規定要因，発達過程を見いだし，学級集団形成のモデルを作成する。

（※）2009年4月～2010年3月までの小学校を対象とした研究は，文部科学省の科学研究費補助金・基盤研究（C）課題番号21530703を受けて行われた。

　本節では上記のような方法で進められた一連の研究のなかで，Q-UとNRTの学級平均値がともに全国平均よりも1標準偏差高く，かつ観察記録データか

ら研究者グループ（筆者と研究協力者4人）が学級集団として第5段階の自治的集団成立期の状態，理想の学級集団の4点すべてをトータルに満たす状態であったと判断された26学級を取り上げ，整理した。

1 日本型の理想の学級集団の集団としての状態

学級集団の視察から，以下の点が顕著に観察された。

> Ⓐ個人の士気と同時に集団士気が高まっている
> Ⓑ集団生産性が高まる取組み方法・協同体制・自治体制が確立している

目標に意義を認め，その目標達成に対して示される意欲の程度を士気（モラール）というが，集団士気（グループモラール）が高いというのは，学級の子どもたち全体が共通の目標達成に対して意欲が高まっていることである。

集団生産性とは，集団が内部の諸々の資源（仲間など）や手段（協同活動など）を活用して，効果的に目標達成している程度であり，学級集団では学習や学級活動への取組みの学級集団単位の成果である。学力テストにおける学級平均値の高さや，合唱祭などの行事における学級発表時の高いパフォーマンスなどで，それは外部の者に認識されることが多い。

外部から見ると，子どもたちが仲よくまとまり，かつ基本的生活習慣にそった行動や学級内の規律の遵守が学級全体できちんとできており，ほとんどの子どもたちが個人目標や学級集団の目標に向かって意欲的に協調的に活動し，その結果，学習活動や学級活動で高い成果をあげている，という状態なのである。

このような学級集団の状態を成立させている集団としての要因は何か。筆者を含む4人の観察者が観察データをKJ法で整理し，次のように考察された。

まず，日本型の理想の学級集団を成立させている必要条件ともいえる要因は3つである。さらに，子どもたちの士気，集団士気を維持し，高い集団生産性を保つような学級集団の良好な状態を能動的に維持していく2つの要因が抽出された。さらに，既に述べたⒶⒷを加えたこれら7つの要因を支える核になる要因が1つ抽出された。

2 日本型の理想の学級集団の状態を成立させている集団の要因

理想の学級集団を成立させる集団の要因は，次の3つが抽出された。

◎集団斉一性が高くなっている

集団斉一性とは，学級集団に所属する子どもたちの間に生じる意見や行動の一致の程度であり，その一致度がとても高くなっている。

その背景には，次の2点の下位要因がある。

①集団規範が多くの領域で共有されている

集団規範（社会規範）とは，明文化されたきまり・学校の校則ではなく，学級集団のなかでほとんどの子どもたちが共有している判断の枠組みである。その結果，同じような考え方や行動の仕方が生まれてくる。

係などの役割を責任をもって果たす，みんなで決めた目標には自主的に取り組むなど，建て前としては「あたりまえ」のことなのだが，それがきちんと定着している学級は実は多くはない。それを抽出した学級ではあたりまえのことと共通理解され，ほとんどの子どもたちがしっかり取り組めているのである。

この傾向を生む取組みとして，学級内での子ども同士の話し合い，学級会が頻繁に行われ，子どもたちが率直に話し合い，合意形成がなされていることが特筆される。教師はそのような話し合いにオブザーバー的に参加し，上から意見を言うのではなく，1つの考えとして自分の意見を提出し，子どもたちの話し合いに一定の方向づけを行っていることがしばしば観察された。

②ルーティンの行動が多く見られる

自分からあいさつする，朝，帰りの会の展開，授業での行動や態度（挙手，発表の仕方，グループ学習の進め方など），掃除の取組み方など，学級でのやり方が定型化され，それが子どもたち全体に浸透しており，教師が指示しなくても子どもたち自身で動ける形になっているのである。その結果，集団での行動がスピーディーで，キビキビとしたリズムが感じられるのである。

この結果，「Ⅰ　集団内の規律，共有された行動様式」（P.76参照）が良好に

成立していくものと考えられる。

> ⒟集団内の子どもたちの自己開示性と愛他性が高まっている

「自己開示」とは，自分の思い，考え，プライベートな内容を，飾らず率直に語ることをいう。学級内で本音の思いや感情が表出されることがとても多い。

「愛他性」とは，外的な報酬を期待することなしに（例えば，その都度教師に褒められなくても），他者を助けようとしたりする傾向のことである。この愛他性に基づく行動が学級内で多く見られた。

例えば，授業で使用した教具を誰かが片づけているとさっと手伝う，元気のない子どもにさりげなく声かけしている，失敗した子どもを「どんまい」などの言葉で励ましている，学習などの取組みが遅れている子どもに早くできた子どもがアドバイスしている，などが数多く観察された。学級内で子どもたちが自己開示的になっており，他者の感情や思いに気づきやすくなっている状況も愛他性の高まりに寄与しているものと考えられる。

さらに，困っている友人をサポートすること，学級集団に貢献できることに喜びを感じているような子どもたちが多く見られ，それが愛他性を高める要因になっていると考えられる。

特筆すべき点は，理想の学級集団では特別支援が必要な子どもたちの満足感が，他の状態の学級集団に所属する同様の子どもたちと比較して有意に高いというQ-Uテストの結果である。

> ⒠集団凝集性が高まっている

学級集団に対して子どもたちが魅力を感じ，自発的に集団にとどまろうとする程度を「凝集性」といい，それがとても高まっている。

学級内に自然な笑いが多く，子どもたちが自己開示的で，学級集団は子どもたちにとって準拠集団になっていると考えられる。子どもたちへの個別の聞き取りでも，「自分たちのクラスが好き」「学級での生活が楽しい」「クラスの友達が好き」「自分の素直な気持ちが出せる」という言葉がとても多く聞かれ，

Q-Uテストの分析結果でも,「友達関係得点」「学級とのかかわり得点」が他の状態の学級集団と比較して有意に高いことが認められた。Ⓓの集団内の子どもたちの自己開示性と愛他性の高まりも寄与していると考えられる。

ⒸⒹⒺの結果,「Ⅱ　集団内の子ども同士の良好な人間関係,役割交流だけではなく,感情交流や内面的なかかわりを含んだ親和的な人間関係」(P.76参照)が良好に成立していると考えられる。

さらに凝集性の高い集団はⅠとⅡの条件を統合させて成立させているものと考えられる。係活動などでも,義務感でやっているのではなく,みんなや学級集団に役立っている,必要とされていることを感じて,それに喜びを感じているのである。子どもたち一人一人の聞き取り調査でも,「みんなにありがとうと言われるとうれしい」「支えられたから,自分もできることをやりたい」「みんなのためになれたらうれしい」という言葉がとても多く聞かれた。

3　日本型の理想の学級集団の状態を能動的に維持している要因

理想の学級集団は,規律があり,子ども同士にトラブルが少なく,担任教師のもとに静的なまとまりがある,という集団ではない。子どもたち同士の活発な交流をもとに,自主的に能動的に,そして組織的に活動している集団である。かつ,子どもたちの士気と同時に集団士気が高まり,その高まりは子どもたちのなかから生まれているのである。

つまり,子どもたちは活動的で相互にぶつかり合いも生まれるが,それを子どもたちで建設的に解決していけるような集団である。その過程で,子ども同士の関係はより深まり,学級集団発達もより成熟していくものと考えられる。

日本型の理想の学級集団の状態を能動的に維持していく集団としての要因は,次の2つが抽出された。

Ⓕ集団機能・PM機能が子どもたち側から強く発揮されている

「集団機能」とは,集団の崩壊を防ぎ,存続と結束を強化促進する機能である。集団機能には,学習指導や生徒指導の遂行に関する機能である「集団達成

機能・P機能」と，学級内の好ましい人間関係を育成し，児童生徒の情緒の安定を促したり，学級集団自体を親和的にまとめたりする機能である「集団維持機能・M機能」がある。これらの作用は従来，教師側のリーダーシップ行動（第11章参照）として考えられてきた。この作用が，理想の学級集団では子どもの側からも強く発生しているのである。

例えば，みんなの取組みを向上させるような声かけやリーダーシップをとる。集団活動でゆるみがでると，全体に注意を喚起する（P機能）。そのような子どもたちがいて，学級全体に働きかけているのである。

また，集団の和から外れて孤立気味になりそうな子どもにさりげなく声をかけたり，グループに入れてあげたりする。学級集団が団結するように働きかける（M機能）。そのような子どもたちが多く，学級集団が親和的にまとまっていく要因になっているのである。

それが教師代わりになるような特定の子どもだけから発せられているのではなく，学級集団のなかでいろいろな子どもから発せられているのである。

ⓖⒻを強化する集団圧が高まっている

「集団圧」とは，集団が子ども個々を拘束する力である。子どもたちは学級集団の共通の目標に向かって努力することが必要であり，それから逸脱することは禁じられている。つまり，学級集団の集団基準に同調し，集団斉一性を高めることが要求されるのである。

集団圧は，学級集団の状態によって，一人一人の子どもにプラスにもマイナスにも作用する。独裁的なボスのような子どもがいる学級では，周りの子どもたちはその子どもの機嫌に左右され，その子どもの指示に従うような，マイナスの集団圧がかかっていくのである。

理想の学級集団では，学級集団のルールを守ること，責任のある建設的な行動をとること，一人一人を大事にする雰囲気を守るような集団圧が働いている。それは民主的な学級の世論のようになっているようである。

周りから観察すると，集団圧があることを感じるのだが，子どもたち一人一

人に聞き取りをすると，このような状況は当然のことのように受け入れられていて，集団から自分に圧力がかかっていると意識されない状態になっている。

ⒻⒼの要因によって，日本型の理想の学級集団は，学級集団発達の「第5段階・自治的集団」(P.78参照)の成立を生んでいると考えられる。

4 日本型の理想の学級集団の状態を支える集団の基底要因

理想の学級集団の状態ⒶⒷと，そのような集団を成立させている要因ⒸⒹⒺ，またそのような学級集団の状態を維持させている要因ⒻⒼが見いだされた。さらに理想の学級集団がもつⒶ～Ⓖまでの集団の要因を基底から支えているものとしては，Q-Uテストと観察記録の結果から判断して，次の要因があげられた。

> Ⓗ集団同一視が強まっている

「集団同一視」とは，学級内の子どもたちが，自分の所属する学級集団の利害と自己の利害が一致していると感じることであり，理想の学級集団の状態ではその一致度が高くなっている。したがって，学級集団のためにすることは自分のためでもあり，学級の友人たちは利害を超えた仲間という意識をもっている。準家族に近い状態である。

この下位要因として，次の3点がある。

①担任教師に対する同一視

担任教師に強い信頼感をもち，その考え方や行動に同一視していることが考えられる。担任教師の考え方，話す癖，行動の仕方が，多くの子どもたちにも転移しており，しばしば同じようなものが観察されるのである。その結果，教師からその都度指示されなくても，子どもたちは自ら教師の考えに近い行動をとるようになるのであろう。

②学級内の子ども同士の同一視

子ども同士でも，相互の同一視が高まっていることが観察された。互いのよい点をモデルにしているためか，子ども同士で，考え方，話す癖，行動の仕方が似ていることが多いのである。聞き取り調査でも，級友を「クラスの仲間」

という言葉で表現することが多いのが特徴的である。「クラスの仲間」は，学級内の仲のよい数人の友達だけを指しているのではなく，ほぼ全体に広がっているのである。

③学級集団自体への同一視

　名門校として地域で高い評価を得ている学校，伝統の活動や校風がいまも受け継がれている学校，そういう学校に入学できた子どもは自分の学校に誇りをもち，同一視する傾向はよくみられることである。その学校の気風や規範に，自ら同調することによって，誇りに感じている学校の一員となった喜びを実感できるからである。その影響は，学級集団への同一視にもつながっていく。選抜試験のある中学，高校，大学にこの傾向が強く見られる。

```
┌─────────────────────────────────┐
│ Ⓐ個人の士気と同時に集団士気が高まっている    │
│ Ⓑ集団生産性が高まる取組み方法・協同体制・自治 │
│   体制が確立している                │
└─────────────────────────────────┘
              ↑ ↓
┌──────────────────┐   ┌──────────────────┐
│ Ⓒ集団斉一性が高くなっている │ → │ Ⓕ集団機能・PM機能が子どもた │
│ Ⓓ集団内の子どもたちの自己開示│   │   ち側から強く発揮されている │
│   性と愛他性が高まっている  │ ← │ ⒼⒻを強化する集団圧が高まって │
│ Ⓔ集団凝集性が高まっている  │   │   いる              │
└──────────────────┘   └──────────────────┘
              ↑ ↓
      ┌────────────────┐
      │ Ⓗ集団同一視が強まっている │
      └────────────────┘
```

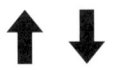

図5-1　日本型の理想の学級集団の集団構造

　このような学級集団自体への同一視が，これらの学級でも観察された。合唱祭で優勝した学級，学年のスポーツ大会で優勝した学級，とても明るく仲のよ

い学級，みんなが支え合っている学級など，自分の学級に誇りや愛着を感じ，子どもたちは学級集団に同一視していると考えられるのである。

　こう考えると，日本型の理想の学級集団は図5−1のような集団構造になっていると考えられる。

5　日本型の理想の学級集団の構造のメカニズム

　これらの集団の構造が学級集団に定着していることは，前出の望ましい学級集団の要素Ⅰ〜Ⅳの成立に次のように作用してくると考えられる。

Ⅰ　集団内の規律，共有された行動様式の成立

Ⅲ　一人一人の子どもが学習や学級活動に意欲的に取り組もうとする意欲と行動する習慣，同時に，子ども同士で学び合う姿勢と行動する習慣の成立

Ⅳ　集団内に，子どもたちのなかから自主的に活動しようとする意欲，行動するシステムの成立

　子どもたち一人一人が，集団内の規律を守り，共有された行動様式に従うのは当然と認識し，自らすすんで取り組むようになるのだろう。「やらされている」のではなく，「自らやっている」という意識をもっているので，意欲も高まっているものと考えられる。また，みんなで同じように取り組んでいるので，取り組む意識と行動は，ますます強化されていくのであろう。

　さらに，学級内の子どもたちがお互いを仲間だと感じているので，集団の足並みが揃わない子どもに対しても，他の子どもたちから適宜介入やフォローが入りやすく，全体の集団士気が低下した場合など，それに気づいた意識性の高い子どもたちがリーダーシップをとって，集団全体の目標をより高く達成することを動機づけ，全体の行動を牽引していくので，集団士気は高まり，集団生産性も向上していくものと考えられる。

　つまり，集団内の規律，一定の行動様式の共有化の成立は，子どもたちの集団内で自己管理され，自己指導するシステムが展開していくわけである。したがって，その都度教師が一定の方向を明示し，その行動を促さなくても，自分から自主的に教師の期待する方向に向かって行動することができるのであろう。

また，Ⅱの成立も同様であろう。

Ⅱ　集団内の子ども同士の良好な人間関係，役割交流だけではなく，感情交流や内面的なかかわりを含んだ親和的な人間関係の成立

理想の学級集団内は，一部の個人的に仲のよい子どもたちの小集団が背景にいくつかあり，それを教師や特定のリーダーの子どもが束ねて動かしているのではない。子どもたちの人間関係は相互の利害関係を超えて，家族関係に近いレベルでつながっているため，子ども同士が支え合いの関係になり，その網の目が全体に広がっているのである（注1）。

その結果，1人の子どもの困難さや辛さが周りの子どもたちに共感されやすく，学級内のいろいろな子どもたちや学級全体からサポートを受けることができるのであろう。学級の子どもたちを互助の関係で結びつけているのである。したがって，学級内の子どもたちの人間関係は，目標や行動を共有しているだけではなく，感情的にも結びついているわけである。

以上のことが，学級内の子どもたちの心理状態に無理のない範囲で及んでいるとき，集団圧は子どもたちにマイナスに意識されることが少なく，自らの意思で意欲的に学級生活を送り，その満足感も高いものになっているものと考えられる（注2）。

6　理想の学級集団での生活・活動が子どもたちの発達に及ぼす影響

日本型の理想の学級集団は，集団内の子どもたちに次のような実感をもたらしていることだろう。

> イ）他のメンバーたち，みんなという集団から受容されている・受け入れられている
> ロ）他のメンバーたち，みんなという集団から必要とされている・役に立っている

この2点を両方体験することにより，子どもたちは集団に同一化し，情緒が安定し，自ら意欲的に活動し，かつ，他のメンバー，集団に対して積極的に寄

与しようとする動機を高めていると思われる。この2つの体験をあわせてできることは、児童期・思春期の子どもたちの発達に大きなプラスの作用をもたらすものであろう。学級集団での生活・学習・活動体験が、子どもたちの発達に寄与する体験になるのである。

　人間は人とのかかわりのなか、また社会・集団生活のかかわりのなかで、自分なりの個性をもつ人間が形成されていく。このような体験学習が不十分な子どもは、自分は何者なのか、何を大事にして生きたいのか、という自己の確立、心理社会的な発達が十分にできない。その結果、自分らしく生きていく目的や手段となる職業選択や、社会に主体的にかかわることがむずかしくなる。

　現在社会問題化している、全国で数百万人弱いるといわれているフリーター（若年非正規雇用労働従事者）の問題の背景には、地域・家庭、労働市場などの環境要因とともに、このような不十分な心理社会的な発達の要因も考えられるのである。現代の子どもたちに育てたい力は、健全な自己を核とした社会人として生きていく力であろう。

　社会人とは、(1)社会の規範・ルールのもとで、(2)いろいろな人々とかかわりながら、(3)自分を生かす（最終的に社会への寄与につながるような）役割を通して、(4)自分らしく生きることができる人、であろう。

　子どもたちは、これらに加えて、(5)文化や技術の継承につながる学習、について十分な体験学習ができると、社会人として生きる力を獲得することができるのである。日本型の理想の学級集団では、これらの体験学習が十分保障された学習・生活環境になっており、十分体験できる子ども同士の相互作用の場面が豊富にあると考えられる。

　このような学習が、日本の学校教育における子どもの人格の陶冶としてとても重要なことなのではないだろうか。したがって、「学習指導（インストラクション）」と「生徒指導（ガイダンス）」の両方を統合して担当する日本の教師は、この学習過程を充実させる形で展開しなければ、学校教育全体として子どもたちを陶冶する方法論として一貫性を欠いてしまうことになると思う。

　逆に、この2点が阻害されるとき、共同体の雰囲気をもつ閉鎖集団に所属す

る子どもたちは，不適応感がとても高まることが想定される。

　イ)は排斥される・孤立する・無視されるなどで，これらは不適応の要因として先行研究でたびたび指摘されるので容易に理解できるだろう。しかし忘れてはいけないのは，ロ)の実感がもてないとき，例えば，授業や行事などでみんなから承認されるような活躍の場がない，集団全体の役に立つことが実感できるような役割（例えば係や委員）がないときも，人はその集団に所属感がもてないのである。

　次の図は第4章の調査研究と同時に行った調査の結果である。小・中学生とも，学習面と生活面（友達関係などのかかわり面）の意欲がともに高い，バランスのよい子どもたちが，向社会性（注3）や対人積極性，自己効力感など，生きる力につながる特質が高くなっていることが認められた。また，逆の場合は，不安感が高く，さらに他者への攻撃性も高まっていることが示唆された。

第5章　日本型の学級集団のメカニズム

【小学生】

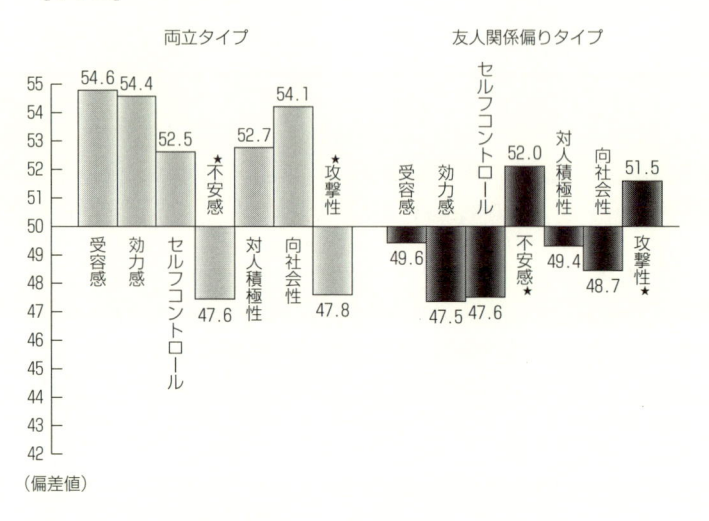

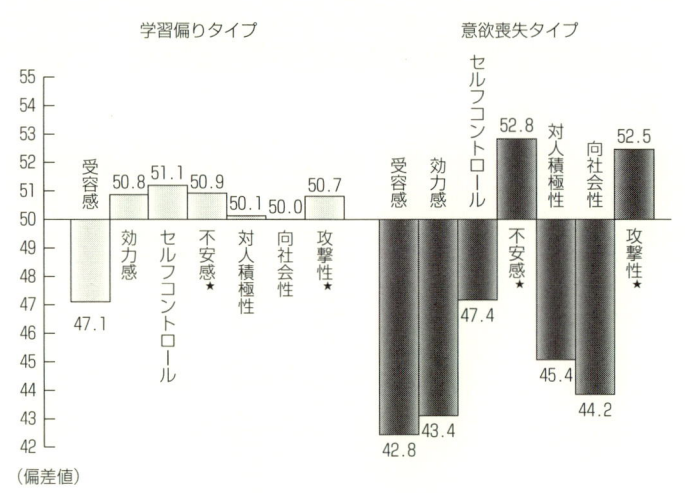

両立タイプ

項目	偏差値
受容感	54.6
効力感	54.4
セルフコントロール	52.5
不安感★	47.6
対人積極性	52.7
向社会性	54.1
攻撃性★	47.8

友人関係偏りタイプ

項目	偏差値
受容感	49.6
効力感	47.5
セルフコントロール	47.6
不安感★	52.0
対人積極性	49.4
向社会性	48.7
攻撃性★	51.5

学習偏りタイプ

項目	偏差値
受容感	47.1
効力感	50.8
セルフコントロール	51.1
不安感★	50.9
対人積極性	50.1
向社会性	50.0
攻撃性★	50.7

意欲喪失タイプ

項目	偏差値
受容感	42.8
効力感	43.4
セルフコントロール	47.4
不安感★	52.8
対人積極性	45.4
向社会性	44.2
攻撃性★	52.5

★マークをつけた「不安感」「攻撃性」は低いほうが望ましい。他の項目に比べて意味が逆になる。
　4タイプは，Q-Uの中の意欲尺度「学習意欲」と「友達をつくろうとする意欲」で高いグループと低いグループに分けた。

図5-2-1　子どもの4タイプと心理特性（小学生）（河村　2007）

第2節　日本型の理想の学級集団の構造

【中学生】

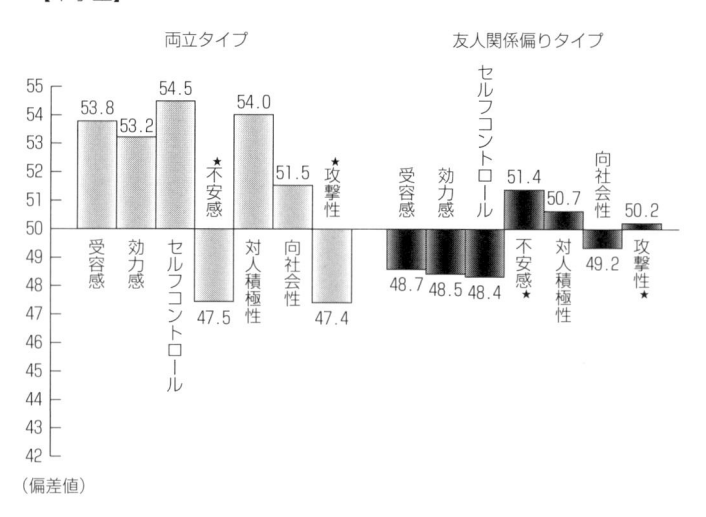

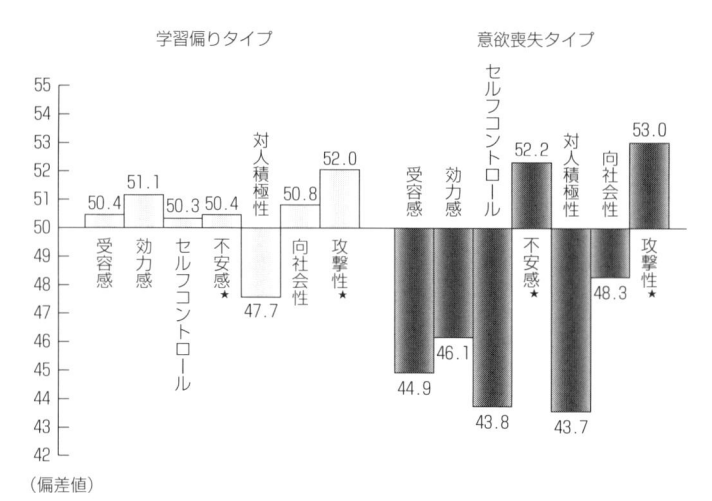

両立タイプ　　　　　　　　友人関係偏りタイプ

受容感 53.8／効力感 53.2／セルフコントロール 54.5／不安感★ 47.5／対人積極性 54.0／向社会性 51.5／攻撃性★ 47.4

受容感 48.7／効力感 48.5／セルフコントロール 48.4／不安感★ 51.4／対人積極性 50.7／向社会性 49.2／攻撃性★ 50.2

（偏差値）

学習偏りタイプ　　　　　　意欲喪失タイプ

受容感 50.4／効力感 51.1／セルフコントロール 50.3／不安感★ 50.4／対人積極性 47.7／向社会性 50.8／攻撃性★ 52.0

受容感 44.9／効力感 46.1／セルフコントロール 43.8／不安感★ 52.2／対人積極性 43.7／向社会性 48.3／攻撃性★ 53.0

（偏差値）

★マークをつけた「不安感」「攻撃性」は低いほうが望ましい。他の項目に比べて意味が逆になる。
　4タイプは，Q-Uの中の意欲尺度「学習意欲」と「友達をつくろうとする意欲」で高いグループと低いグループに分けた。

図5-2-2　子どもの4タイプと心理特性（中学生）（河村　2007）

第5章　日本型の学級集団のメカニズム

注1：集団のなかのインフォーマルな人間関係を把握する手段として，モレノ（Moreno）が開発したソシオメトリーが有名である。集団のメンバーたちに，特定の活動を集団内の誰と一緒にしたいかを問うことにより（ソシオメトリックテスト），対人選択を求めるものである。その結果から，メンバー間の関係，各メンバー間の交友関係の広がり，集団のインフォーマル構造，インフォーマルなリーダーや孤立しているメンバー，対人関係から見た集団の凝集性などを把握する。

理想的な学級集団では，メンバー間の相互選択が多く，交友関係の広がりが全体に及び，いくつかの小グループが独立して出現していたり，特定のインフォーマルリーダーが突出していたり，孤立しているメンバーが多数存在するということもなく，集団の凝集性が高まっているのである。

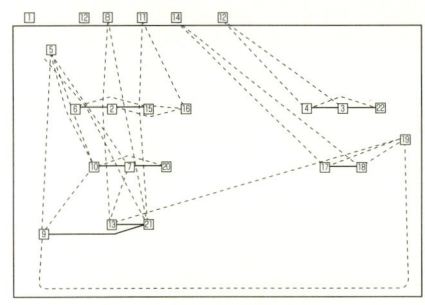

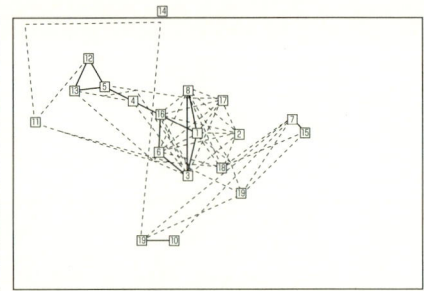

図5-3-1　学級集団発達で退行している学級のソシオグラム（河村　2000）

図5-3-2　学級集団発達で成熟度の高い学級のソシオグラム（河村　2000）

注2：Ⓕ集団機能が子どもたち側から強く発揮される，Ⓖ集団圧が高まっている，Ⓗ集団同一視が強まっているなど，これは集団主義教育に近いという批判が出てくるかもしれない。特にⒼ集団圧の高まりは，不登校の子どもたちが学校に行けない理由の上位にあげられる「学級や学校の独特の雰囲気が嫌」に関係のある領域である。学級の子どもたちの考え方や行動を一定の方向に方向づける集団圧は，非建設的に形成されると，子どもたちの学級適応に与えるマイナスの影響は大きいだろう。

山岸俊男（1999）は，教育に関して集団主義社会の人々は，集団全体の利益と調和を促進するために個人の快楽的な欲求を抑えるように育てられるが，個人主義社会の人々は，自律性や自己統率力，独自性や自己主張性をもつと同時に，他者のプライバシーと選択の自由を保護するように育てられる。日本人の集団には集団利益を追求するように振る舞えば，間接的に自己利益が促進される交換関係が存在しており，それが集団主義的行動を引き出している，と指摘している。

恒吉僚子（1992）も，個人と他者，個人と集団を対立的にとらえがちな欧米においては，同調行為は，自分の「個」を犠牲にするものだという認識につながりやすい。したがって欧米人は，日本人の集団同調は，個人が集団に埋没しているようなとらえ方をしてきた。しかし，自他の一体感が強い日本人は欧米人と違い，同調を「個」の犠牲としてはとらえていない。日本人が「個」が発達していないという言い方は，日本人を欧米的基準で評価していると指摘している。

抽出した学級集団では，ほとんどの子どもたちが集団全体のために個人の利益を我慢しているのではなく，また，教師にやらされていると感じているのではなく，自分から進んで取り組むようになっているのである。ここに，担任教師たちの対応のポイントがあるのだろう。

注3：向社会性とは，周りから褒められたり，報酬がもらえるから何かをするというのではなく，そのような見返りがなくても，他人のために自発的に尽くしたいという気持ちである。

第3節 理想の学級集団を形成する教師の具体的な対応

　学級集団は，集団の目的と目標が，担任する教師の教育目標・学級経営方針に規定されている。そして，特性・能力がさまざまな子どもたちが偶然かつ強制的にその学級に所属させられる。さらに子どもたちは，学級集団で1日のうちの長い時間を過ごし，しかも1年以上続く継続的な生活集団である。
　このような条件のもとで，集団としてⒶ～Ⓗ（第5章第2節）の要因をもつ学級集団を育成する学級経営の方法とは，どのようなものなのだろうか。

1　理想の学級集団を志向する教師の取組み

　第2節で抽出した，学級集団の担任教師に対しての聞き取り調査を整理した結果，日本型の理想の学級集団の形成を志向する教師たちは，特定の継続的な取組みを行っていることが明らかになった。カウンセリング心理学の人間の行動変容は「認知（思考）－行動－感情」の3点のどれかが変容すれば，他の2点はその方向に沿って変容していくと考える相互作用仮説の枠組みで整理する。
　例えば，「友達と協力することは大事なことだ」という考え方・認知をもつ子どもは，友達に協調的にかかわろうとする行動が多く現れるようになり，そのかかわりに喜びの感情を見いだすことが増えると考えられる。友達と常にチームで活動する，行動を共にしている子どもは，友達と協力する大事さを受け入れる考え方・認知が徐々に生まれたり，友達とのチームの活動に喜びの感情を見いだすことが増えると考えられる。さらに，楽しかったという感情をもった子どもは，その感情が生起するにいたった行動が多く出現するようになり，その行動をとる大事さを受け入れる考え方・認知が芽生えてくると考えられる。
　日本型の理想の学級集団の形成を志向する教師たちは，子どもたちの「認知（思考）－行動－感情」に，次のような対応を行っていた。
〈認知（思考）に働きかける取組み〉
①朝の会・帰りの会，授業や行事のときに，集団の和や団結の必要性，協調性

の大事さを教師が語ることが多く，子どもたちの意識が方向づけられる。
②学級目標，生活班の目標，係の目標が設定され，学級全体および学級内の小集団単位で，目標を通して子どもたちの意識が方向づけられる。
③今月の目標，今週の目標など，定期的で小刻みな目標を通して，子どもたちの意識が方向づけられる。
④運動会や体育祭，学芸会や合唱祭などの行事に際して，その取り組む目標・スローガンなどを定め，目標を通して子どもたちの意識が方向づけられる。

〈行動に働きかける取組み〉
①日々の教室移動，全校整列，授業の準備・受け方，給食の配膳・食べ方，掃除の手順などについて一定の型が示され，その型に従った行動が促される。そして，型にそったルーティン的行動が数多く設定されている。※この行動は，単にルーティンの行動と扱われるのではなく，教育活動として意味づけられている。
②席が近く学級生活の小さな単位となる班（注1）は一定期間固定され，同じ顔ぶれが緊密な接触を行う仕組みができており，かつ，班で学級全体の活動を分業して行うことが多い。
③授業でも，数人で構成された班で話し合い，調べ学習，実験，丸つけ・教え合い，グループ練習など，さまざまな活動が積極的に取り入れられている。
④給食の準備，清掃活動や係活動など，日々，小集団活動・班活動が数多く設定されており，そのなかでの集団行動が促される。
⑤学級目標，生活班の目標，係の目標，学級全体および学級内の小集団・班単位で目標，今月の目標，今週の目標，運動会や体育祭，学芸会や合唱祭などの行事に取り組む目標などが，全体や小集団・班で作成する場が設定される。
⑥集団行動や活動では集団の目標のみならず，それに関連づけて個人の役割と責任が明確にされ，集団目標にそった個の行動が促される，かつ，そのような場面が多く設定される。※集団行動では，個人の役割と責任を果たすことと同時に，協調的な行動がとれることが重要な評価軸になっている。

〈感情に働きかける取組み〉
①ホームルーム，朝・帰りの会などに，今月，今週，今日などの反省会・振り

返りの会が設定され，学級生活や活動での取組み方や行動の是非とともに，そのときの感情が学級全体や班で交流される。
②行事などへの学級全体の取組みでは，事後に反省会・振り返りの会が設定され，取組み方や行動の是非とともに，そのときの感情が学級全体や班で交流される。※近年は，マイナス面に焦点を当てるよりも，他者のよい点をほめ合う形で子どもたちの感情交流が促されることが多い。その際，個人の役割と責任を果たすことと同時に，協調的な行動をとった子どもの心情面に共感が集まる形に展開されることが多い。
③逸脱行動や対人関係トラブルには，人の気持ちになることを促し，子どもの感情や罪悪感に訴え，行動を変えさせたりしようとする感情型の叱責法をとることが多い（注2）。※子どもの感情に訴える説得法は，他者の立場に立つことを促し，相手が欲することを自分の要求のように感じさせ，自発的に教師に同調しやすくなる。

2 理想の学級集団を形成している教師たちの対応の特徴

　日本型の理想の学級集団が形成されていた学級では，担任教師は，一定の方向づけを，「認知（思考）－行動－感情」の3点について相互に有機的に，かつ，継続的に取り組んでいたのである。

　一定の方向づけの内容は，基本的生活習慣を守る，社会・学校・学級のルールを守る，計画的に学習や活動に取り組む・努力する，自分の役割の責任をきちんと果たすなどの個人の自律・自立に関することと，集団生活や活動のルールややり方を遵守する，協調的な人間関係を形成する，集団の和を尊重する，仲間同士助け合うなど，他者や集団とのかかわり方に関することが中心となる。

　教師が，子どもたちの認知（思考）－行動－感情を相互に関連づけながら，一定の方向づけを，年間を通して，日々継続的に行うことで，子どもたちの間に，集団規範が成立し，徐々に集団斉一性が高まり，また，頻繁に子ども同士で同じ体験を共有することにより相互の感情交流も深まり，愛他性も高まり，それと並行して集団凝集性も高まるものと思われる。また，共通の活動体験を通じてお互いに関する知識を蓄積することは，言葉で言わなくても相手のことがわかる状況をつくり，感情移入による意思伝達が可能になる土壌を形成して

いくと思われる。このような状態が一定のレベルまで達すると，学級内は「集団機能が子どもたち側から強く発揮され」「集団圧が高まる」と考えられる。

そして終始一貫して，教師から「集団同一視が高まる」ようなメッセージが，ホームルームで，授業内で，日々の学級生活内で，行事を通して，子どもたちに対して投げかけられることが多いのである。教室に貼られた標語でよく見られたのは「1人はみんなのために，みんなは1人のために」などの言葉である。

この結果，直接言われなくても，子どもたちは教師の意を理解し，その枠のなかで意欲的に行動できるようになるものと考えられる。もちろんその背景には，教師が子どもたちから大きな信頼感を獲得していることが前提になる。

これは，長らく日本の教師たちに伝承されてきた学級経営方法で，抽出した教師たちは，それを確実に高いレベルで展開していたのではないだろうか。

3 理想の学級集団を危うくする個々の多様性

日本の学級集団における集団活動は，単に日本人の集団主義的傾向から自然発生的に生じてきたのではなく，教師が学級に集まった子どもたちの「認知（思考）－行動－感情」の3点にわたって相互に関連づけながら，一定の方向づけを日々継続的に行うことによって"形成されてきた"面もあるといえるだろう。

そして，授業も生活・活動も同じ学級集団で行う日本では，理想の学級集団の状態になることによって，高い学力の定着度や集団活動の成果を得ることができ，かつ，学級不適応も予防することにつながっていくものと考えられる。

ただし，そのメカニズムを見るかぎり，理想の学級集団の状態にするためには，学級に集まった子どもたちが，ものの考え方・価値観，行動の仕方につながる生活習慣，似たような感情にいたるような生活体験を，ある程度同じように共有していることが求められる。そうでなければ，学級集団のなかで集団規範を成立させることは困難になり，集団斉一性を高めることもむずかしく，そのようななかでは集団同一視も生まれないからである。

そうすると，ものの考え方・価値観，行動の仕方につながる生活習慣，似た

ような感情にいたるような生活体験について，幼少期の生活環境が大きく異なり，共有できにくい子どもたちが集まった学級では，理想の学級集団の状態にするのは困難になってくることが想定される。

例えば，個人の所属目的と集団全体のめざす目的の一致度である。個人の所属目的と集団全体のめざす目的が大きく乖離したとき，個人は集団不適応になったり，逸脱したり，離れていくようになるものである。もちろんそのような集団では，集団同一視は低くなる。したがって，集団内のメンバーたちがいろいろな価値観をもつ多様な社会階層の人たちが集まった集団では，この個人の所属目的と集団全体のめざす目的とを折り合わせることがとてもむずかしくなる。日本の学級集団では，この点が重要である。なぜみんなで協力するのか，みんなで一緒に勉強するのか，みんなで活動するのか，これらが共通理解されないとき，学級集団全体での一斉授業や活動の展開はとてもむずかしいものになる。

4 欧米とは異なる日本的な「個性」「自立」「自治」

最後に，恒吉僚子(1992)の日米の文化の違いに対する指摘は，日本の教育者が常に意識し，検討していかなければならない問題であると思う。

いわく，日本は，個性・自立・自主性という欧米的価値観を学んできたが，欧米的なそれらの概念は，個人と集団を対立的にとらえるなかから生まれてきたもので，日本人は欧米と同じ概念としてとらえているわけではない。日本は個と集団が相互依存主義であり，集団に対して受容的な自我であり，個が集団のなかで従属しているわけではない。したがって，日本の学校がイメージしていることも，教えていることも，欧米的な「個性」でもなければ，欧米的な「自治」でもない，と指摘している。同時に，個人と集団を対立的にとらえる欧米的視点から日本の集団志向を見た場合，それはしばしば個の弱さと映るが，逆に日本では，欧米的な意味で自立した人間は，協調性に欠ける，上に立つ者としてふさわしくないとして，人望を集めることができないことを述べている。

さらに，学級集団の教育的目的は，社会の一形態である民主的集団の育成お

よびその集団体験を通しての社会に求められる人格の形成（知識技能の獲得を含む）であり，学級集団における児童生徒の集団体験は，各個人に「集団のなかでどのように行動するか」についての方向性を育て，それが成人後の集団場面での行動を規定するのである。この学級集団の構造や雰囲気，そのなかで子どもたちが獲得する集団体験が日本的集団主義の傾向が強いと指摘する。

国際化が進み，欧米的な個性が取り入れられてきた現代において，日本の学校教育は子どもたちをどのような人間に育成していくのかという目標と，その育成方法のあり方を，根本から検討する時期に来ているのではないだろうか。

注1：4～6人程度で構成される小集団である班は，子どもたちにとって学級での生活や活動に重要な意味をもつ。班は学級集団の下位集団に位置づけられ，有機的に学級全体集団と結びつきながら子どもたちに作用していく。まず，日常的なかかわりを物理的に継続的にもつことで学級内での孤立を防ぎ，すべての子どもの学級適応を促す作用がある。同時に，生活班，係活動の班，給食や掃除の班，学習班などの活動に参加することにより，すべての子どもたちに学級集団の目標，行動の仕方，役割などを確実に定着させることができる。学級集団の集団規範，集団斉一性，集団機能，そして集団同一視の傾向は，班活動を通して確実に子どもたちに定着させることができるのである。

注2：恒吉僚子（1992）によると，機能体の学級集団で授業を展開するアメリカの教師の叱責法は，説明や理由づけを示しながら子どもに同調を求める，規則に訴えるというような，言語能力を重視し，個と個が対立的，上下関係にのっとる「権威型」が多いという。さらに，日本人の「感情型」の叱責法と米国の「権威型」の叱責法は，個人と他者，個人と集団は対立的なものか否かという対人関係観，集団観の違いのみならず，異なる志向をもつ自我構造とも関連していることが指摘されている。欧米とは異なり，日本は個と集団は対立的ではないのである。

引用文献

河村茂雄　2000　学級のメンタルヘルスと教師の役割　教育と医学7月号　慶應義塾大学出版会
河村茂雄　2007　データが語る②子どもの実態　図書文化
河村茂雄ほか　2008　Q-U式学級づくり小学校低学年　中学校　図書文化
河村茂雄ほか　2009　Q-U式学級づくり小学校中学年　小学校高学年　図書文化
恒吉僚子　1992　人間形成の日米比較　中公新書
山岸俊男　1999　一般的互酬性の期待としての集団主義文化　組織科学，33（1），24-34.

参考文献

狩野素朗・田崎敏昭　1990　学級集団理解の社会心理学　ナカニシヤ出版
三隅二不二　1984　リーダーシップ行動の科学　有斐閣
小川一夫　1979　学級経営の心理学　北大路書房
外林大作ほか（編）　1981　心理学辞典　誠信書房

第6章

教育現場の学級問題への対処の現状

　学級集団の状態によって，教育効果に決定的に差が出ていることを第4章で解説した。教師が固定された学級で，学習指導と生徒指導を統合させてその成果をあげるためには，理想の学級集団の状態とその育成過程があることを第5章で整理した。そして，現在の日本の学校現場の抱える問題は，日本型の理想の学級集団を成立させることがむずかしくなってきたことである。

　本章では，日本型の学級集団制度の問題点について，学校現場の現状の対応策を整理し，次に，学校教育の最後のステージである大学が取り組み始めた対応について考えることで，日本型の学級集団制度を問い直したい。

第1節 日本型学級集団に準じたさまざまな教育集団

　日本型の学級集団は，固定されたメンバーで相互のかかわり合いが密な共同体の面を有し，その同じ集団で学習活動も展開される。学級集団で子どもたち

を一体とならせて，学習や心の教育，社会性の育成を統合して進めていくところに特徴がある。学級集団での系統的な学習への取組み，という機能体の面の「教育的作用」，学級内で係活動などに責任をもって参加し活動する，行事などへ集団の一員として役割をもって参加・活動する，など共同体での生活や活動を通して行われる「社会性の育成」などである。これらの学級経営の展開方法が日本の学級，ひいては日本の学校の独特の雰囲気を形成しているともいえる。

しかし，そのような日本型の学級集団に適応できない児童生徒も少なくない。不登校の問題はその顕著な例である。

本節では，日本型の学級集団に適応できない児童生徒のための対応策，日本型の学級集団の成立がむずかしい場合の対応策として，現状で実施されている教育集団を取り上げ，共同体と機能体の両面をあわせもつ日本の学級集団の機能と比較して，その特徴を解説する。

1 共同体と機能体の両面の作用を弱めた教育的集団

代表的な例として，「適応指導教室」がある。

適応指導教室は，不登校児童生徒の集団生活への適応，情緒の安定，基礎学力の補充，基本的生活習慣の改善などのための相談・適応指導を行うことにより，その学校復帰を支援し，もって不登校児童生徒の社会的自立に資することを目的に，各都道府県，市町村の教育委員会により設置されている（「不登校への対応の在り方について」 文部科学省 2003a）。カリキュラムは一般の学校とは異なり，学習の時間も確保しつつ，教室の仲間や指導員との自由で保護的な空間のなかで，スポーツや作業活動，個人活動・グループ活動を通して，児童生徒の心のケアと成長をめざ

表6-1 適応指導教室のカリキュラム例

時間	主な活動
9：30	登校・朝の準備
10：00	学習タイム
11：30	昼食（弁当）
12：10	スポーツの時間
13：00	清掃活動
13：20	集団活動
14：50	帰りの準備，ミーティング，振り返り
15：00	下校
※水曜日は午前中で下校になります。	

（千葉市教育センター）

したものになっている（表6-1）。

　指導員には教員や退職した元教員，カウンセラーなどが配置されており，児童生徒10人に対して2名程度おくことが望ましいとされている。受容的な指導員と少数の不登校の児童生徒から構成される教室で，ゆるやかに人とかかわれるようになっているのである。

　ここへの参加は，学校への出席として扱われる。2005年度に適応指導教室に参加して出席扱いとなった児童生徒は，約12,000人に上る。

2 共同体の面の作用を弱めた教育的集団
(1) 所属する"集団"がない学級集団

　代表的な例として，「単位制高等学校」がある。

　生徒の多様なニーズに対応するために，特色のある学校づくりをめざした改革が進められているなか，単位制高等学校の設置が増加している。学年制により留年する生徒への教育的配慮，生徒の多様なニーズに個々に応じて学べる教育システム改革，専門学科の入学者減による総合学科への移行などがその背景にある。

　文部科学省（2008）によると，単位制高等学校は学年による教育課程の区分を設けず，決められた単位を習得すれば卒業が認められる高等学校であり，1988年から定時制・通信制課程において導入（3年で卒業できる）され，1993年からは全日制課程においても設置が可能になっている。中学校のときに不登校だった生徒，対人関係に不安を強く感じる生徒，高校を中退し，再出発をする生徒には，参加しやすい教育システムである。

　2007年度の時点で，全国で単位制高等学校は785校が設置されている。全高等学校数（5,313校）の1/7強の比率である。1994年からの10年間で，単位制高等学校の数は約10倍になっている。2学期制をとる学校が多く，秋に入学・卒業をさせることができるのである。東京都，神奈川県，埼玉県，大阪府，広島県など，大都市圏で多数の単位制高等学校が設置されているのが注目される。

　単位制高等学校の特色は，授業選択が大学と同様の形態をとっていることに

ある。生徒は単位となる科目を選び、その科目の授業が行われる教室にその時間だけ同じ選択をした生徒たちが個々に集まって、同時に授業を受けるのである。したがって、その授業を選択した生徒だけでその科目のクラスは成立する。授業内で他者とかかわるような構成がなされなければ、生徒は教師の話を一方的に聞くか、教師と問答するだけである。そして次の時間は、各生徒それぞれが、自分の選択した科目の教室に散っていくのである。

学校生活で、常に生活を共にしなければならない他者はいないのである。まさに大学の講義風景と似ている（ただし、学校によっては形として学級集団に所属させ、朝のホームルームへの参加を義務づけている例もある）。単位制高等学校は、固定された所属集団である学級集団に、科目担当の教師が順番に来て授業を行うという日本型の学級集団を前提としていない。それどころか、生徒たちは所属する（させられる）集団がないのが一般的である。

単位制高等学校は、多様なニーズをもった生徒たちの学習活動を保障する面を強く打ち出しているが、学級活動や学級での日常生活のなかで生徒同士がかかわり合ったり、文化祭や体育祭などの学校行事に学級を単位に参加したり、また学級集団の仲間たちと連帯や友情を育むという、青年期の生徒たちの心理社会的な発達を促進する場面設定が大きく削られている。そのため、対人関係を苦手とする生徒も参加しやすい形態といえる。

(2) 明確な行動規範を定めた教育集団

次に、授業態度や学力に問題を抱える生徒が多数存在し、学級を単位にした一斉授業や活動を成立させることが困難な高等学校がある。そういう学校で健全な教育の展開をめざした、「ゼロトレランス方式を取り入れた高等学校」がある。ゼロトレランス（zero-tolerance policing）は、1990年代にアメリカで始まった教育方針の1つである。児童生徒の逸脱行動やルール違反で教育的環境を喪失した学校、教室に、健全な教育環境を維持するためにとられた教育方法である（詳細は第1章第2節の注2、P.17を参照）。

国立教育政策研究所生徒指導研究センター（2006）の報告では、現在の学校に見られる問題行動の原因の多くは、子どもの規範意識の欠如であることから、

生徒指導にあたって規範意識の育成を目的とすることをうたったものである。その方法として，次のような点について教師が指導を徹底することを示している。

- 公平・公正——どんな問題行動にどんな指導（懲戒）をするのかという指導基準を明確化し，それを保護者と子どもに周知する。
- ぶれない指導——指導基準を全教職員が理解し，教師によって対応が異なる，子どもによって指導（懲戒）が異なるなど公正さを欠くことがないようにする。
- 毅然とした指導——ささいな問題行動も見逃さず，また臆することなく指導基準に従って指導する。

　問題行動が集中している学校では，教育活動を正常に展開するためにこのような教師側の取組みが求められるのかもしれない。この取組みでイメージされるのは，以前の管理教育と批判された80年代までの生徒指導の姿である。教師と生徒との親和的なかかわり，子どもたちの自治的な活動や行動にマイナスの影響が出る可能性は想定されるが，教育環境の健全化の優先順位が高い学校が存在するのも事実である。

3 固定した学級集団制度を維持しようとする取組み

　授業崩壊や学級崩壊の問題が取り上げられる昨今，各学校や各地域の教育委員会では，日本型の学級集団の問題点を補う取組みとして，次のような方法がとられている。

(1) 1年ごとの学級編成がえ

　従来，多くの小学校での学級編成がえは，子どもたちの発達段階，学級集団の成熟を考えて，低・中・高学年の3段階の大きな節目の移行期，2年生と3年生の間，4年生と5年生の間，で行われることが多かった。原則として固定されたメンバーで同じ担任教師に習うのは2年間だったのである。

　それが近年，都市部を中心にして毎年学級編成がえをする学校が急速に増加してきた。対人関係の希薄化した子どもたちは固定されたメンバーでずっと一

緒に生活・活動していると，相互にフラストレーション（欲求不満），ストレスが高まり，それがトラブルに発展する事例が少なくないからである。そこで毎年，メンバーや担任教師をリセットして，学級編成がえを行うのである。

固定されたメンバーでの継続期間が1年なので，学級の集団としての成熟が自治的な集団の形成という，学級集団の理想の状態の段階（第5章，P.78参照）にいたらないで終わる学級が少なくないことが想定される。理想の状態の追求よりも，学級崩壊にならないための現実的な対応が求められる学校が多くなってきたということだろう。

ただ，文部科学省が実施している全国学力・学習状況調査でも例年好結果を記録している東北や北陸などの県では，小学校は原則として従来式の2年ごとに学級編成がえをしていることが多いのである。

(2) **少人数学級，TTによる指導の実施**

近年，全国で少人数学級を導入する地域が増えている（第4章第1節参照）。1学級の児童生徒数が少ない少人数学級のほうが，教師の目が子どもたち全員にいきわたりやすいので，細やかな指導を行うことができ，子どもたちの学級適応や学習活動への支援がより充実するだろうというのがその理由である。教師側に行った数々の調査では，学級担任としての仕事量が軽減され，余裕をもって子どもたち一人一人への対応ができるようになったなどの，プラス面が各教育委員会の報告で示されている。

ただしその効果について，子どもの側に立った日本における実証的データが少ないのも事実である。アメリカのテネシー州のスター調査では，生徒の学力を向上させる効果は15人以下の規模になってはじめて顕在化するという報告がある（二宮　2006）。また，文部科学省が実施している全国学力・学習状況調査では，1学級の児童生徒数が相対的に少ない地域が，全国学力テストで上位を占めているという結果は見られないのである。

同様に，1つの学級の子どもたちを複数の教師チームで対応するＴＴ（チームティーチング）制度を導入している地域もみられる。1人の教師が学級全体の一斉指導の展開を担当し，同時にもう1人の教師が個別指導を担当する，つ

まり一斉指導と個別指導の統合を複数の教師で担う仕組みである。

(3) カリキュラムに人間関係づくりを取り入れる

　日本型の学級集団制度のもとでは，子どもたちの人格の陶冶は，共同生活・活動から，体験を通して子どもたちが自ら学んでいくという考え方が基盤にある。経験主義的な学習の考え方である。逆に，特定の目的に焦点化した能動的なプログラムの導入は，指導者がその内容を注入する側面をもち，子どもたち一人一人に確実に身につけさせていくという考え方である。系統主義的な学習観が反映されている。したがって，子どもたちへの心の教育に関する無理のない流れとしては，次のようになるだろう。

> アメリカ　「機能体の学習集団である学級集団」
> 　　　　　　　　　　　＋
> 　　　　　「該当する子どもへの教育プログラムの実施」
>
> 日　本　「共同体の特性をもつ学級集団」
> 　　　　　　　　　　　＋
> 　　　　　「全体での集団生活・活動や行事への取組み」

　日本の学級では，子どもたちの人間関係の形成やソーシャルスキルの学習は，学習活動や係活動，学級活動に取り組む過程を通して，その活動体験のなかから子どもたちが学び取っていくシステムである。その学びが広くすべての子どもたちにいきわたるように，教師は活動内容，活動形態を工夫してきた。

　しかし，教室内での人間関係の形成が苦手になった子どもの現状に鑑みて，道徳の時間や特別活動，総合的な学習の時間などの授業で教育課程に位置づけて，ソーシャルスキル・トレーニングなどの学習を系統的に実施する取組みも見られるようになってきた（清水　2006，2007）。

　さいたま市では，教育特区の認定を受け，児童生徒のコミュニケーション能力の育成と，信頼感に満ちた学級づくりをめざして，「人間関係プログラム」の授業を実施している。特定の学級で，特定の教師が個人で取り組んでいる同

様の実践報告は多々あるが，1つの行政区全体で，教育課程に位置づけて実施している点が注目に値する。

(4) 学級枠を越えた少人数指導の取組み

日本型の学級集団制度を実施している学校で，特定の教科の授業のときだけ，能力別・興味別などで区分された新たな少人数の学習集団をつくり，その単位で授業を実施することで，子どもたち一人一人に合った能力の向上を図る取組みが実施されている。

例えば，学年ごとに算数・数学，英語などの授業で，基礎徹底コース，学習定着コース，応用・発展コースなどのクラスを設け，学級の枠を取り払ってそれぞれの子どもたちがそれぞれのコースの教室に行って，自分に合った授業を受けるのである。教師も学力水準，興味水準が均質化した子どもたちに対して授業を展開できるので指導しやすい。つまり，共同体の傾向の強い日本の学級集団制度に，一部機能体の集団学習を取り入れ，学習活動の向上をめざす仕組みである。

このシステムは，イギリスの中等教育でよくみられるものである。イギリスの中等教育では，教科指導は学力別に編成される学級をベースにして行われるのが一般的で，その方法として，ストリーミングとセッティングがある。ストリーミングとは同学年の生徒全体を3つ程度の学力別の学級に振り分ける方式である（二宮，2006）。セッティングとは，特定の教科に限って学力別編成にする方式である。つまり，少人数指導の考え方はセッティングの方式をモデルにしたものであるといえよう。

日本型の学級集団を特徴づけているのは次の点である。
- 最低1年間固定されたメンバーで構成される
- 生活共同体の特性をもち，その集団内でさまざまな活動を展開しながら学習活動も行う
- 教師が学習指導と生徒指導とを統合して指導・援助する

本節で取り上げた教育集団は，上記の日本型の学級集団の特性の一部を修正

することによって（他の教育内容を犠牲にして），その集団に集う子どもたちの教育にとって優先順位の高い領域を，より効果的に達成することをめざしたものである。

「適応指導教室」は子どもたちのコミュニケーション能力や社会性の育成，「単位制高等学校」は学力の保障，「ゼロトレランス方式を取り入れた高等学校」では社会性の育成と学力の保障，そして，通常学級での取組みは学力の向上の優先順位がより高いといえる。

ただ，このような教育集団に在籍する子どもたちの少なくない人数を考えるとき，スポイルされてしまった教育領域の問題（その学習がその後，子どもたちに保障されるような社会的システムが少ない日本の現状）を考えざるをえない。日本の学校教育は，従来の方法論だけでやっていけるのかを問う段階にきていると思われる。

第2節 大学の新しい取組み・学校化

1 大学生の抱えている諸問題

学校教育の最後のステージである大学でも，現在，学生のさまざまな問題が起こっている。青年期の発達問題の研究者である，武蔵（2007）の研究をもとに整理する。

大学進学率の上昇とともに，大学では，「人とうまくつきあえない」「人の噂が気になる」「無気力」など，さまざまな心の悩みを抱えている学生が増加し，不登校や不本意ながら休・退学をする学生が増えている（文部科学省　2000）。つまり，大学教育を受けるうえで，個別の支援を必要とする大学生たちが増加しているのである。

次に，具体的な問題として表面化はしていないが，本来の学業への傾倒を一時保留にし，サークル等の活動で一時的に退行し，思春期のやり直しを行って

いる（村瀬　1981）学生が増加していることも指摘されている。これは，一見適応的にも見えるが，「いまが楽しいから」「居心地がいいから」といった現在の充足のみを重視する動機による活動は，自己形成によい影響を与えない（山田　2004）と考えられる。

　さらに近年では，将来の職業や具体的な学修内容について明確な自覚をもたず，「自分探し」をするために大学に入学する学生の増加（文部科学省　2000），進路意識や目的意識が希薄なまま「とりあえず」進学する若者の増加（文部科学省　2004a）が指摘されている。大学を卒業したとしても，新規学卒者の内で「進学・就職をしない者」やアルバイトやパートなどの「一時的な仕事に就いた者」が約3割，就職後の3年以内の離職者が3割を超える現状（文部科学省　2002，2003b，2004b）など，卒業後の進路選択や職業選択も困難な状況にあることが指摘されている。

　これらの大学生の発達にかかわるさまざまな問題は，エリクソン（Erikson 1959）の指摘する青年期の課題である「自分とは何か」という意識の獲得，すなわち「アイデンティティ」形成が困難になっている大学生が一定数存在していることを示している。つまり，従来，心理社会的発達援助の必要性が強調されてこなかった"いわゆる普通の"大学生にも適切な支援が必要になってきたのである。

　よって，大学側においても，大学教育に適応できない大学生のための個別かつ特別な支援の充実とともに，"いわゆる普通の"大学生の心理社会的発達を促進するような心理教育的援助を充実させ，系統的な取組みを実施することが求められてきたのである。

2　大学生に対する心理教育的援助の現状

　大学生の諸問題に対する対応として，現在，多くの大学ではおもに次の2つの取組みが行われている（武蔵　2007）。

(1) 不適応状態の大学生に対する適応を促すための対応

　学生相談室では個別面接，合宿などを含めたグループカウンセリングが実施

されている(文部科学省 2000)。さらに,学生相談室はメンタルヘルスに関する講演会やワークショップ(文部科学省 2000)を主催して,予防的な取組み,例えば修学期間中の不適応や意欲減退や対人関係の希薄化の問題に対応するための,指導や援助体制の充実を図っている大学が多い。

(2) 全学生に対する援助
①大学生活に適応するための支援

　大学生活に適応するためのオリエンテーションやガイダンスのていねいな実施,大学に入学するすべての学生を対象にして,入学時点から少人数教育によるふれあいの機会の確保,チュートリアルシステム,ティーチングアシスタントの導入による上級生と下級生がつながる機会の設定,大学の活動施設の充実による居場所やたまり場の確保など,学生たちの人間関係を緊密にするような計画的な取組みが始まっている(文部科学省 2000)。

②出口である就職問題への支援

　大学生の就職問題に対する対策としては,進路選択の困難性の問題に対して,学生に対するキャリアガイダンスや,各種の講座・就職セミナーが行われ(文部科学省 2000),近年では厚生労働省のニート,フリーターに対する政策のなかで,これらの問題に対する組織的対応が各大学で強化され始めている。つまり,学生の心理社会的発達を促進する開発的な援助の必要性が徐々に注目され,表面的には援助が必要ないといわれている学生に対しても,支援がなされ始めている。しかし,これらの取組みは,学生の自主参加にゆだねられていることが多く,系統的な支援となっておらず,実施に対する効果の報告が少ないのが現状である。

③自己形成に関する内面的支援

　就職問題の背景にも,エリクソン(Erikson 1959)の指摘する青年期の課題である「アイデンティティ」形成が困難になっている大学生の問題があると考えると,①と②の対応の間に,大学生の心理社会的発達を促進するような,開発的な対応が必要になってきたのである。つまり,日常生活はいちおう送れているために,不適応予防というよりも自己形成に関する内面的な支援が必要

である学生，キャリアガイダンスや就職セミナーなどの具体的な職業選択の領域からの支援では自分がやりたいことが見えてこない学生，このような青年期の発達の問題に直面している学生を意図的に集め，自己理解を深め，自己形成につながる心理社会的発達に関する支援が求められているのである。そこで次の(3)のような取組みが求められてくるのである。

(3) 大学の"学校化"

　大学生のキャリア教育においても，従来の取組みでは，個人の適性と職業との適合に関する援助が中心であったのに対し，近年では，将来自立した社会人となるために不可欠な，社会や集団への適応にかかわる指導，つまり集団生活に必要な規範意識やマナー，人間関係を築くコミュニケーション能力（文部科学省　2004a）などの育成もなされ始めている。したがって，職業選択において，どのような仕事を選択するかといった自立・達成と並行して，その職業を遂行することにかかわる対人関係能力の育成などの対人関係についても重要視され始めてきており，このような観点から大学生の発達を促す開発的援助が求められるのである。

　竹内（1987）榎本（1995，2003）松井（1990）らの先行文献によると，青年期の友人・仲間関係には，①情緒的・社会的な欲求の充足，②社会的スキルの学習・獲得，③モデル機能，④自己を対象化させる，⑤心理的サポート源，⑥葛藤や矛盾の交渉相手，という機能があると考えられ，これらの機能を提供する友人・仲間関係を築けることが重要になってくる。

　上記①～⑥の機能をもった友人・仲間関係を維持するなかで，自分自身が，㋐他者の期待や自分の欲求に気づき，折り合いをつけながら取り込む，㋑内在化した他者の視点や自己とを相互調整しながら自己のあり方を見つける，㋒葛藤を経て選んだ自己のあり方が他者に承認される，という体験をすることがアイデンティティと関連していると考えられ，そのための支援は重要なものとなると考えられる。

　大学教育の現場でも，入学当初から20～30人前後のある程度固定されたメンバーのクラスを編成し，外国語や教養科目をクラス単位で受けさせることを通

して，学生たちの居場所の確保，友人関係の形成を促進する試みが行われてきた。さらに近年は，クラス担任の教員を配置し，オリエンテーションやガイダンスをきめ細かく行う取組みも行われている。このような取組みは，大学の学校化と指摘されることもあるが，学生の大学生活の適応への支援，心理社会的発達の促進への支援が求められるようになった現状を表しているといえる。

3 日本型学校教育への問題提起

　小・中・高等学校での学校教育を通して，一定の学習の定着と心理社会的な発達を達成し，大学に入学してきたと考えられる大学生が，実は学力（2000年ころから大学生の学力低下批判が社会問題となった）だけではなく，心理社会的発達面も，従来の大学教育に主体的に参加できるレベルに達していない現状が見えてきたのである。大学教育を展開するうえで，学生たちのいままでの未達成の部分を補っていくのは学力面だけではなく，学生たちの心理社会的発達面にも，目を向けていかなければならないということである。

　つまり，小・中・高等学校で行われてきた，日本型の学校教育・学級集団制度（最低1年間固定されたメンバーで構成される，生活共同体の特性をもち，その集団内でさまざまな活動を展開しながら学習活動も行う，教師が学習指導と生徒指導とを統合して指導・援助する）が，十分に機能しなくなっているのではないだろうか。

　学習指導と生徒指導を統合して行うという日本のシステムは，そのシステムが十分機能しないと，両方の側面が同時に相乗的に低下するということなのである。大学生の問題は，今後の大学教育のあり方が問われている面のみならず，あらためて小・中・高等学校の学校教育における問題を提起していると考えられる。

引用文献
千葉市教育センター　適応指導教室（ライトポート）／センターグループ活動

http://www.cabinet-cbc.ed.jp/kyo_ce/soudan/tekiou1/setumei1.html（2010年2月現在）
榎本淳子　2003　青年期の友人関係の発達的変化－友人関係における活動・感情・欲求と適応－　風間書房
榎本博明　1995　友人関係の意義と破綻　現代のエスプリ，330，55-64
Erikson, E.H. 1959 Identity and the lifecycle. Psychological Issues, NO.1. New York: International Universities Press.（小此木啓吾訳編　1973　自我同一性－アイデンティティとライフ・サイクル－　誠信書房）
国立教育政策研究所生徒指導研究センター　2006　生徒指導体制の在り方についての調査研究報告書－規範意識の醸成を目指して－
松井豊　1990　友人関係の機能　斎藤耕二・菊池章夫（編）　社会化の心理学ハンドブック　川島書店
文部科学省　2000　大学における学生生活の充実方策について（報告）－学生の立場に立った大学づくりを目指して－　高等教育局医学教育課
文部科学省　2003a　文部科学省初等中等教育局長通知　不登校への対応の在り方について
文部科学省　2008　2007年度高等学校教育の改革に関する推進状況（概要）について
文部科学省　2002　平成14年度学校基本調査速報（高等教育機関編）調査の概要　生涯学習政策局調査企画課
文部科学省　2003b　平成15年度学校基本調査速報（高等教育機関編）調査の概要　生涯学習政策局調査企画課
文部科学省　2004a　キャリア教育の推進に関する総合的調査研究協力者会議報告書～児童生徒一人一人の勤労観，職業観を育てるために～の骨子　初等中等教育児童生徒課
文部科学省　2004b　平成16年度学校基本調査速報（高等教育機関編）調査の概要　生涯学習政策局調査企画課
村瀬孝雄　1981　退行しながらの自己確立　笠原嘉・山田和夫（編）　キャンパスの症状群－現代学生の不安と葛藤－　弘文堂　209-232.
武蔵由佳　2007　大学生に対する構成的グループ・エンカウンターの手法を活用した心理教育的援助　筑波大学博士（心理学）学位論文
二宮晧（編）　2006　世界の学校－教育制度から日常の学校風景まで－　学事出版
清水井一（編）2006～7　社会性を育てるスキル教育小学校1～6年　中学校1～3年　図書文化
竹内常一　1987　子どもの自分くずしと自分つくり　東京大学出版会
山田剛史　2004　現代大学生における自己形成とアイデンティティ－日常的活動とその文脈の観点から－　教育心理学研究，52（4），402-413.
参考文献
経済協力開発機構（OECD）　2009　図表でみる教育OECDインディケータ2009年版
武蔵由佳・河村茂雄　2009　アイデンティティ形成を促進するための心理教育的援助－構成的グループ・エンカウンターの実践から－　カウンセリング研究，42（2），11-21.
武蔵由佳・河村茂雄　2006　構成的グループ・エンカウンターに参加した大学生の感想の分類－親和動機の視点から－　教育カウンセリング研究，1，28-35.
武蔵由佳・河村茂雄　2006　構成的グループ・エンカウンターの構成に関する一考察－プログラムとメンバーの構成を中心として－　カウンセリング研究，39（2），91-98.
武蔵由佳・河村茂雄　2004　構成的グループ・エンカウンターのプログラム展開に関する一考察　カウンセリング研究，37（2），115-123
武蔵由佳・河村茂雄　2003　日本におけるエンカウンター・グループ研究とその課題－Basic Encounter Group研究とStructured Group Encounter研究の比較から－　カウンセリング研究，36（3），282-292
武蔵由佳・河村茂雄　2003　大学生における親和動機の下位動機の階層性の検討－発達を促進するための構成的グループ・エンカウンターを活用した援助のあり方－　カウンセリング研究，36（1），10-19
武蔵由佳・河村茂雄　2002　大学生の心理・社会的危機の未解決状態と喚起される達成動機，親和動機の関係　カウンセリング研究，35（2），105-115.

第7章

現状の日本の
ガイダンス機能を補う
取組み

　日本の生徒指導の概念は，アメリカのガイダンスカウンセリングをモデルにしたものである。これは生徒の個人的・社会的発達の援助や教育相談を骨子としており，単に生徒の規律指導を意味するものではなく，すべての生徒の学校生活を援助する役割である。したがって，生徒指導は，教育相談，進路指導とオーバーラップする。そしてこの役割は，アメリカではガイダンスカウンセラーが担当するが，導入した日本では，学習指導を担当する教師がその役割も担い，現在にいたっているのである。

　しかし，この日本型のシステムが，社会問題化した不登校やいじめの問題を前にして，一部修正する取組みが実施されてきている。

　本章では日本型の学級集団制度のもとで，日本のスクールカウンセラー制度や通常学級における特別支援教育の推進の問題を整理し，最後に近年深刻化している教師の精神衛生について考え，日本の学級集団制度を問い直したい。

第1節　日本のスクールカウンセラー制度を考える

1　日本のスクールカウンセラー制度の特徴

　日本のスクールカウンセラー制度は1995（平成7）年，文部省の「スクールカウンセラー活用調査研究委託事業」からスタートした。

　日本の学校教育制度は，教師が教科指導と生徒指導の両方に責任を負うという教育システムをとっている。したがって，不登校，いじめなどの生徒指導上の問題に対しては，従来は，現職教師の教育相談などの研修を強化することで教師の資質向上を図り，カウンセラー機能を果たさせようとする方針だった。

　しかし当時，不登校，いじめなどの問題が噴出し，その解決を含めた教育改革の社会的要請が高まり，文部省の教育行政的対応が求められていた時期だった。このようななかでの「スクールカウンセラー活用調査研究委託事業」の開始は，上記のような日本の学校教育制度の特徴に伴う学校現場の閉鎖性（学校教育が教師たちだけで運営されている）に，「外部の専門家」を導入することで，その閉鎖性に風穴をあけるという教育改革の側面もあった。現職教師だけに噴出する教育問題の解決を求めるのではなく，外部の専門家を活用するという点が，教育改革の具体策だったと思われる。

　つまり，日本のスクールカウンセラー制度の性格として，学校教育制度との関係と実施にいたった経緯から，次の点をあげることができるだろう。

①教科指導と生徒指導の両方を教師が担当するという学校教育制度のなかに，ある程度独立する形でスクールカウンセラー制度が導入されている（外部から新風を吹き込み学校現場を活性化させる役割への期待）。

②不登校やいじめなどの特定の教育問題に対する具体的対策，3次支援レベルへの対応をおもに行うという側面がある。

　したがって日本のスクールカウンセラーは，不登校やいじめ被害を受けた3次支援レベルの子どもへの対応がおもになるので，臨床心理士を主とした臨床

心理の専門家がその役割を担っている。

対してアメリカの学校教育制度は,教師は学習指導の専門家としての職務を担い,生徒指導・ガイダンス機能はスクールカウンセラー,スクールサイコロジスト,スクールソーシャルワーカーなどによる国家認定を受けた専門家が担い,教科指導と生徒指導を分業化している。一般に,日本のスクールカウンセラーのように思われているアメリカの「スクールカウンセラーたち」は,学校のガイダンス機能全体すなわち1次,2次,3次支援レベルのすべての子どもを対象とし,その役割は臨床心理の専門家だけではなく多様な専門家がチームを組んで担っている（國分 1997）。したがって,アメリカはスクールカウンセラーというよりも,ガイダンスカウンセラーというイメージが強いであろう。

2 日本の学校現場でのスクールカウンセラーの活動の実態

日本のスクールカウンセラーの活動が,各学校のガイダンス機能にどう位置づいているかを検討するために,学校現場の教師たちはスクールカウンセラーに,①どのような領域での活動を,②どのような形で実施してくれることを期待しているのか,そして③①と②に対する満足感はどうなのか,の3点を明らかにすることが,考察する1つの手がかりとなるだろう。そこで,前述の3点を検討した筆者の調査研究（河村 2003a）（河村・武蔵・粕谷 2005）に基づいて検討する。

〈調査方法〉

調査対象：47都道府県で勤務している小学校,中学校,高校の教師

調査期間：2002年8月から2003年3月末日

調査手続き：全国の都道府県で,教育委員会,教育センター,教員団体,教育関係団体が開催し,その地区のいろいろな学校から多くの教師たちが参加した研修会および研究会の会場において,尺度を配布し,研修会,研究会の休み時間などに回答を求めた。そして,会場に回収ボックスを用意し,協力してくれた教師の尺度を回収した。なお,この方法を用い

たのは，特定の学校に依頼し，そこの学校に所属する教師たちに回答を求める方法をとると，特定の学校のスクールカウンセラー個人を評価する危険性があるからである。

調査対象の教師は14,013人であり，対象となった教師の属性はまとめて図7-1に記した。

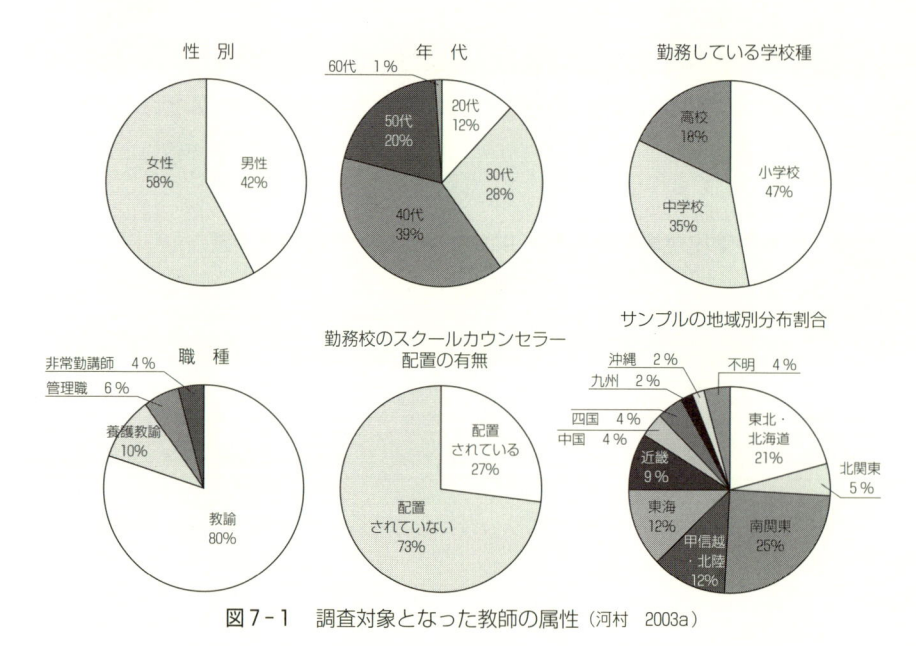

図7-1 調査対象となった教師の属性（河村 2003a）

(1) 現職教師がスクールカウンセラーの活動に期待する領域

①対応を期待する児童生徒の問題の領域

全調査対象者の平均値を集計し，その値が4（できれば必要である）以上の教師が期待するニーズが高い領域は図7-2（校種別図7-3）のとおりであった。

現職教師がスクールカウンセラーの活動に期待する領域は，不登校やいじめの問題だけではなく，暴力を振るうなどの反社会的な行動をする児童生徒の対応，LD，ADHDなど特別支援教育の専門性を必要とする内容，学級集団の育

成に関する内容（学級経営の進め方），学級集団で行う心の教育の進め方など，多岐にわたっていることが明らかになった。

項目	値
●不登校の問題	4.62
●いじめの問題	4.51
■外部の専門機関と連携するための窓口としての機能	4.47
●情緒不安定な子どもの問題	4.43
●LD, ADHD（可能性も含む）の子どもの問題	4.39
■教師に対する研修会	4.38
●暴力などの反社会的行動をする子どもの問題	4.37
■学級経営・学級活動の問題	4.36
■児童生徒および保護者に対する講話	4.29
■学校組織へのコンサルテーション	4.24
■良好な人間関係のある学級集団の育成の仕方	4.15
●生活習慣の乱れの問題	4.01

（3.5　できれば必要である　4.0　4.5　とても必要である　5.0）

全調査対象者の平均値
●対応を期待する児童生徒の問題
■対応を期待する教育問題

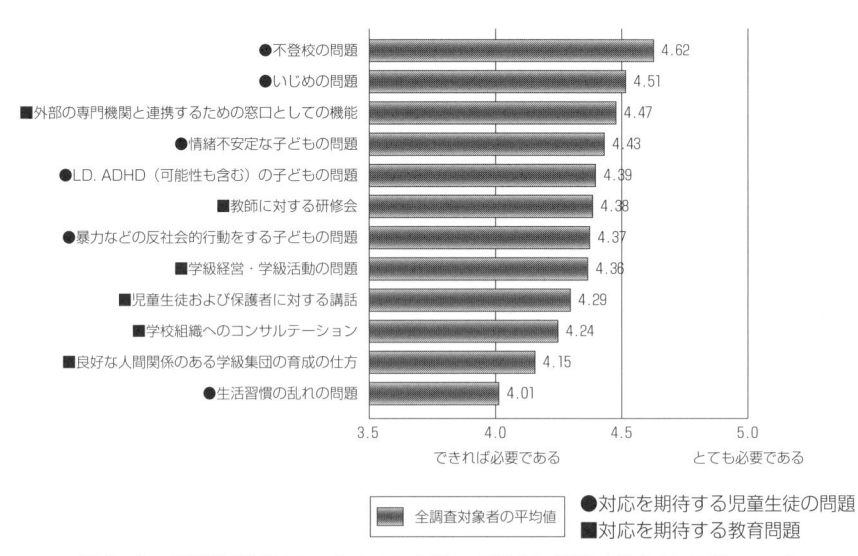

図7-2　現職教師がスクールカウンセラーの活動に期待する内容（河村　2003a）

②対応を期待する教育問題

　①の児童生徒の問題以外で，教育実践にかかわる内容で，全調査対象者の平均値を集計し，その値が4（できれば必要である）以上の教師が期待するニーズが高い領域も図7-2に併せて記した。

　こちらも，児童生徒および保護者に対する啓発活動，外部の専門機関と学校が連携する際の窓口機能，教員研修の講師など多岐にわたっていることがわかる。このような活動は，学校全体の教育実践に間接的に寄与するものであり，教師の期待がその辺にあることが示唆される。つまり，学校現場の教師たちはスクールカウンセラーに，学校全体のガイダンス機能を高めることにつながる形で，学校全体の教育活動の向上に寄与する活動を求めていると考えられる。

第7章　現状の日本のガイダンス機能を補う取組み

【小学校】

項目	値
●不登校の問題	4.64
■外部の専門機関と連携するための窓口としての機能	4.53
●いじめの問題	4.52
●暴力などの反社会的行動をする子どもの問題	4.52
●LD, ADHD（可能性も含む）の子どもの問題	4.47
●情緒不安定な子どもの問題	4.44
■教師に対する研修会	4.42
■学級経営・学級活動の問題	4.41
■児童生徒および保護者に対する講話	4.31
■学校組織へのコンサルテーション	4.29
■良好な人間関係のある学級集団の育成の仕方	4.17
●生活習慣の乱れの問題	4.08
●知的障害の子どもの問題	4.05

3　どちらともいえない　4　必要である　5　とても必要である

【中学校】

項目	値
●不登校の問題	4.61
●いじめの問題	4.49
●情緒不安定な子どもの問題	4.42
■外部の専門機関と連携するための窓口としての機能	4.38
●LD, ADHD（可能性も含む）の子どもの問題	4.33
■教師に対する研修会	4.32
■学級経営・学級活動の問題	4.29
■児童生徒および保護者に対する講話	4.26
●暴力などの反社会的行動をする子どもの問題	4.22
■学校組織へのコンサルテーション	4.15
■良好な人間関係のある学級集団の育成の仕方	4.13

3　どちらともいえない　4　必要である　5　とても必要である

【高校】

項目	値
●不登校の問題	4.57
●いじめの問題	4.51
■外部の専門機関と連携するための窓口としての機能	4.47
●情緒不安定な子どもの問題	4.41
■教師に対する研修会	4.36
■学級経営・学級活動の問題	4.32
■児童生徒および保護者に対する講話	4.32
●LD, ADHD（可能性も含む）の子どもの問題	4.28
■学校組織へのコンサルテーション	4.27
●暴力などの反社会的行動をする子どもの問題	4.25
■良好な人間関係のある学級集団の育成の仕方	4.12

3　どちらともいえない　4　必要である　5　とても必要である

全調査対象者の平均値　●対応を期待する児童生徒の問題　■対応を期待する教育問題

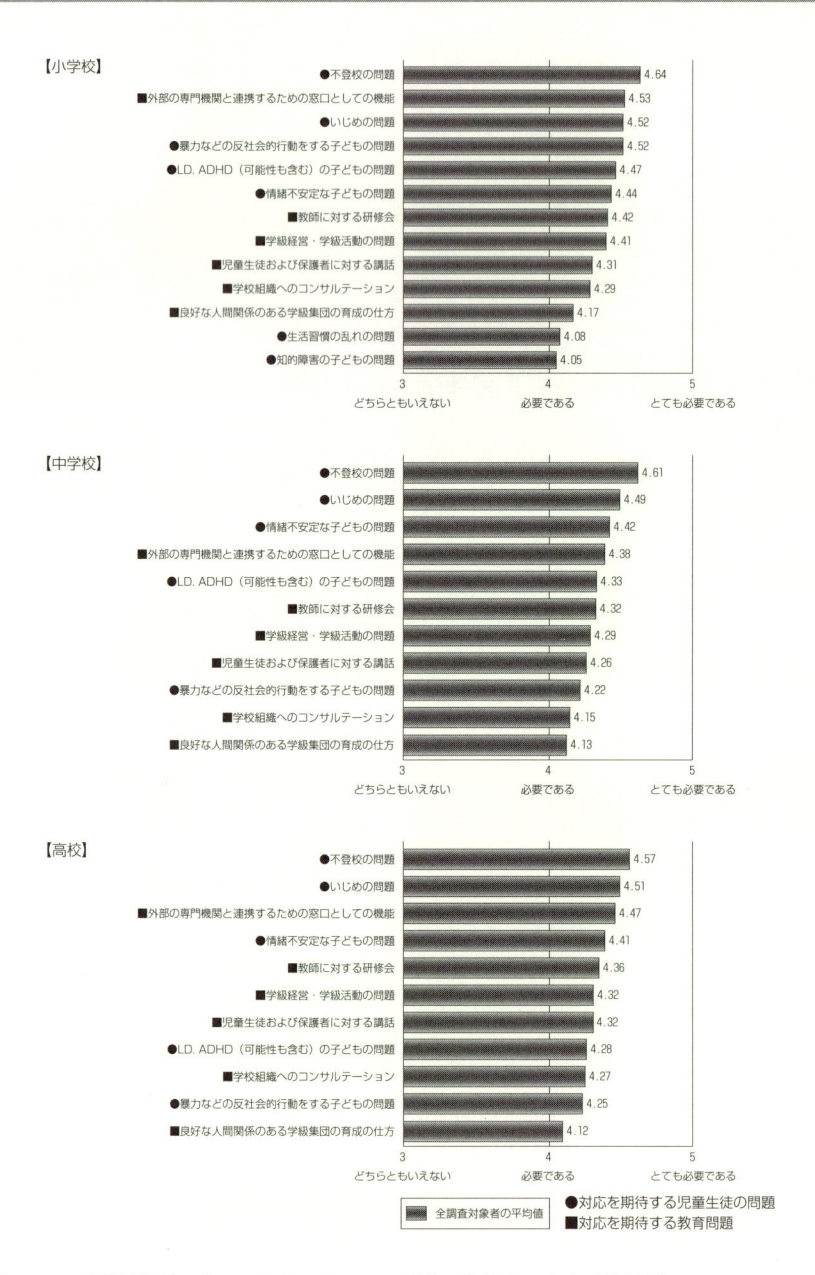

図7-3　現職教師がスクールカウンセラーの活動に期待する内容（校種別）（河村　2003a）

(2) 現職教師はスクールカウンセラーにどのような活動を期待しているか

　前項で、現職教師がスクールカウンセラーの活動に期待する内容が明らかになったが、では、その内容についてスクールカウンセラーにどのような形態でかかわってほしいのかを、活動を期待する内容ごとに集計した。具体的には、「不登校」「いじめ」「情緒不安定」「LD，ADHD（その可能性も含む）」、「暴力などの反社会的な行動」など、ニーズの高いものについて集計した。全調査対象者の平均値を集計し、その値が4（できれば必要である）以上の領域である。

　その結果、上にあげた5つの領域すべてで、「スクールカウンセラーが児童生徒およびその保護者に個別に面接」してくれるだけではなく、「問題を抱えた児童生徒が学級にいる場合の学級経営のアドバイスを教師に行う」「教師とチームを組んで組織的に活動する」「教師が子どもや親とかかわるうえでの留意点をアドバイスする」などの対応を強く求めていることが明らかになった。

　また、その問題の領域によって、現職教師がスクールカウンセラーに期待する活動形態の順位が異なることが明らかになった。「不登校」「LD，ADHD（可能性も含む）」の領域のニーズを図7-4,5に記した。

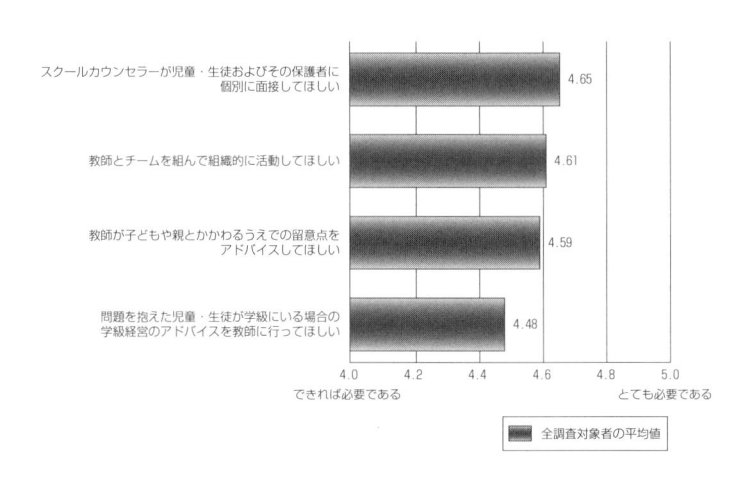

図7-4　不登校の問題に対する活動形態へのニーズ（河村　2003a）

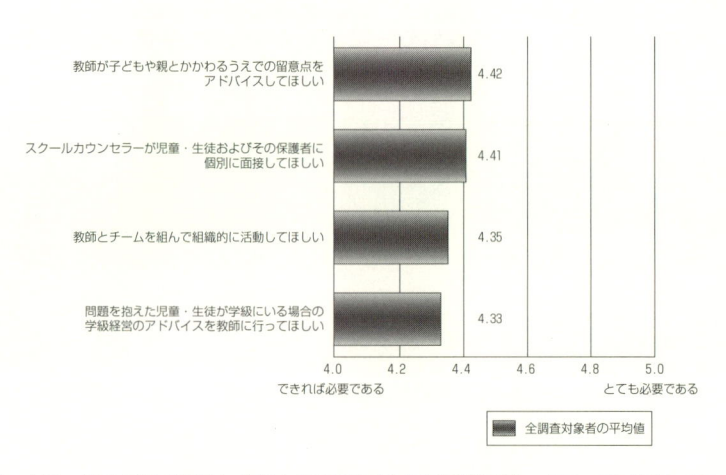

第7章　現状の日本のガイダンス機能を補う取組み

図7-5　LD，ADHD(可能性も含む)の問題に対する活動形態へのニーズ（河村　2003a）

グラフの項目：
- 教師が子どもや親とかかわるうえでの留意点をアドバイスしてほしい　4.42
- スクールカウンセラーが児童・生徒およびその保護者に個別に面接してほしい　4.41
- 教師とチームを組んで組織的に活動してほしい　4.35
- 問題を抱えた児童・生徒が学級にいる場合の学級経営のアドバイスを教師に行ってほしい　4.33

横軸：4.0（できれば必要である）〜5.0（とても必要である）
凡例：全調査対象者の平均値

(3) 現状のスクールカウンセラーの活動に対する満足感

　全調査対象者のうち，実際に勤務する学校にスクールカウンセラーが配置されている教師を抽出（27.0％，3,783人）し，スクールカウンセラーの活動内容に対する満足感を集計分析した。なお，スクールカウンセラーの活動内容は，現職教師のニーズの高かった領域とした。具体的には，全調査対象者の平均値を集計し，その値が4（できれば必要である）以上の領域である「不登校」「いじめ」「情緒不安定」「LD・ADHD（その可能性も含む）」，「暴力などの反社会的な行動」「学級経営・学級活動の問題」「生活習慣の乱れの問題」「良好な人間関係のある学級集団の育成の仕方」「学校組織へのコンサルテーション」「児童生徒および保護者に対する啓発活動」「教師に対する研修会」「外部の専門機関と連携するための窓口としての機能」である。前述の領域について，勤務する学校にスクールカウンセラーが配置されている，抽出された教師の満足感の平均値を図7-6に示した。

　その結果，どの領域を見ても，現職教師のスクールカウンセラーの活動内容に対する満足感は高くはないことが明らかになった。不登校の問題については，スクールカウンセラー事業のきっかけとなった問題であり，各スクールカ

第1節　日本のスクールカウンセラー制度を考える

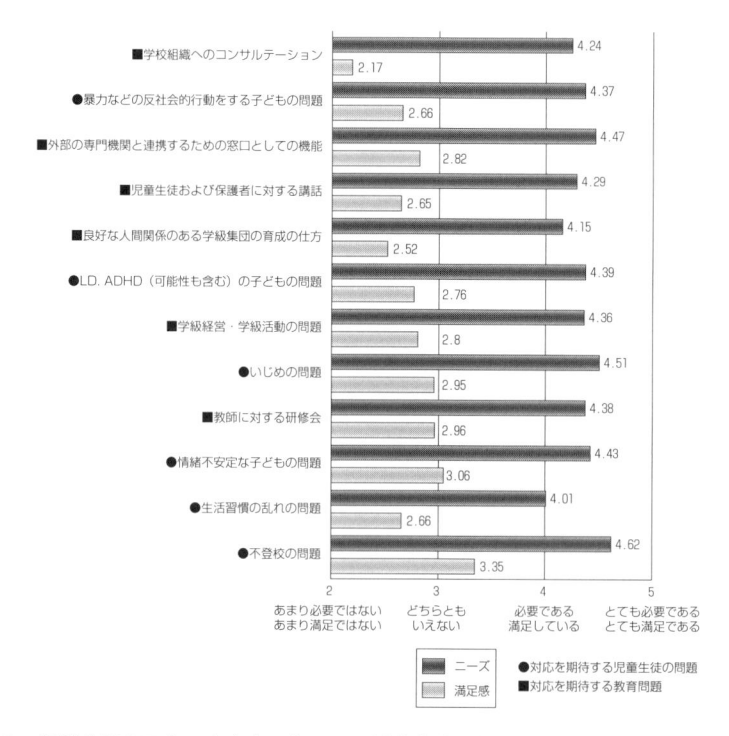

項目	ニーズ	満足感
■学校組織へのコンサルテーション	4.24	2.17
●暴力などの反社会的行動をする子どもの問題	4.37	2.66
■外部の専門機関と連携するための窓口としての機能	4.47	2.82
■児童生徒および保護者に対する講話	4.29	2.65
■良好な人間関係のある学級集団の育成の仕方	4.15	2.52
●LD, ADHD（可能性も含む）の子どもの問題	4.39	2.76
■学級経営・学級活動の問題	4.36	2.8
●いじめの問題	4.51	2.95
■教師に対する研修会	4.38	2.96
●情緒不安定な子どもの問題	4.43	3.06
●生活習慣の乱れの問題	4.01	2.66
●不登校の問題	4.62	3.35

2　あまり必要ではない／あまり満足ではない
3　どちらともいえない
4　必要である／満足している
5　とても必要である／とても満足である

■ ニーズ　　●対応を期待する児童生徒の問題
□ 満足感　　■対応を期待する教育問題

図7-6　現職教師のスクールカウンセラーの活動内容に対するニーズおよび満足感の全体的傾向（河村　2003a）

ウンセラーが仕事の中心として取り組んでいると思われる。しかし，不登校の問題さえも教師たちの満足するレベルにはいたっていないことが注目される。

3　考察とまとめ

　本調査は，学校現場の教師たちに現状の声を広く集めた探索的な研究であった。また，現職教師が満足するような形だけが，スクールカウンセラー制度の有効な活用というわけでもない，という点も念頭におく必要がある。閉塞的な学校現場，教師集団に対して，「外部の」「心の」「専門家」の存在が，学校社会の風通しをよくするというメリットも，この制度には含まれているからである。

まず，現職教師がスクールカウンセラーの活動に期待する内容を見ると，まさに現在の学校現場ではさまざまな問題を抱えていることが示唆され，そのなかで教師たちが悪戦苦闘している状況が推測される。その打開策の1つとして，スクールカウンセラーの活動に大いに期待している点が考えられ，それが多岐の領域において，スクールカウンセラーの活動を求めている所以である。

したがって，スクールカウンセラーに求める活動内容も，教師の専門領域である学級経営などにも及んでいる。つまり，現状の学校現場の状況を考えると，現場の教師たちだけの取組みでは限界が見え始め，そこに「外部の」「心の」「専門家」の援助を必要としていることが明らかになったといえる。

それは同時に，現職教師はスクールカウンセラーにどのような形で活動を期待しているのか，についても表れている。いわゆる相談室で問題を抱えた児童生徒に，1対1で個別面接するという従来のカウンセラーのイメージの活動内容だけにはとどまらず，教師にアドバイスしたり，一緒にチームを組んでの活動を求めたりと，広く教育実践全般にかかわる領域で，その実践効果が上がる形でのかかわりを求めている，という結果につながっていると考えられる。

以上は次のように整理される。

> ● 学習指導とガイダンス機能を同時に教師が中心になって担っていく，日本型の教育制度の維持はかなり困難になっている
> ① 教師たちは外部の専門家に，3次対応だけではなく，1次，2次を含めた学校のガイダンス機能全体への専門的な支援を求めている。その専門の領域も，臨床心理だけではなく，特別支援，社会福祉，グループアプローチ，教育カウンセリング，矯正教育の専門と，学校で必要とされるガイダンス機能全体に及んでいる
> ② 教師たちは外部の専門家に，学校から独立して対応してもらうのを期待しているのではなく，日常的に教師たちとチームを組んで連携して活動してもらうことを求めている

現職教師が現在のスクールカウンセラーの活動に対する満足感が高くないの

も，当然の結果といえよう。つまり期待する領域で，期待するかかわり方でスクールカウンセラーが活動していないということが，現職教師が現在のスクールカウンセラーの活動に満足していない大きな要因になっていると考えられる。

これは各学校に派遣されている個々のスクールカウンセラーの問題というよりも，日本のスクールカウンセラー制度のシステムの問題であると考えられる。

教師たちは「学習指導とガイダンス機能を同時に教師が中心になって担っていくという日本型の教育制度は限界にきている」と感じており，このシステム全体へのサポートを「外部」の「専門家」に求めていると考えられるのである。

第2節 日本の特別支援教育について考える

1 特別支援教育とは

2007（平成19）年度に完全実施が始まった「特別支援教育」とは，『今後の特別支援教育の在り方について（最終報告）』（文部科学省調査研究協力者会議）では，「従来の特殊教育の対象の障害だけでなく，LD（学習障害），ADHD（注意欠陥・多動性障害），アスペルガー症候群，高機能自閉症を含めて障害のある児童生徒の自立や社会参加に向けて，その一人一人の教育的ニーズを把握して，そのもてる力を高め，生活や学習上の困難を改善または克服するために，適切な教育や指導を通じて必要な支援を行うもの」と定義されている。

「特別支援教育」を支える考え方は，ノーマライゼーション（障害の枠を越えて一人一人の子どものニーズに応じた教育的支援を確立する）とインクルージョン（環境の豊かさや貧しさ，障害の有無に関係なく，すべての子どもは共に学ぶべきであり，そのためにも一人一人の子どもに応じたさまざまな教育方法が準備されなければならない）である。

特別支援教育の推進により，通常学級の教師たちが感じる大きな変化は，従

来，障害の程度に応じ特別な場（特殊学級など）で，専門担当の教師によって行われていた指導を，通常学級で学級担任教師が校内外のシステム・連携のもとに指導する，というものだと思う。特に，一斉指導の教育実践のなかで，従来，普通の子どもなのに困った子どもとして教師たちからとらえられ，不登校やいじめなどの問題に発展する可能性の高かった，LD（学習障害），ADHD（注意欠陥・多動性障害），アスペルガー症候群，高機能自閉症の子どもたちにスポットが当てられ，適切な教育環境を設定し，指導方法を工夫して対応することが強く求められる，ということである。

　特別支援教育を充実させるために最終報告では，通常学級の教師たちに，障害に対する専門的な知識と方法論を新たに研修し，身につけることを前提に，学校，教師たちに次のような対応を求めている。

①個別の教育支援計画の作成，実施，評価
　障害のある子どもが学習するために必要な，一人一人の多様なニーズを把握して，関係者・機関の連携による適切な教育的支援を効果的に行うために，教育上の指導や支援を内容とする個別の教育支援計画の作成，実施，評価を行う。

②特別支援教育コーディネーターの役割の設定
　学校内外の教育的支援を行う人や医療・福祉などの専門機関との連携を調整する，保護者に対する学校の窓口の役割を担うなど，キーパーソンとなる教師を，役割として校内に位置づける。

③校内システムの組織化
　特別支援学級や通級による指導の制度を，通常学級に在籍したうえで必要な時間のみ特別支援教室の場で特別な指導を受ける制度に一本化するための校内システム，教員組織をつくる。

2　学校現場が苦戦している状況

　筆者の研究室ではこの10年間，子どもたちの学級生活の満足度や意欲を，Q-U（第4章参照）という心理検査を開発し，調査研究を続け，そのデータも10万人分を超えた。その多くの学級のデータのなかから，小学校で，しかも特

別支援の対象となる子どもも在籍している学級を抽出し，年間複数回（学期に1回の割合で）Q-Uを実施してもらった。その結果から，特別支援の対象となる子ども，および学級内のすべての子どもたちの満足度や意欲の年間の推移，学級集団の状態の変化を心理統計を用いて分析検討し，さらに，担任教師にどのような学級経営を展開したのか，どのような点に苦戦したのか，などの聞き取り調査を行った（河村　2005，2006）。

その結果，学校現場から見えてきた問題点は次のようなものである。

①特別支援の対象となる子どもの学級生活の満足度や意欲は，低い状態であることが多い

特別支援の対象となる子どもは，医療機関で診断を受けている子どもだけではなく，文部科学省が作成したチェックリストをもとに学校独自で判断した子どもも含まれている（よりよい支援をするために，専門機関での相談を学校側が勧めても保護者の同意が得られなかったという事例が数多く見られた）。

今回の分析で明らかになったいちばん大きな点は，特別支援の対象となる子どもが通常学級に在籍していて，過半数以上の子どもたちが学級生活の満足度や意欲がとても低い状態になっている，ということである。その低い状態の出現率は，他の子どもたちと比べて有意に高い比率になっているのである。

②担任教師は学級経営に苦戦している

医療機関から特別支援の対象になると診断を受けた子ども，その可能性があると学校で判断された子どもが在籍する学級を抽出して，新学年のスタートから10ヵ月経過した時点での，学級集団の成熟度を分析検討した。

その結果，ルールとリレーションが確立し，70％以上の子どもたちの学級生活の満足度や意欲が高くなっている「満足型の学級」（第4章，P.60参照）の状態になっていた比率は，在籍していない学級と比較して有意に低くなっている。担任教師は，対人関係の面で特別な支援が必要な子どもだけではなく，他の子どもたちも含めた学級集団全体の育成，学級経営に苦戦している実態が明

らかになった。

3 求められる「外部」の「専門科」の支援

　だが，この結果を，特別支援の必要な子どもの在籍が，比率の低下の原因であると短絡的に解釈することはできない。特別支援の必要な子ども以外にも，情緒面や生活面，学習面で，担任教師の個別の支援を必要としている子どもたちはたくさんおり，また，反社会的な行動をとる子どもの対応にも苦戦している報告がたくさんあるからである。

　ただ，担任教師はいままで，一斉指導のなかにそういう子どもたちの個別支援を統合しながらやってきたのである。そう考えると，特別支援は担任教師の個別支援のなかの1つと考えることができるが，従来と同じように一斉指導の中に1つの個別支援として位置づけていくやり方では，特別支援の推進はうまくいかないことが，分析結果と担任教師の聞き取りからも見えてきたのである。

　いままでの個別支援のときとは違う学級経営の展開が求められる面があり，個別支援のなかの特別支援と一斉指導を統合する学級経営のあり方や有効な展開の仕方がわからずに，担任教師たちは苦戦していると考えられる。

　第1節（P.121参照）のスクールカウンセラーの項にも見られたが，現職教師がスクールカウンセラーの活動に期待する内容として，「ＬＤ・ＡＤＨＤ（その可能性も含む）」の領域は，ニーズが高いのである。かつ，この対応の問題はガイダンスの領域にとどまらず，学習指導にも影響を与えるものである。教師たちはそのすべてを含めて，「外部」の「専門家」の支援を必要としていると思われる。

　この特別支援教育の問題も，第1節のスクールカウンセラーと同様の問題を提起している。つまり，学習指導とガイダンス機能を同時に，教師が中心となって担う日本型の方法がむずかしい状態になっているのである。

第3節　教師の精神衛生の実態

1　悪化している教師の精神衛生

　教職員は医師や看護師，ソーシャル・ワーカーなどと同様に，対人サービスを担う専門職で，社会的に高いモラル水準が求められ，かつ，仕事への献身が美徳とされる職業に多い「燃え尽き症候群（持続的な職務上ストレスに起因する，身体的・情緒的消耗状態）」になりやすい職業といわれている。このようななかで，文部科学省は不健康状態にある教員の実態調査を1970年代から統計をとり，報告している。

　文部科学省の「教師の心の健康等に関する調査研究協力者会議」によると，病気休職者数等の推移のなかで，教師の病気休職者に占める精神性疾患（ストレスなどによる神経症，心身症）による休職者の割合が1993年には30％を超え，

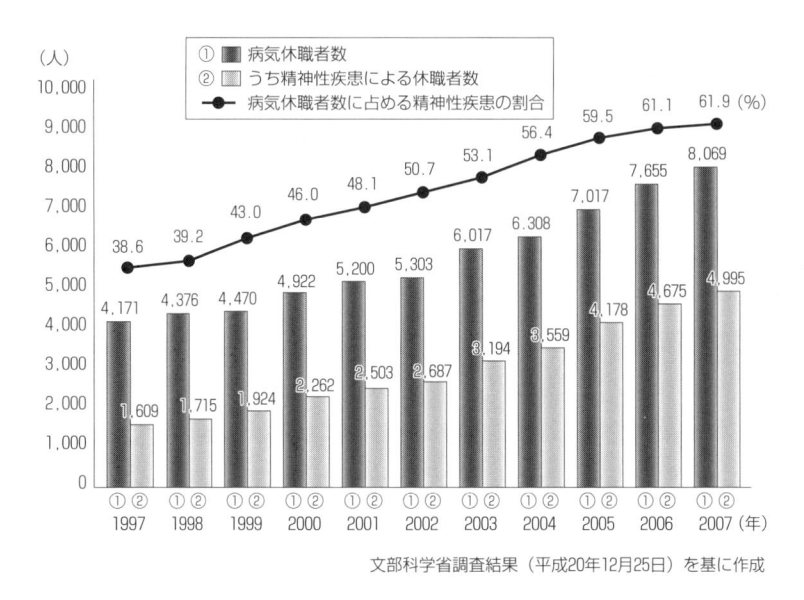

図7-7　病気休職者数等の推移（1997～2007年度）（教育開発研究所（編）　2009）

2002年には50%を突破し，2004年度には56.4%であることを報告している。

　文部科学省の最近の調査（文部科学省　2007，2008）では，2007年度に病気休職した小・中・高校などの教職員は，前年度比414人増の8069人で，そのうち精神疾患の休職は62%の4995人で，過去最多を更新したことが報告されている。教職員の精神疾患による病気休職者数は，この10年間増加を続け10年前の1997年の，約3倍強にもなっているのである（図7-7）。

　このような教職員を取り巻く環境のなかで，新規に採用になった教職員も厳しい状況にある。児童生徒の教育に直接携わる教諭・助教諭・講師は，1年間の条件付採用期間を経て正式採用となるが，2007年度の採用期間途中の依願退職者は301名であり，2003年の3倍弱になっている。そのなかでも，病気を理由に依願退職した者は103名にのぼり，その数は2003年の10倍になっている。

2　教職員の心の不健康状態の要因と背景

　同報告では，教職員の心の不健康状態の要因・背景としては，教職員の職務内容や職場環境における問題として次の4点があげられている。
①生徒指導上の問題（問題行動などへの対応に追われ，心身ともに疲労した状態）
②教科指導上の問題（技術革新や急速な情報化の進展，受験指導に対する保護者の期待による高度な技量の要求に基づく指導力不足の悩み）
③学校教育への過度の期待（しつけなどの基本的生活習慣への期待，保護者や地域住民の学校や教員に対する強い批判，非協力的姿勢）
④特定教員への過重な負担（不適切な校務分担）

　①～④の内容は学習指導とガイダンス機能の発揮の両面にわたっており，また，すべての教職員に関連する内容である。また，病気休職している教職員の背後には，その予備軍ともいえるような精神衛生が悪化している教職員が多数存在していることが考えられる。

　また，「肉体労働」や「頭脳労働」に対して，自分の感情を表に出すことなく相手に合わせた態度と言葉で対応することが求められる労働として，「感情

労働」という考え方が近年注目されている。看護や介護，サービス業全般は「感情労働」が要求される職業である。②③を見ると，教職員も，子どもへの対応だけではなく，保護者への対応などに，近年急速に「感情労働」的な要素が求められてきていると思われる。

　教師の存在は児童生徒の人格形成に大きな影響を及ぼす。教師の心の健康は，良好な教育実践をするうえでの前提である。したがって，この問題は教師個人の問題として片づけてはならず，学校の教育活動を支える問題として認識する必要がある。この問題の改善なくして，教育改革の成果は乏しいと思うからだ。

3　本章のまとめとして

　スクールカウンセラー，特別支援教育に関しての考察，教師の精神衛生の悪化の実態が示すものは，学習指導とガイダンス（生徒指導）を同時に教師が中心となって担う日本型の教育システムは，現状のままではもはや限界にきているというシグナルなのではないだろうか。

　アメリカも，当初は教師が学習指導とガイダンスを同時に担っていた形を，その後，学習指導は教師，ガイダンス機能の領域はガイダンスカウンセラーへと分業した。その背景には，教師が学習指導とガイダンスを同時に担う展開では限界がみられたからであろう。そういう状況へ，今日の日本の学校現場の状況は近づいているのではないだろうか。

　システムの問題を考えるうえで，選択肢はいくつか考えられる。

- 日本もアメリカのように分業の形に進んでいく
- 教師の人員を大幅に増加し，複数で担当するなどして現在のシステムを継続していく
- 日本の現在システムとアメリカの分業システムの間で，日本固有の折衷的なシステムを構築する

　日本の学校現場の現状は，いま，上記の選択をする分岐点に来ているのではないだろうか。

引用文献
河村茂雄　2003a　学校現場が求めるスクールカウンセラーの活動とは－現職教師への実態調査を通して（中間報告）－　臨床教育実践学研究，2，1-20．
河村茂雄・武蔵由佳・粕谷貴志　2005　中学校のスクールカウンセラーの活動に対する意識と評価―配置校と非配置校の比較－　カウンセリング研究，38（1），12-21．
河村茂雄（編著）　2006　Q-Uによる特別支援教育を充実させる学級経営　図書文化
河村茂雄（編著）　2005　ここがポイント学級担任の特別支援教育－個別支援と一斉指導を一体化する学級経営－　図書文化
國分康孝（監）　1997　スクールカウンセリング事典　東京書籍
教育開発研究所（編）　2009　教育の最新事情がよくわかる本　教育開発研究所
文部科学省　2007　平成18年度教職員に係る懲戒処分等の状況について
文部科学省　2008　平成19年度文部科学白書

参考文献
河村茂雄　2003b　教師力－教師として今を生きるヒント　上巻・下巻　誠信書房
河村茂雄・高畠昌之　2007　特別支援教育を進める学校システム　図書文化
兵庫県立教育研修所心の教育総合センター　2001　スクールカウンセラー，さらなる活用に向けてⅢ
中等教育資料　1999　特集・1996・97年度スクールカウンセラー活用調査研究委託研究

第8章

近年の日本型学級集団形成のむずかしさ

　1990年代初頭，筆者は東京の学校現場を回っていて，学級崩壊という現象が確実に広がってくるのを感じた。学級崩壊が一部の教師たちの個人的指導行動の問題というレベルではなく，すべての教師が今後向き合っていかなければならない問題としてである。子どもたちの意識や行動が変化してきたため，教師が従来のような学級集団を形成し，そのなかで一斉授業や活動を展開することがむずかしくなったという，一般的な問題なのである。そのことに警鐘を鳴らすべく『スクールカウンセリング事典』（國分康孝監修）に「学級崩壊」の項が掲載されたのが1997年だった。

　学級崩壊の問題について，『崩壊しない学級経営をめざして』(1998)，『学級崩壊に学ぶ』(1999)，『学級崩壊　予防・回復マニュアル』(2000)，と立て続けに筆者は執筆したが，このころには学級崩壊という言葉は，教育現場ではすでに一般用語になっていた。

　旧文部省も1998年に「学級経営研究会」を立ち上げて，「学級がうまく機能しない状況」としてこの問題を取り上げ，全国連合小学校長会は，学級崩壊の

状態にある学級は小学校の8.9%にのぼっていると報告した（2006）。

日本の学級集団は生活共同体の特性をもち，教育実践を有効に展開するためには，学級集団のまとまりが必要とされ，子どもたちの集団斉一性，その背景に集団同一視の高まりが求められることを第5章（P.75参照）で述べた。しかし，家庭や地域社会の変化に伴って子どもたちの意識や行動が多様化してきた現在，従来のように，子どもたちの間に集団斉一性，集団同一視は高まるのだろうか。

本章では，学級集団の状態を左右する集団斉一性，集団同一視などに関する現代の子どもたちの意識や行動を明らかにする。第4章（P.47）で取り上げた，延べ5万人の児童生徒を対象にした調査をもとに，子どもたちの基本的生活習慣，友人関係，規範意識，学校での学習意欲，教師に対する意識について分析し，考察していく。

第1節 現代の子どもたちの実態

日本型の理想の学級集団を成立させるためには，学級内に次の要因が確立していることが求められる（第5章）。
ⓒ集団斉一性の高まり
　・多くの領域での集団規範の共有
　・多くのルーティン的な行動の設定と共有
ⓓ集団内の子どもたちの自己開示傾向・愛他性の高まり
ⓔ集団凝集性の高まり

上記の要因を満たすためには，学校教育に参加する子どもたちの意識が同じ方向に向かうこと，それに連動させて同一行動がとれるような，集団生活に参加するうえでの最低限の意識と行動の仕方が身についていることが求められるのである。つまり，学校で学習に向かう意識や教師に対する意識，規範意識，基本的生活習慣のあり方が問題になるといえる。

同時に，学級に集まった子ども同士が，お互いを仲間同士と感じられるよう

な人間関係を形成できることが求められる。それも表面的な関係ではなく、お互いの内面も交流させるような親密な人間関係である。つまり、学級内の子どもたちの友人関係のあり方が問題になってくるのである。

本節では、上記の点について、子どもたちの実態を分析する。

1 学習に向かう意識，教師に対する意識，規範意識，基本的生活習慣の実態

「Ⓒ集団斉一性の高まり」の要因を達成するためには、学校での学習意欲、教師に対する意識、規範意識が、ある程度学級の子どもたちの間で共有されていることが求められる。現代の子どもたちの実態は以下の図のようになった。

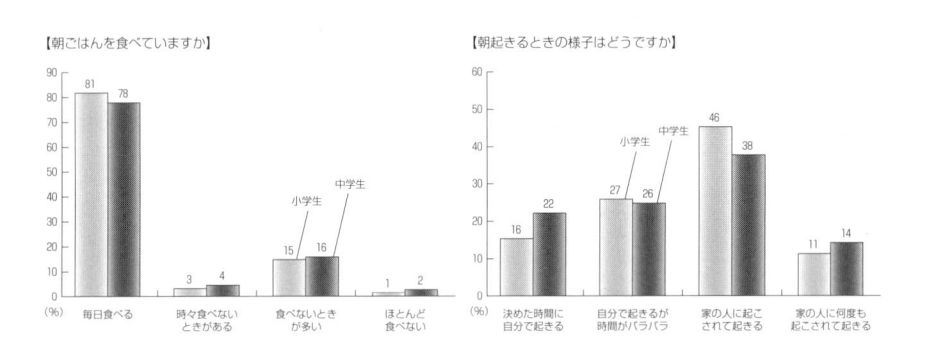

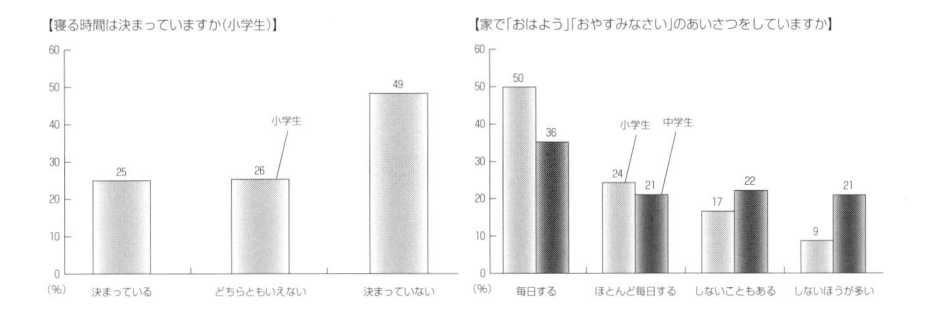

図8-1 基本的な生活習慣（河村 2007）

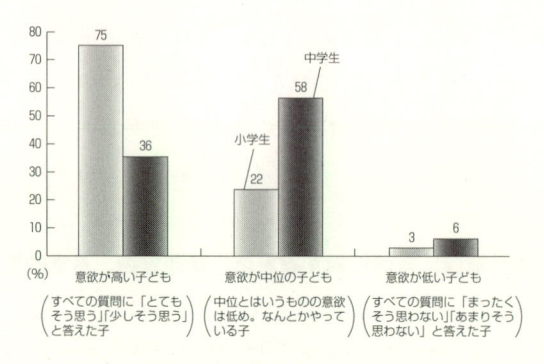

第8章　近年の日本型学級集団形成のむずかしさ

図8-2　学習意欲（河村　2007）

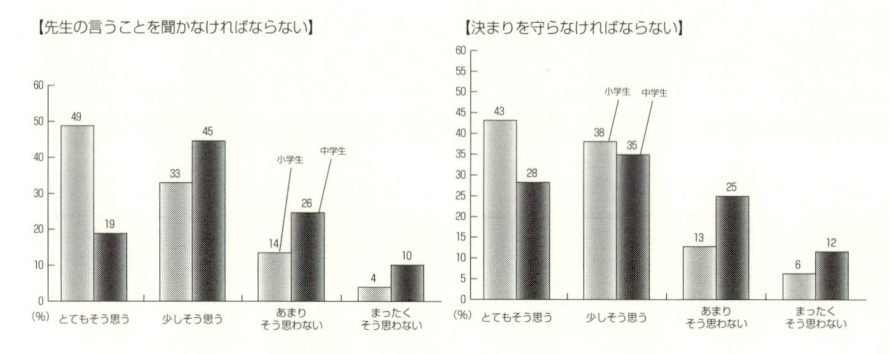

意欲が高い子ども：小学生75、中学生36
（すべての質問に「とてもそう思う」「少しそう思う」と答えた子）

意欲が中位の子ども：小学生22、中学生58
（中位とはいうものの意欲は低め。なんとかやっている子）

意欲が低い子ども：小学生3、中学生6
（すべての質問に「まったくそう思わない」「あまりそう思わない」と答えた子）

【先生の言うことを聞かなければならない】
とてもそう思う：小学生49、中学生19
少しそう思う：小学生33、中学生45
あまりそう思わない：小学生14、中学生26
まったくそう思わない：小学生4、中学生10

【決まりを守らなければならない】
とてもそう思う：小学生43、中学生28
少しそう思う：小学生38、中学生35
あまりそう思わない：小学生13、中学生25
まったくそう思わない：小学生6、中学生12

【係や掃除などクラスで決めたことはまじめにやる】
とてもそう思う：小学生57、中学生47
少しそう思う：小学生33、中学生39
あまりそう思わない：小学生8、中学生12
まったくそう思わない：小学生2、中学生2

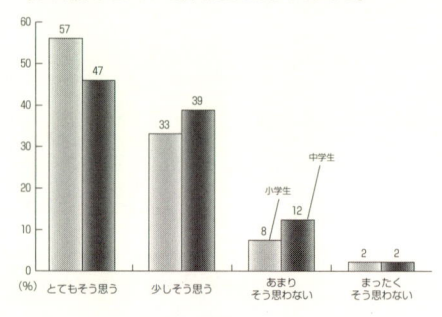

図8-3　規範意識（河村　2007）

これらの結果は次のように整理できる。

- 前向きな学習意欲を示しているのは，小学生では8割弱であるが，中学生では4割弱である
- 教師の指示を素直に受け入れようとするのは，小学生でほぼ半数，中学生ではほぼ2割である。一方，ネガティブな反応を小学生では2割弱，中学生では4割弱の子どもたちが示している
- 係活動や掃除活動に責任をもって取り組もうとするのは，小学生では6割弱であるが，中学生では5割弱になる。ネガティブな反応を小学生では1割，中学生では2割弱の子どもたちが示している
- 学級の決まりを遵守するのも，小学生では5割弱であるが，中学生では3割弱になる。ネガティブな反応を小学生では2割，中学生では4割弱の子どもたちが示している

〈基本的生活習慣の確立，学校教育に対する意識の低下〉

　学校教育において子どもが要請されることは，学習やさまざまな活動に取り組むことである。調査の結果を見ると，小学生では，学級集団を運営していく係活動などに責任をもって取り組むとする子どもが6割になってしまっている。そして，ネガティブな反応を示す子どもが確実に学級に2，3人は出現しているのである。学習活動は8割弱の子どもが意欲を見せているが，共同体的な係活動などに取り組む意識が低下しているのを見ると，子どもたちの学習が，学び合いの形で展開されるのはむずかしくなってくるだろう。中学生では，発達段階の面もあるが，結果は小学生よりも数段悪い数字になっている。

　また，学校教育における子どもへの要請の直接指示者である教師に対しても，その指示を素直に受け入れようとするのは小学校段階ですでに半数である。

　このような実態のなかで，学級に集まったほとんどの子どもたちに，基本的生活習慣を守る，社会・学校・学級のルールを守る，計画的に学習や活動に取り組む・努力する，自分の役割の責任をきちんと果たす，集団生活や活動のル

ールややり方を遵守する，などの共通する意識とそれに基づく行動パターンを確立させることは，教師にとってむずかしいことであると考えられる。

　教師が期待する学級の風土を形づくるにも，教師の考えを素直に支持する子どもたちが過半数を割っている状態（注1）で，個別の配慮が必要な2割くらいの子どもたちの個別対応をしながら行わなければならないのである。近年の保護者の家庭教育の問題，保護者対応の問題も深刻である。基本的生活習慣形成で個別配慮が必要な子どもたちは，家庭生活でそれらを身につける教育が不十分であると考えられる。この対応は幼少期から積み重ねた家庭教育の問題が背景に根ざしており，それを学童期から新たに身につけさせていくことはかなりむずかしい取組みである。その部分も，学校教育は補強していかなくてはならないからである。

2　子どもたちの友人関係の実態

Ⓓ集団内の子どもたちの自己開示傾向・愛他性の高まり
Ⓔ集団凝集性の高まり

　この要因を達成するためには，子ども同士の親密な交流が学級全体に広がっていることが求められる。現代の子どもたちの実態は，図のようになった。

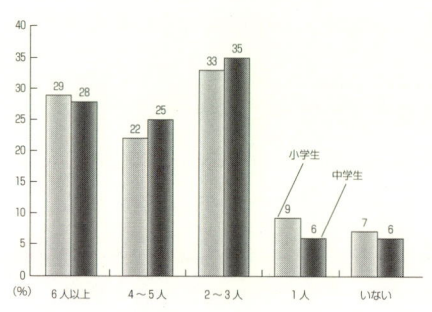

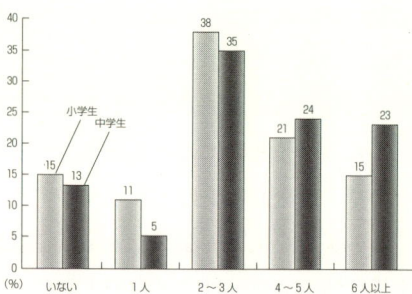

図8-4　何でも話せる友達の数（河村　2007）　図8-5　クラスで苦手な友達の数（河村　2007）

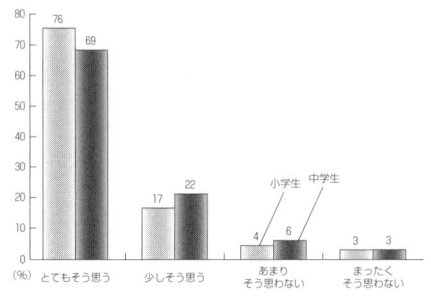

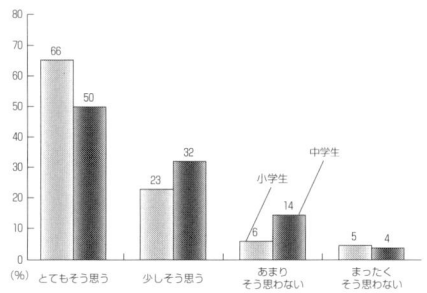

図8-6　友達を傷つけてはいけないと思うか
（河村　2007）

図8-7　みんなと仲よくしなければならないと思うか（河村　2007）

〈学級内の友人関係の希薄化〉

　現代の子どもたちは，不安のグルーピングで4人くらいまでの小グループを形成する状況が多く認められる。小グループは外に閉じている傾向があり，互いに対立する，排他的・防衛的になる傾向が考察される。小グループ内では他者の心情を気づかうような関係を続け，小グループ外の学級のクラスメートには気づかいやかかわりが乏しい状態である。小グループの利益が優先し，学級全体でまとまるという雰囲気が生まれにくいのである。

　そのため，学級全体に自己開示性と愛他性が高まりにくく，学級集団全体に対する集団凝集性を高めることはむずかしくなることだろう。「クラスメートはみんな仲間」という意識がもてなければ，集団機能・PM機能が子どもたち側から学級全体の子どもたちに対して発揮されることはなく，他のグループの子どもたちとはかかわりが希薄になり，防衛的で，他をけん制するような集団圧が高まり，ぴりぴりと緊張感のある学級の雰囲気が見られることが多くなると考えられる。当然，集団の同一視も生まれにくい状況である。

3　理想の学級集団形成のむずかしさ

　第5章で，理想の学級集団を育成していた教師たちは，次の内容について一定の方向づけをしながら，集団斉一性を高めるようにしていた。それは，基本

的生活習慣を守る，社会・学校・学級のルールを守る，計画的に学習や活動に取り組む・努力する，自分の役割の責任をきちんと果たすなどの個人の自律・自立に関することと，集団生活や活動のルールややり方を遵守する，協調的な人間関係を形成する，集団の和を尊重する，仲間同士助け合うなど，他者や集団とのかかわりに関することが中心となる。

　子どもたちの日常生活の行動も意識も，さらに友人関係形成のあり方も，学級全体で同一方向に向けることがとてもむずかしい現状にあることが，前項まででより明らかになった。学級崩壊の問題が注目され始めた1990年代半ばころから，学級に集う子どもたちの実態が変化したといわれている。子どもたちの実態を，教師の支援の必要レベルで考えるとわかりやすい。

　1次支援レベル——全体に指示すれば，自ら1人で取り組める子ども
　2次支援レベル——全体のなかで，個別にさりげない支援が必要な子ども
　3次支援レベル——全体活動に参加させる前に，個別に，特別な支援が必要な子ども

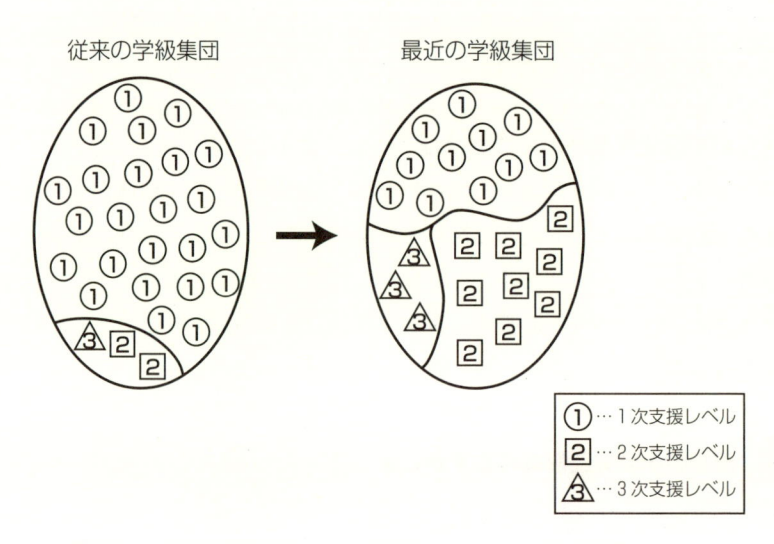

図8-8　学級を構成する子どもの支援レベルの分布の変化（河村　2009）

学級経営を行う教師の立場で考えると，学級のなかの各支援レベルの子どもの分布が，図8-8のように変化してきたといえるだろう。
　つまり，従来は1次支援レベルの子どもたちが学級の大部分を占め，教師は全体に向かって学級のルールや，期待される行動について一斉指導を中心に行うことができ，必要に応じて，2次支援レベル，3次支援レベルの子どもに対応すればよかったのである。
　従来のような状態は，教師の指導において次のようなメリットがある。

> ● 早期の段階で，学級の最低限のルールや期待される行動を理解させ，学級内に定着させることができる。そこからリーダーが生まれ，子どもたちの自発的な活動が生まれやすい
> ● 2次支援レベル，3次支援レベルの子どもの割合が少ないので，教師は余裕をもって個別対応をすることができる。その際，他の子どもたちは与えられた課題に独自に取り組んでいることができる
> ● 2次支援レベル，3次支援レベルの子どもを，子ども同士でサポートすることができる

　つまり，早い段階で一定水準の学級集団の状態が成立し，学習集団・生活集団として成熟していくなかで，モデル機能や集団圧力による行動の強化などがあった。そして，子どもたち個々が学習や学級活動に対する意欲を高め，それが主体的な行動を生み，心理社会的発達と学力の定着が相乗的に高まっていく，という図式が期待できたのである。
　しかし最近は，家庭や地域で，対人関係や社会参加の体験学習が少なく，2次支援レベル，3次支援レベルの子どもの比率がとても多くなり，従来の展開方法が望めなくなってきているのである。
　教育審議会の答申や学習指導要領でも，学校現場の問題の基底に子どもたちの基本的生活習慣，規範意識の問題があると指摘している。そして子ども同士の対人関係形成の必要性，学級経営の充実の必要性を指摘しているが，その方法論については言及されていない。そういうなかで，近年，多くの教師たちが

学級経営の展開にむずかしさを感じているのである。

注1：教師の勢力資源とは。子どもたちに指示がすっと入る，授業に集中させることができる，行事に意欲的に取り組ませることができる，このような教師は力のある教師ということができるだろう。では，子どもたちが，教師の指示や指導に従う，注意や叱責に耳を傾けるのは，どういう理由からだろうか。例えば，ある生徒が厳しいA先生の注意をおとなしく聞いているのは，A先生の注意を素直に聞かないと，もっと怒られると思うからかもしれない。あるいは，A先生の，なにごとにも正面からぶつかっていく態度に尊敬の念を感じていて，それでA先生の注意を素直に聞いているのかもしれない。このように，子どもたちには教師の指導を受け入れるだけの理由がある。子どもたちは，教師に何らかの勢力を感じていて，実はその勢力に従っている，と考える。心理学でいうところの「勢力資源」である。

その教師の勢力資源を研究したのが田崎敏昭（1979）である。田崎の研究では，小学生は教師に「外見性（教師の外見的な魅力に基づく）」と「正当性（「教師」「先生」という役割や社会的な地位に基づく）」の勢力資源を強く感じ，その指示に従っていることを指摘している。

筆者は同様の調査研究を1997年に実施したところ，「正当性」の勢力資源は独立して抽出されることはなかった。つまり，1980年くらいまでは，ほとんどの子どもが「先生」という社会的な役割の権威である教師の正当性に，強く従っていたことだろう。「先生の言うことを聞くのは，当たり前」という風潮が，日本の社会にも十分定着していたのである。それが，2000年に近づくころには，それだけでは子どもたちを従わせることができない現状があることを，この研究結果は物語っているのである。

第2節　現状の学級集団の実態から見る日本の学校教育の問題点

2004年に国際学力テストであるOECD「生徒の学習到達度調査」（PISA2003）が公表され，日本は読解力において世界8位から14位に低下したことに注目が集まり，しだいに小・中学校の「ゆとり教育」が厳しく批判され，新学習指導要領では，授業時間数が増やされ，学習内容も増やされた。「確かな学力」の育成を基盤とした「生きる力」の育成が強調されているのである。2006年より学力調査が復活し，放課後学習，夏休みの補習など，学校現場では子どもたちの学習時間と学習内容を増加させることで，学力の向上を図る流れが見られている。ただ，日本の学力問題は，単に学習時間数や学習内容量の問題だけなのだろうか。学力問題と不登校問題，いじめや規範の問題は相互に独立した問題なのだろうか。

1 日本の学級集団制度のあり方を根本的に検討する時期にきている

　従来，日本の学校教育は，学級という共同体の要素をもった集団を単位にして，子どもたちに生活や授業・活動の体験学習を，意図的に展開していくところに特徴がある。同じ集団に所属する子ども同士の協同の活動や，日々の集団生活のなかで発生する人間関係の建設的な相互作用が重要なのである。つまり，学級集団は子どもたちにとっての社会であり，そこでの生活や活動を通して，子どもたちに知識や社会性，対人関係能力，道徳意識を，統合的に身につけさせようというのが日本の学校教育の原理といえるだろう。授業は子ども同士の学び合いが重視され，知識学習の場だけではなく，同時に社会性，対人関係能力，道徳意識を身につける場でもあるのである。

　したがって，どんなにいい教育計画や教材があったとしても，それが展開される基本単位である学級集団が教育的な状態を有していなければ，教育効果は上がらないばかりか，逆にさまざまな問題が噴出してしまうのである。

　第4章の結果から考えると，日本の学力問題の背景には，学習環境である学級集団の状態の問題が背景にあり，それは子どもたちの学級適応などの問題と高い相関関係をもっていることが考えられる。「学力の低下」「いじめ」「不登校」「学級崩壊」は，それぞれ独自の問題ではなく，相互に相関の高い問題である。それらの問題の最大公約数の1つは，学級集団の状態が悪い，非教育的な相互作用が発生している，ということが考えられるのである。

　日本型の学級集団が成立しにくい現状があることを第1節で説明した。科学技術の進歩，高度産業社会，高度消費社会，情報化社会，経済的豊かさ，地域共同体の衰退など，社会の変化によって子どもたちを育てる家庭教育，地域社会教育の力が低下し，従来の日本型の理想の学級集団を形成するための条件が失われているためと考えられる。

　そのようななかで，日本の教育現場は，依然，学級集団を単位とした一斉指導を中心とした教育活動の展開を継続しているのである。そして，従来型の理想の学級集団の形成をめざすものの，現代の子どもたちの実態に応じてどのよ

うに学級経営を展開すればいいのかという方法論が見いだせないまま、多くの教師たちが苦戦しているのではないだろうか。

「仲間同士の学び合い」「自治のある集団活動」という建設的な相互作用のレベルよりもはるか下の、「最低限の集団生活・活動のルールを守る」「学校で学ぶための心身・社会性のレディネスがある」が十分にクリアされていないなかで、子ども自身の、また子ども同士のトラブルを抱えている学級が少なくないと思われる。そのため、計画どおりに教育内容が展開できないのである。

日本型の学校教育を展開していく学級集団を成立させることがむずかしい現状にあって、教師は学級集団を単位にした授業や諸々の活動の展開に苦戦している。結果、学級集団の状態によって教育効果に決定的に差が生じるのである。

このような状況を踏まえて、学校教育のあり方として、「現在の日本型の学級集団制度をどうするのか」という、システムに立ち返った根本的な検討を要する時期にきていると思われる。

2 地域差を考える

日本の学級集団制度を考えるうえで、現代の子どもたちの偏在性と遍在性の問題をきちんと理解しなければならないだろう。

「偏在性」とは、一部に偏って存在する子どもたちである。基本的な生活習慣、自律に関するルールや、集団生活に参加するルールが身についておらず、学習意欲、友達とかかわったり、学級全体で目標を定めてそれを計画的に達成していく取組みに関心を示さない子どもたちが各学級に2割弱の比率で存在しているのである（第1節参照）。このなかには障害をもっていたり、家庭・生育歴に問題のある個人的危機を抱えた子どもたちが含まれる。これらの子どもたちには、教師は一斉指導のなかだけではなく、個別に特別の対応や支援を十分しなければならない現状があるのである。

「遍在性」は、近年の多数の子どもたちに見られる発達的危機を伴った問題である。核家族化や少子化、地域社会の都市化の影響で、対人関係形成の体験学習が少なくなった現代の子どもたちは、周りに同調的になり、小グループを

形成し，私事的な行動をとる傾向が見られる。学級集団全体で，みんなで積極的にかかわり合って活動していく意識と意欲に乏しさが見られるのである。

　日本の教育現場は，この偏在性と遍在性の問題を抱え，両者の問題が曖昧になりながら，依然，学級集団を単位とした一斉指導を中心とした教育活動の展開を継続しているのである。しかし，子どもたちにとって居場所となり，建設的な切磋琢磨が生まれるような，相互交流を活性化する・学び合いが生まれる状態にするのがむずかしいのである。かつて，理想の学級集団を育成し，そのなかで良好な成果を上げていた教師でさえも，従来の学級集団の状態，展開をつくり出すことがむずかしくなっていると思われる（河村　2006）。

　偏在性と遍在性の問題は，その要因を考えると日本全国に均一的に広がっているわけではなく，地域ごとに温度差があることが想定される。1990年代半ばに，小学校でいわゆる学級崩壊の問題がマスコミに取り上げられたのは，大都市の東京と大阪の学校であった。

　文部科学省が発表し，学校現場がその結果に一喜一憂する指標として，学力調査と不登校調査がある。その両者が相対的に良好である地域を考えるとき，日本の学校現場が抱える問題を再認識させられる。

　ここで，理想の学級集団を成立させる条件を改めて考えてみよう。
Ⓒ集団斉一性が高くなっている
　・集団規範が多くの領域で共有されている
　・ルーティンの行動が多く見られる
Ⓓ集団内の子どもたちの自己開示性と愛他性が高まっている
Ⓔ集団凝集性が高まっている
Ⓕ集団機能・PM機能が子どもたち側から強く発揮されている
ⒼⒻを強化する集団圧が高まっている
Ⓗ集団同一視が強まっている

　これらの条件を成立させやすい環境とは，まず集団同一視を促す影響力の強さであろう。

　「集団同一視を促す影響力の強さ」とは，子どもたちの学校・学級への所属

意識のなかの同一視傾向（学校のきまりを守らなくてはならない，先生の指示には従わなくてはならない，みんなと同じように行動しなければならないなど）に，影響を与える環境的要因である。

　最も大きな要因として，子どもたちが育ち現実に居住している地域性の問題があげられる。地域性とは，何県というマクロ的なものではなく，その学校が存在している地域，子どもたちが住んでいる地域である。同じ県でも県庁所在地の都市部と単学級に近い郡部では，都市化・共同体崩壊の度合いがまったく違うからである。当然，郡部のほうが地域社会に共同体的な側面が残っている可能性が高く，子どもの学級集団への同一視を促す影響力の強さが大きいと考えられる。

　例えば，子どもたちの共同体の意識と行動を維持させる地域の特性として，次のような点が考えられる。

- 地域の人の顔が認識でき，行事を通した対人交流のあるような，ほどよい人口数と人口密度と人口移動の少ない地域
- 住んでいる人々の人口の流動性が低く，似たような考え方・生活，行動様式が見られ，地域の伝統的行事が多く残っている地域
朝夕，役所から時を告げる音楽が流れたり，地域の情報がアナウンスされたりするような地域
- 農業などの一次産業，地域に根ざした製造業，商業などの二次産業に従事している人が多く，そういう人々が地域で活動し，地域の人々とかかわることが多い地域

　逆に，子どもたちの共同体の意識と行動を希薄にさせる地域の特性として，次のような点が考えられる。

- ベッドタウン，新興住宅，団地，マンションの乱立した，他の地域から移住してきた住民が多く住む地域
- 都市部に通勤するサラリーマンがほとんどの地域

第2節　現状の学級集団の実態から見る日本の学校教育の問題点

> ●地域のつながり，住民が取り組む共同行事がほとんどない地域

　要するに，日本型の学級集団の成立の過程を考えれば，生活共同体の雰囲気をもつ日本型の理想の学級集団を成立させるには，地域に生活共同体の要素が強く残っている地域，住民同士のかかわりが相対的に強い地域が，好条件になることが想定されるのである。

　表8-1，2は，学力調査の結果が良好な県を示したものだが，これらの県は共同体の要素が強く残っている地域が，相対的に多く存在するのではないだろうか。

　つまり，学力調査の結果が良好な県，市町村，学校は，教師たちの学習指導が良好で，逆に学力調査の結果が下位の県，市町村，学校は，教師の学習指導に問題があると考えるのは，短絡的な面が多分にあると思われる。

表8-1　全国学力調査の上位都道府県（平成21年の回答率）（国立教育政策研究所　2009）

【小学生の総合回答率】

順位	都道府県	国語計	算数計	総計
01	秋田県	155.1	157.0	312.1
02	福井県	152.0	154.7	306.7
03	香川県	151.9	152.4	304.3
04	青森県	151.0	152.2	303.2
05	富山県	149.9	152.2	302.1

【中学生の総合回答率】

順位	都道府県	国語計	数学計	総計
01	福井県	161.9	147.9	309.8
02	富山県	162.7	143.1	305.8
03	秋田県	162.4	142.8	305.2
04	石川県	159.8	141.4	301.2
05	岐阜県	159.2	141.1	300.3

表8-2　全国学力調査の上位都道府県（平成20年の回答率）（国立教育政策研究所　2008）

【小学生の総合回答率】

順位	都道府県	国語計	算数計	総計
01	秋田県	137.3	139.6	276.9
02	福井県	128.0	134.8	262.8
03	青森県	125.8	131.0	256.8
04	富山県	123.1	131.1	254.2
05	東京都	122.6	129.9	252.5

【中学生の総合回答率】

順位	都道府県	国語計	数学計	総計
01	福井県	145.7	130.6	276.3
02	秋田県	145.4	124.8	270.2
03	富山県	145.1	125.0	270.1
04	岐阜県	141.0	119.8	260.8
05	石川県	140.2	119.5	259.7

第8章　近年の日本型学級集団形成のむずかしさ

　教師が行う学習指導とガイダンス機能が完全に独立していないのが、日本の学校教育の特徴であり、教師が行う授業のなかにも、多分に生徒指導、教育相談、進路指導の要素は溶け込んでいるのである。
　学力調査の結果が下位の県、市町村、学校は、一斉授業を成立させることがむずかしい、学習環境としての理想の学級集団を成立させることがむずかしい面がある、授業中でも生徒指導面への対応をしなければならない比率が高い、という点を見逃してはならないだろう(注1)。

注1：学級崩壊について、(財)教育調査研究所（研究紀要第89号「学級崩壊・授業崩壊の予防と対策」2009）が、2008年に都市部の小・中学校の管理職および教師、区・市教育委員会を対象に、学級崩壊・授業崩壊がどの程度の割合で起こっているのかを調査した（表8-3、4）。

表8-3　学級崩壊の実態（小・中学校の管理職および教師の回答）(教育調査研究所　2009)

	小学校（118校）		中学校（60校）		不明（4校）	
	校数（校）	割合（%）	校数（校）	割合（%）	校数（校）	割合（%）
学級崩壊	39	33.1	7	11.7	0	0.0

表8-4　学級崩壊の実態（教育委員会回答）(教育調査研究所　2009)

18区市	小学校		中学校		不明	
	校数（校）	割合（%）	校数（校）	割合（%）	校数（校）	割合（%）
学級崩壊	12	66.7	5	27.8	2	11.1

　小・中学校の管理職および教師は、小学校の1/3程度、中学校の1/10強の学校に、学級崩壊が生じ、授業崩壊では中学校の1/4の学校で起こっていることを報告している。特に、区・市教育委員会の回答では、管内で、小学校2/3程度、中学校1/4強の割合で学級崩壊を確認し、小学校2/3強、中学校の1/3の割合で、各教育委員会は授業崩壊を確認していることを報告している。サンプル数が少ないので一般化は慎重にしなければならないが、都市部では学級崩壊や授業崩壊が高い割合で発生していることに注目する必要があることを指摘している。

第3節 学級集団育成の視点から考える「ゆとり教育」の問題

　1977年以来「ゆとり教育」政策が進められ，1998年の改訂学習指導要領では，学習内容の3割削減，完全学校週5日制など，人間中心の教育課程が形になったといえる。1995年に始まった「スクールカウンセラー活用調査研究委託事業」も一連の流れに位置づけられる。しかしこの間，不登校問題は改善されず，新たに学級崩壊の問題が社会問題化しだしたのである。

　そして2004年に，国際学力テストOECD「生徒の学習到達度調査」（PISA 2003）が公表され，日本は読解力が世界8位から14位に低下したことに注目が集まり，「ゆとり教育」が厳しく批判されるようになった。

　現在，「ゆとり教育」政策への批判は学習時間の削減に注目が集まっている。したがって，2008年の学習指導要領では1998年版で大幅に削られた各教科の指導内容をかなり復活している。その結果，小学校低学年では週2時間，中・高学年と中学校では週1時間，授業時間数が増加した。

　ここで忘れてはならないのは，「ゆとり教育」の名のもとで削減されたのは，学習時間だけではない，多くの学校行事が削減されたということである。

　学校行事の目的は行事ごとにそれぞれあるが，学級集団形成の視点から見ると，学校行事というイベントに学級集団で取り組むことを通して，教師たちは子どもたちを組織し，かかわらせながら，学級という集団形成を図っていた面が大きいといえる。

　運動会や体育祭，学芸会や合唱祭，遠足などの行事に取り組む目標などが，学級の全体集団や小集団・班で作成する場が設定され，子どもたちが共同で活動する場面が数多く展開されるのである。このなかで，普段の授業ではかかわることの少ない子ども同士も役割活動を通してかかわり合ったり，学習活動では承認されにくい子どもたちが活躍する場面が生み出されていったのではないだろうか。そして，みんなで取り組んだ協同体験をていねいに振り返り，それぞれの取組みの意味やがんばりを認め合い，子どもたちの一体感，学級集団の

まとまりを培っていたのである。

「運動会は当日だけではなく，運動会の練習を含めた取組み全体が運動会である」という言葉を，よく教師たちから耳にするが，まさに行事に学級全体で取り組む教師側の意義を言い表しているといえる。

つまり，大小の学校行事の削減は，学級集団育成の時間と場面を大きく減少させたのである。もちろん，削減しなければ，授業時間数の関係で，タイトな時間割になり，かつ，教師の対応も日々かなり多忙なものになることはいうまでもない。ただ，教師たちは学級集団育成の時間と場面を減少させながら，学級経営をし，子どもたちに対応していく状況になっていたのである。

日本の学校教育が学級という集団を単位にして，学習指導とガイダンスを統合して行っていくという特徴を踏まえるなら，学級集団育成の時間と場面をほかの形で保障しなければならないだろう。さもなければ，教師たちは従来のような学級集団を形成し，そのなかで一斉授業や活動を展開することがむずかしくなるのは当然の結果なのではないだろうか。

引用文献

河村茂雄，田上不二夫　1997　児童のスクール・モラールと担任教師の勢力資源認知との関係についての調査研究　カウンセリング研究　30（1），11-17．
河村茂雄　1998　崩壊しない学級経営をめざして－教師・学級集団のタイプでみる学級経営　学事出版
河村茂雄　1999　学級崩壊に学ぶ－崩壊のメカニズムを絶つ教師の知識と技術　誠信書房
河村茂雄　2000　学級崩壊　予防・回復マニュアル　図書文化
河村茂雄　2006　変化に直面した教師たち　誠信書房
河村茂雄　2007　データが語る②子どもの実態　図書文化
河村茂雄　2009　個と集団を育てる学級づくりスキルアップ　児童心理4月号臨時増刊　No.894
國分康孝（監）　1997　スクールカウンセリング事典　東京書籍
学級経営研究会　1998　学級経営の充実に関する調査研究（中間まとめ）
教育調査研究所　2009　研究紀要第89号　学級崩壊・授業崩壊の予防と対策　財団法人教育調査研究所
田崎敏昭　1979　児童・生徒による教師の勢力資源の認知　実験社会心理学研究　20，137-145．
全国連合小学校長会　2006　学級経営上の諸問題に関する現状と具体的対応策の調査
国立教育政策研究所　2008　平成20年度全国学力・学習状況調査　調査結果について
　　http://www.nier.go.jp/08chousakekka/index.htm　（2010年2月現在）
国立教育政策研究所　2009　平成21年度全国学力・学習状況調査　調査結果について
　　http://www.nier.go.jp/09chousakekka/index.htm　（2010年2月現在）

参考文献

河村茂雄　2002　教師のためのソーシャル・スキル　誠信書房

第**9**章

日本の学校教育の
ガイダンス機能について
の再考

　日本の学校は，教科学習とともに課外活動を積極的に実施する英米型に属し，生徒指導の概念は，アメリカのガイダンスカウンセリングをモデルにしている。これは個人的社会的発達の援助や教育相談を骨子に，すべての児童生徒の学校生活を援助する役割である。したがって生徒指導は，教育相談，進路指導とオーバーラップする。アメリカでは複数の専門家が担当し，日本では学習指導を担当する教師がその役割も担っている。本章では日本のガイダンスの問題点を整理し，日本型の学級集団制度のもとでのガイダンス機能のあり方を考える。

第1節 過去の日本のガイダンスの問題点

　戦後学校教育の変遷として，まず1958（昭和33）年版学習指導要領は，基礎学力の充実，科学技術教育の重視がうたわれ，一定の知識や技能を注入する系統主義的な学習が強調された。そして日本の経済的成功が達成された。

しかし1970年代半ば以降，校内暴力，いじめ，不登校の問題が頻発し，その原因を，受験競争のプレッシャーと画一的・管理的な教育が背景にあるなど，日本の学校教育の特徴に求める声が高まった。

そのようななかで，1977（昭和52）年版学習指導要領からは前回とは反対に，「ゆとり」と「精選」が強調されるようになり，2008（平成20）年版学習指導要領の前までこの流れは続く。学問中心から人間中心への転換といわれ，子どもたち一人一人の体験が重視される経験主義的な学習が志向された。

系統主義的な学習活動が強調されるとき，学習環境としての学級集団は機能体の面が強くなるだろう。反対に，経験主義的な学習が志向され心の発達が強調されるとき，学級集団には共同体の面がより求められると思われる。

1977年から2007年までは，失われた30年などといわれ，学力低下問題の原因はこの時期のゆとり政策が原因であるとの言論が聞かれる。実際に学校現場は，ゆとり政策でゆるみが出るような実態に陥ったのだろうか。まずこの政策が出される背景要因の1つでもあった不登校の問題から考える。

1 不登校問題から見えてくるもの

(1) 管理教育からの方針転換

1977（昭和52）年版学習指導要領の実施後，管理教育に関して臨時教育審議会（1985）は，学校現場の一部に見られる服装を細かく規制するなどの過度に形式主義的な管理教育や体罰を是正し，学校に自由と規律の毅然とした風紀を回復する必要性を指摘している。学習指導要領が変わって10年近く経ても，政府が教育問題に関して，学校現場に根強く残る管理教育是正についての答申を出している現状があった。

さらに，文部省の学校基本調査（1995年）は，前年度の不登校（登校拒否）児童生徒は10年前に比べて4.7倍になっていることを発表している。つまり，不登校などの問題の深刻化から大きく方針転換した1977年版学習指導要領の実施後20年弱たっても，不登校の児童生徒はかなり増加し，不登校問題は解決の方向には向かわなかったのだ。この要因には何があるのだろう。

その後，文部省は1991年度に不登校のとらえ方を「本人の性格がおもな原因」とする考えから，「学校生活にも要因があり，どの児童生徒にも起こりうる」と転換した。これは現行の学校教育のあり方を問い直す必要性を示唆したと考えられる。学校現場の問題としては，学習指導要領に基づくカリキュラムの編成や各学校の教育計画などの学校の制度的問題と，教育を実践している教師の態度および指導行動や児童生徒への対応行動の問題，の2つの視点が考えられる。

　前者について，文部省は1993年から学校教育の学習指導面で学歴偏重是正として「偏差値教育追放」，知育偏重是正として，児童生徒の意欲を重視した「新しい学力観」による学校教育の実施を進めてきた。しかしその政策が学校現場に浸透するには時間がかかり，後者の問題として学校現場では依然として画一的な管理教育が実施されているという指摘がなされている。

(2) スクールカウンセラー制度の導入

　ガイダンス面では，教師たちだけで運営されている日本の学校教育制度に，「外部の専門家」を導入することで，その閉鎖性に風穴をあけるという教育改革の側面をもった日本のスクールカウンセラー制度が，1995（平成7）年，文部省の「スクールカウンセラー活用調査研究委託事業」からスタートした。

　横湯（1992）は，不登校中の児童生徒に対してその理由を調査したところ，友達の問題に次いで，2番目に「学校独特の雰囲気」に耐えられなかったことが多かったことを指摘している。「学校独特の雰囲気」とは，授業や特別活動のカリキュラムの過密化した状態，競争原理にそった学習活動やその評価に対する個人的なプライバシーの保護の欠如傾向，集団行動を強いられること，管理・規則が厳しいことの多い学校生活などを指していると考えられる。そして児童生徒に学校独特の雰囲気を感じさせる理由として，教師の強迫的ともいえる画一的な態度や指導行動があることを指摘している。

　筆者も，1990年代後半から，学校教育における教師の管理的な指導について調査研究を続け（河村ら　1996a，b，1997，1998a，b，1999a，b），一部の管理意識の強い教師は子どもたちに特有の管理的な対応を実施している傾向が

表9-1 教師特有のビリーフ（河村・田上 1997）

カテゴリー		専門科目教師の認知	学級の児童の認知	H群	L群
児童を認知する基準や枠組み	基準や枠組みが限定される傾向	・学級の児童を「よい子」と「悪い子」に明確に分けているような言動が多い	・えこひいきする	74.7	7.8
			・いつも同じ人ばかりをほめる	70.4	7.6
			・気に入った人とそうでない人との接し方が違う	63.8	6.5
			・質問すると，聞いていないからだと決めつける	51.3	4.3
			・いやなことがあって相談しても，しっかり聞いてくれない	50.2	3.7
	児童の個性を認める広い基準や枠組み	・学級の児童をポジティブにとらえている	・ひいきしない	2.7	70.2
		・学級の児童の1人1人についてよく知っている	・生徒の意見を聞いて取り入れてくれる	5.8	68.3
			・質問するとやさしく教えてくれる	5.8	68.3
コミュニケーション・ユーモア	欠如する傾向	・児童と親しく接することが少ない	・授業がつまらない，単調である	79.8	8.7
			・話がつまらない	71.4	5.2
			・先生と個人的な話をすることが少ない	57.6	6.8
	豊かな傾向	・ユーモアのある態度で児童に接している	・授業がおもしろい	2.8	72.9
		・児童とふれあう時間が多い	・先生と一緒にいると楽しい	4.7	71.2
			・先生からよく話しかけてくれる	5.7	61.8
リーダーシップ	権威的・管理的な傾向	・児童に対応する態度に権威的な面がある	・学校のきまりをおしつける	66.8	8.6
		・児童を管理しようとする面がある	・細かいことをいちいち注意する	62.7	3.7
			・厳しい，すぐ怒ったりどなったりする	58.4	6.3
			・ものを言うときに命令するように言う	57.3	3.8
	バランスのとれた傾向	・積極的で指導にメリハリがある	・厳しいときもあるけど，やさしい	7.9	70.5
		・明るくサッパリしており，児童をくどくどしかることが少ない	・よく声をかけてくれて励ましてくれる	7.5	69.6
		・児童個々に細かく対応している	・怒るときは厳しい	46.2	57.8

（注）数値の単位は％である
H群：「～すべきである」という意識が相対的に強い
L群：「～すべきである」という意識が相対的に弱い

表9-2 教師のイラショナルビリーフとその影響（河村・國分 1996a）

教師の強迫性尺度の得点群ごとの平均モラール得点および3つの下位尺度得点と標準偏差（N=105）

教師群	平均モラール得点 平均値	学級の雰囲気 平均値	級友との関係 平均値	学習意欲 平均値	学級数
L群	28.12(1.94)	9.30(.74)	9.35(1.22)	9.32(.82)	31
M群	26.43(1.98)	8.75(.99)	8.78(1.41)	8.90(.75)	40
H群	25.02(1.57)	8.24(.78)	8.18(.85)	8.81(.56)	34

（ ）内は標準偏差　　　　　　　　　　　　　　　　　*:p<.05

見られること（表9-1），そしてそのような教師が担任する学級集団では，子どもたちの友人関係や学習意欲，学級活動へのかかわりなどのスクールモラールが，他の学級と比較して有意に低くなっていることを明らかにした（表9-2）。

したがって，不登校問題から見ていくと，学習指導要領の「ゆとり」政策そのものにすべての問題の原因を帰属して考えるには無理があると思われる。その政策を展開していく学校現場が，新たな学習指導要領の理念や方針と日本型の学級集団制度の目的や特性を折り合わせ，新たな学習指導要領の理念にそった効果的な学習指導や生徒指導・学級経営に結びつけることができなかった面もあったことを見逃してはならないだろう。

一定の比率の教師たちの間で画一的な管理的な指導行動が行われていたこと，そしてそのような教師たちへの，適切な対応に修正するための指導や研修が十分ではなかったことなどが，要因として大きいと思われる。

近藤（1988）は，教師が児童生徒を認知する基準や枠組が極端に限定される状況として，教師が児童生徒をとらえる枠組が多様性を欠く，つまり「学力・学習意欲・積極性」と「行動の統制・生活態度」という，教師がその役割として不可避的にもたざるをえない2つの視点だけに限定されたときであることを明らかにした。そして，そのような状況で行われる教師の指導は，児童生徒のスクールモラールの構造，ひいては学級集団の構造にまで大きな影響を与えていることを指摘している。

つまり一部の教師たちは，学習指導要領の内容如何にかかわらず，特有の管理的な考え方やそれに基づく指導行動を行いがちであり，その数は少なくないと考えられる。このことは，2008年度に新しい学習指導要領がスタートしても，その理念や内容が学校現場の教師たちにしっかり理解され，日本型の学級集団制度に位置づいて具体的な教育実践や学級経営に結びつけることができないなら，以前と同じような結果にいたることが危惧されるのである。

その背景には，日本の学校教育の特性ともいえる，①固定されたメンバーで生活面やさまざまな活動を学級で取り組む日本型の学級集団制度，②学習指導

とガイダンスを教師が統合して実施していくという指導体制と，どう折り合いをつけていくかという問題があるのである。

2 日本の教員養成の課題
(1) 教師が行う学級経営とは

　第1章でも見てきたとおり，日本の学級集団制度は，他の国々と比べるときわめて特徴的である。教科や教科外も含めて学級集団を単位にして営まれる学校生活や，さまざまな活動の多さは特筆に値する。そして，その対応の計画・運営のほとんどを任されるのが学級担任である教師である。自分の担任する学級集団に対する責任，学級経営に関する教師の負担はかなり重くなる。

　さらに日本の学校では，生徒指導や各教科，特別活動，道徳教育も学級集団を単位として実施されることが大部分である。つまり，学級集団に対する対応，学級経営は，日本では生徒指導や各教科，特別活動，道徳教育を実施するうえでの基盤になっているのである。例えば，学級が荒れてくると，途端に授業の展開に支障をきたすようになる。逆に，子どもたちが生き生きと授業に参加できているとき，学級集団は活気に満ち，建設的にまとまっているものである。授業は学級経営における中心領域だからである。

　つまり，教師は授業を展開しながら，同時に，学級づくりも生徒指導もしているのである。授業のよしあしは，学級経営の状況が反映されている。したがって，どんなにいい授業案があっても，それを授業案どおりに，いやそれ以上に展開させることができる学級もあれば，その授業案では授業を進められない学級もあるわけである。学習指導に生徒指導が密接に関係し，それを覆う形で学級集団の育成があるのである。日本の制度のもとでは，学習指導と生徒指導・学級経営は完全に独立した取組みではなく，むしろオーバーラップしている領域が，英米と比較してとても多いのである（図1-1，P.20参照）。

　担任教師が行う学級経営とは，学級集団の育成，学習指導，生徒指導・教育相談・進路指導，生活面での対応，係活動などの課外活動の推進，家庭との調整など，すべてを含んだ教育実践の総体を意味する。学級経営は，この広く複

合的な領域の内容を，児童生徒の実態に応じて統合し効率的に展開していく，学校教育が具現化される「小さな全体」なのである。

(2) 教員養成課程の問題点とは

このような状況のなかで，大学の学部教育における教員養成課程で，学級経営に関する独立した科目はほとんどないのが現状である。表9-3は早稲田大学の教職科目に関する科目（必修）である。ここにも独立した形で学級集団や学級経営に関する科目は設定されていない。他の大学もほとんど同様であろう。教科に関する科目，生徒指導や進路指導，教育相談に関する科目がそれぞれ独立して開設されており，学生たちはそれらの科目をそれぞれ学んでいく。

表9-3　早稲田大学の教職科目に関する科目（必修）（2009）

早稲田大学設置科目名	
「教職概論（小・中・高）」または「教職概論（中・高）」	道徳教育論（小・中・高）（中学のみ必修）
「教育基礎総論1（小・中・高）」および「教育基礎総論2（小・中・高）」または2008年度配当の「教育基礎総論（小・中・高）」または2008年度配当の「教育基礎総論（中・高）」	「特別活動論（小・中・高）」または「特別活動論（中・高）」
	教育方法研究（小・中・高）
教育心理学（小・中・高）	「生徒指導・進路指導論（小・中・高）」または「生徒指導・進路指導論（中・高）」
「教育課程編成論（小・中・高）」または「教育課程編成論（中・高）」（旧：教育原理の一部）	生徒理解と教育相談（小・中・高）
教科教育法1・2	「総合演習（小・中・高）」または「総合演習（中・高）」
	教育実習演習（中学）※実習期間=3週間（中学必修）
教科教育法3（中学のみ必修）	教育実習演習（高校）※実習期間=2週間（高校必修）

それらの知識や技能をどう統合して対応していくのかという，日本の学級で具体的な教育実践につながる全体的なストラテジーとなる学級経営についての，体系的な科目は設定されていない。学級経営に関しては，せいぜい教育実習で配属された学級の様子を3，4週間観察するくらいである。

現職の教師たちも同様である。教師になってから先輩教師から指導を受ける，他の教師の学級経営をモデルにして自分のやり方を形づくっていくというパターンが一般的である。教師文化は，きわめて伝承的な側面が強く，その結果，地域の特有さも生まれてくる可能性が高いのである。

日本のほとんどの教師が日本の小・中・高校の学級集団のなかで生活してきており，学級集団の存在がお互いに自明のこととなり，あらためて日本の「学級集団」とは，「学級経営」とは，という問いが生まれない。それをお互いが共通理解していると錯覚しており，そこに教師間のとらえ方の差が生じているのではないだろうか。それがそのまま，学習指導やガイダンスの発揮の仕方など，トータルな学級経営の方針にその教師の考えが反映されていく結果，教師間で，望ましい「学級集団のあり方」「授業のあり方」「生徒指導のあり方」に温度差が生まれることになる。

　教育政策として，日本型の学級集団制度を今後も継続し，そのなかで学習指導と生徒指導を統合して教師が対応していくならば，「学級経営」がしっかりと体系化されていかなければならない。そのためには，学級経営に関する科目を教員養成段階で設置する，教員研修のなかにもしっかりと位置づけ，教師の学級経営に関する考え方，対応の方向性について最低限の共通理解を図っていくことが求められるであろう。そのうえで，オーソドックスな学級経営を展開していくための，具体的なスキルの研修が求められるのである。

第2節　日本型の学級集団制度のもとでのガイダンス機能とは

　日本の学校教育のガイダンスである生徒指導，教育相談，進路指導は，各学校にはそれぞれ校務分掌として生徒指導部，教育相談部，進路指導部があり（各部は独立または統合されている場合がある），その方針のもとで，担任教師が担任する学級の児童生徒に対して具体的に対応していくのが一般的である。

　つまり，学級担任の教師は，児童生徒へ授業を実施するのみならず，児童生徒個々の生徒指導，教育相談，進路指導のすべてを担当しながら，児童生徒たちを集団に適応させ，関係づくりをし，相互交流をさせ，学び合う・支え合うシステムを形成し，子どもたちに一定レベルの学習内容を定着させ，社会性やコミュニケーション能力，道徳性や発達段階に見合った心理社会的な発達を促

していくことが求められるのである。このような，すべての対応の総体が「学級経営」という言葉で表されるのである。

したがって教師の一般的な意識として，「学級経営」とは，児童生徒たちを集団として単に規律の管理をしていくことではなく，児童生徒たちを学級という集団としてまとめ，集団のなかで教育していく手だてが，個々や全体に対しての生徒指導，教育相談，進路指導であるといえる。つまり，教師が行う授業のなかにも，多分に生徒指導，教育相談，進路指導の要素は溶け込んでいるのである。教師が行う学習指導とガイダンスが完全に独立していないのである。

このような日本の学校教育は，児童生徒をトータルに教育できるという点が大きなメリットである。小学校では特にこの面が著しい。しかし，逆の方向に展開すると，学習指導も生徒指導も相乗的に悪化していくシステムなのである。

1 日本型の学級集団制度のもとでのガイダンスの発揮のあり方

生徒指導（guidance）とは「児童生徒の人間性，個人的成長を援助する教育活動」と定義される。文部科学省は，すべての児童生徒の個別的・発達的な特性をとらえたうえで，児童生徒の人格全体に働きかけ，学校生活や将来の社会生活での適応と自己実現を図っていくこと，としている。そしてその特性として，次の点を強調している。

・学校で行われるすべての教育活動を通じて行われるもの
・援助とは，教科のように体系的な知識を与えるとか，まとまった"しつけ"・訓練を行うというような，教師主導で一定の行動や態度，考え方を注入するものではない
・児童生徒が自分の生き方を，セルフ・コントロールできるような力（生きる力）を身につけることを支援する

教育相談，進路指導も最終的な目的は生徒指導と同じであり，生徒指導のなかに含まれる領域のものであり，統合されて展開されるべきものなのである。

(1) 3つの援助レベル

石隈（1999）は学校心理学の考え方から，ガイダンス的対応を援助レベルで

とらえることを指摘している。3つの援助レベルに即した対応である。

> ・1次援助……すべての子どもがもつ発達上のニーズに対応する援助
> 　　　　　　　（友達とのつき合い方，進路指導など）
> ・2次援助……教育指導上配慮を要する子どもへの援助
> 　　　　　　　（不登校傾向，不安の強い生徒など）
> ・3次援助……特別な援助が個別に必要な子どもに対する援助
> 　　　　　　　（不登校，いじめ，ＬＤなど）

　各援助レベルの内容のなかに，学級集団形成や狭義の生徒指導や教育相談，進路指導の領域の対応が内包されているのである。かつ，それらの対応は明確に分けることはできない。
　例えば，逸脱行動をしている生徒の狭義の生徒指導の対応の背景には，先々の展望が見えない焦燥感が現在の行動に結びついているという進路指導の問題が存在したり，逸脱行動という目立つ行動をして自己顕示することで友達の注目を集めたいという心理的な教育相談が求められる面があるからである。つまり，狭義の生徒指導や教育相談，進路指導は統合されており，その児童生徒の抱える問題の特性に応じて，その比重が異なると考えるべきものなのである（むずかしいのは，子どもの逸脱行動は授業中にも頻繁に起こり，教師は学習指導中も生徒指導を行っていかなければならない点である）。

(2) 各レベルで必要とされる対応

　一般的な学級（特別な対応を必要としない）を例にとり，各レベルで必要とされる専門領域を考えると次のようになるだろう。
　〈1次援助……すべての子どもがもつ発達上のニーズに対応する援助〉
　1次援助レベルの段階では，児童生徒個々の心情面に配慮しながらの教師と児童生徒，児童生徒同士の親和的な関係形成と，ルールと親和的な人間関係がともに確立するような学級集団形成に重点がおかれた対応が主になるだろう。したがって教師は，グループアプローチの知識と技能が求められる。
　また，係活動や掃除などの当番活動，さらに学習や学級活動をスムーズに展

開するには児童生徒に特定のルールや行動様式を共有化させる必要があり、そのためにはソーシャルスキル・トレーニング（注1）の要素を加味した対応が求められるだろう。

〈2次援助……教育指導上配慮を要する子どもへの援助〉

　教師が2次援助レベルで行う対応は、教師や児童生徒相互の関係形成や学級集団に居場所が見いだせないで不適切な行動をとってしまっている児童生徒を早期に発見して、個別の教育相談的な対応をすることに重点がおかれるだろう。したがって教師は、カウンセリング、ソーシャルワーク、特別支援の知識と技能が求められるのである。

〈3次援助……特別な援助が個別に必要な子どもに対する援助〉

　学級内には、当初から3次援助レベルの対応を必要とする児童生徒が一定数存在するのが一般的で、教師はその児童生徒の特性に応じた対応を、個別にしていくことになる。この傾向は家庭教育の低下の問題、通常学級で特別支援教育を推進することと相まって、年々高まっている。したがって教師は、不登校、非行臨床の面も含めたカウンセリング、ソーシャルワーク、特別支援の知識と技能が求められるのである。

(3) 3つの援助レベルの連続性

　3つの援助レベルは各児童生徒個人に固定されているものではなく、その児童生徒個人のそのときの状況によって、1次援助レベル――2次援助レベル――3次援助レベルと変化する。例えば、休み明けの登校しぶりが見られる生徒（2次援助レベル）の対応が見過ごされたり、十分でなかった場合に、その後その生徒が不登校になってしまった（3次援助レベル）というケースはとても多いのである。

　代表的な各援助レベルの連続性を示すケースには次のような流れが考えられる。

①各援助レベルと子どもの問題【非行】

児童生徒の実態────・ソーシャルスキルの学習不足
　　　　　　　　　　・偏ったソーシャルスキルの定着

〈児童生徒の行動・心情〉

１次援助レベル…・浮いたマイペースの行動・態度
　　　　　　　　・責任の欠如した行動・態度
　　　　　　　　・無気力　　・学習習慣の欠如による学力不振

⬇

２次援助レベル…・ルールの逸脱
　　　　　　　　・自己顕示的な服装・行動，自己中心的な行動
　　　　　　　　・極度の学力不振・学習放棄
　　　　　　　　・教師への反発

⬇

３次援助レベル…　非行・退学，授業妨害，教師への反抗

②各援助レベルと子どもの問題【いじめ被害・不登校】

児童生徒の実態────・ナーシシズム（注２）が強い
　　　　　　　　　　・ソーシャルスキルの学習不足

〈児童生徒の行動・心情〉

１次援助レベル…・表面的な関係・友達ができない
　　　　　　　　・不安のペアリング行動　　・同調行動

⬇

２次援助レベル…・孤立・排斥
　　　　　　　　引っ込み思案／セルフモニタリングができない（自分がおかれた状況，そのなかでどう行動すればいいのかわからない）／対人形成スキルの学習不足
　　　　　　　　・対人関係の軋轢・小グループ間対立
　　　　　　　　対人関係維持スキルの学習不足

⬇

３次援助レベル…　いじめ被害・不登校

③各援助レベルと子どもの問題【学級崩壊・授業不成立】

児童生徒の実態────・集団参加スキルの学習不足

〈児童生徒の行動・心情〉

1次援助レベル…・不安の小グループ行動
　　　　　　　・グループ内での強い同調行動
　　　　　　　・閉じた小グループ行動
　　　　　　　・学習・生活ルールの乱れ

⬇

2次援助レベル…・小グループ間対立　・グループ間の地位の階層化
　　　　　　　・グループ内の地位の階層化　・学級内の地位の階層化
　　　　　　　・学級全体活動の低下　・学級内のルールの崩れ
　　　　　　　・引き下げ行為の顕在化（陰口，中傷，まじめな子への冷やかし）
　　　　　　　・教師への反発，指示の無視

⬇

3次援助レベル…　学級崩壊・授業不成立

(4) 教師に求められるガイダンスの技量

　以上の各援助レベルの連続性の流れを見ていくと，1次援助レベル，2次援助レベルでの段階で教師が適切な対応を十分に行うことができたら（学期初めから3次援助レベルの対応が必要な児童生徒が複数いた場合，その対応を重点的にしなくてはならないのは言うまでもない），教師が行う3次援助レベルの対応は相対的に少なくなる。

　1次と2次の援助レベルで十分対応ができていれば，児童生徒相互に親和的な関係が築かれ，学級集団はルールとリレーションが確立した，自治のある成熟した集団（第5章参照）になっているはずである。教師が直接対応しなくても，児童生徒相互に愛他性が高まり，ピアカウンセリング（仲間同士でカウンセリングし合うこと）が自然発生的に生まれ，そうなれば授業でも私語や逸脱行動は少なくなり，教師も注意や叱責の対応で時間をとられることはない。教科のもつ知的興味を喚起する内容について，児童生徒相互が自分たちの考えを出し合いながら，学び合い・高め合う展開をとることができるからである。

　言うまでもないが，教師が特定の援助レベルの対応をメインに実施しているときでも，他の1次援助レベル，2次援助レベル，3次援助レベルの対応は，適宜継続していくことが求められるのである。

　つまり，日本の教師はガイダンス機能を発揮するために，学級の児童生徒個々の援助レベルを見きわめ，一斉指導と個別指導を統合的に継続的に行っていくことが求められる。そして，その際に求められる知識と技能は，グループアプローチ，カウンセリング，ソーシャルワーク（社会福祉の実践体系），特別支援，非行臨床，キャリア教育，ソーシャルスキル・トレーニングなど多岐にわたり，それらを問題に応じて統合的に展開する技量が必要とされるのである。

2　現状としてのガイダンス機能の展開・教師の個人差

　日本の教師はガイダンス機能を発揮するために，多岐にわたる知識と技能と，それらを統合して展開するアセスメント（注3）を含めた技量を求められるこ

とになる。それも最も仕事量の比重の大きい学習指導を行いながらである。

(1) ガイダンス機能の分業

　ここに1人の教師の取り組める仕事量の問題がある。学習指導，グループアプローチ，カウンセリング，ソーシャルワーク，特別支援，非行臨床など多岐にわたる知識と技能を一定レベルまで獲得するというのは理想であるが，現実的には十分ではなく，校内の教師たちがそれぞれの得意な領域を担当するという分業の発想が出てくる。

　多くの学校で，校内の校務分掌の組織では，非行や逸脱行動などの矯正指導が必要な反社会的な問題は「生徒指導部」，学級不適応や不登校などの非社会的な問題はカウンセリング的対応が必要な「教育相談部」などと位置づけられることが多い。そして生徒指導部と教育相談部の連携が少なく，それぞれ独立して対応していくことが少なくないのである。そういう学校では教師個人の意識も，生徒指導と教育相談のとらえ方が独立し，ガイダンス機能の発揮にも個人的な偏りの影響を与えるのである。

　例えば，生徒指導部の教師というと，逸脱行動をする生徒を毅然と指導できる教師，教育相談部の教師というとカウンセリングの研修を積みその対応ができる教師という，一定のタイプの教師が生まれがちになる。ここに本来同じ目的であり統合されて展開されるべき生徒指導と教育相談というガイダンス機能が，それぞれ独立して展開される傾向が見られるのである。あるタイプの教師が担任する学級では，その教師の得意とする対応の比重が，学級の子どもたちの実態の如何を問わずに高まる危険性は否定できないだろう。

(2) ガイダンスでの教師ごとの温度差

　さらに，前項で述べた3つの援助レベルは，各児童生徒個人に固定されているものではなく，連続性があることを指摘した。しかし，教師にはそれぞれ得意な領域や専門性があるとすると，1次，2次，3次それぞれの援助レベルのどれを重視するのかに，温度差が生まれてきてしまう可能性がある。

　例えば，1次援助レベルを重視する教師は，児童生徒相互の関係形成の支援や学級集団の育成の対応の比重が高まる傾向があるだろう。2次援助レベルを

重視する教師は，1次援助レベルの対応はほどほどで，学級集団に適応しづらい児童生徒の個別相談・支援の対応の比重が高まる傾向があるだろう。3次援助レベルを重視する教師は，1次・2次援助レベルの対応はほどほどで，反社会的・非社会的問題が顕在化したときに個別対応でその指導をする比重が高まる傾向があるだろう。その際の1次・2次援助レベルの対応は，例えば，1次の授業で逸脱行動が見られた生徒への注意叱責を全体の前で強く行い（狭義の生徒指導)，それを他の生徒にもあえて見せることで，他の生徒の規律を促す行動になったりする傾向が想定される。

　ここに，「グループアプローチの専門」「教育相談の専門」「生徒指導（非行臨床）の専門」「特別支援の専門」というように，ガイダンス機能の発揮の領域における教師個々のタイプが出現してしまう危険性が生じる。このような傾向は，教師のリーダーシップ行動に特有の傾向を帯びさせることになると思われる。

　さらに，前述したが，あるタイプの教師が担任する学級では，その教師の得意とする対応の比重が高まる危険性は否定できず，その学級の児童生徒の必要とされる援助ニーズが教師のタイプと一致する場合はよいが，そのズレが大きくなった場合，児童生徒も教師自身も辛くなってしまうだろう。また，教師の本業は授業であると力説し，ガイダンス機能の発揮に消極的な教師が存在することも，学校現場で散見されることである。

　子どもの側から考えても，学習面で評価されている教師に，評価への影響が考えられる内容の相談はしにくいだろう。また，狭義の生徒指導の矯正指導の面と，教育相談のカウンセリング的対応を同じ教師が行う場合に役割葛藤は生じるだろうし，教師のほうではその役割の発揮をうまくコントロールしたつもりでも，その対応を受ける子どもの側は，教師が行う役割を割り切って受け入れることはむずかしいのではないだろうか。

　つまり，教師が行う学習指導とガイダンス機能が完全に独立していないのが，日本の学校教育の特徴であり，理想的な展開ができたなら，児童生徒をトータルに教育できる面を有している。

しかし現在の学校現場の実態として，教師個々には，すべてのガイダンス機能をカバーする十分な知識とスキルを習得しかつ駆使するのは物理的にむずかしく，教師個々の教育観もその要因の背景にあり，特定のガイダンス機能の発揮に偏る教師が一定数存在する面が否定できないのである。

(3) 理想を実現するために

日本型の理想のガイダンス機能を実現するためには，現実問題として高いハードルが存在しているのである。そのためには，少なくとも以下のようなハードルを乗り越えることが求められるのである。

- すべての教師が，教師として必要とされるガイダンス機能を展開していくうえで必要とされる知識とスキルを向上させる
- アセスメントの問題として，学校に所属しているすべての児童生徒の援助ニーズ・レベルを把握したうえで，各学級の援助ニーズ・レベルの特性を把握する
- 各教師が互いの専門性を生かし合う，ウィークポイントを補い合うようなチーム連携ができるシステムを構築し，チームで対応していく

そして以上の点を計画的に実施できるような学校運営を行っていくために，管理職はそのリーダーシップが強く求められるのである。

現状の日本のシステムでは，教師はこのようなガイダンスに関する専門性を獲得すると同時に，学習指導における教科指導に関する専門性をも獲得しなければならないのである。

3 管理教育は一部の教師の問題ではなく，すべての教師の問題となる

近藤（1988）は，教師が子どもをとらえる視点が硬直した場合，教師が対外的な評価を受ける最低限度の学習指導の成果，規律を整える生徒指導に偏っていくことを指摘し，筆者もそれを実証的に明らかにした（河村ら　1996a，b，1997，1998a，b，1999a，b）。

では，教師が子どもをとらえる視点が硬直した場合とは，どういうときであ

ろうか。単に，教師個人がもともともっている価値観や信念にその原因を求めるのは，これだけ教育現場を取り巻く環境が複雑化し，対応すべき内容が肥大した現在においては，むしろ一面的であろう。

　教師が自分の能力，物理的に対応できる範囲を超えた仕事量を役割として担った場合，対応していく優先順位として，最低限やらなければならないこと，教師が対外的な評価を受ける内容をまず優先することは，人間として仕方がないことではないだろうか。そして結局，時間がないという理由で，児童生徒への対応が最低限のものに終始してしまう。そのような日常が続いた場合，教師の意識として，徐々に教師の仕事は学習指導の成果を上げることと，児童生徒の問題行動の発生を防ぐことに限定されていってしまうのではないだろうか。学級経営，生徒指導に対する教師の意識が，徐々に偏っていくのである。

　学校教育の理想を追求すればするほど，教師の仕事の範囲と仕事量が増大し，結果として，多くの教師がかつて批判された管理的教育を展開していかざるをえないという状況に落ち込んでいくことが想定される。

　同時に，そのような仕事に没頭する教師は多忙感をもちながら，自らのメンタルヘルスも悪化させることになると思われる。そこには，専門職としての教師の創造性や主体性が生かされにくいからである。多忙感は単に仕事量が多いから生まれるものではなく，取り組む内容に教師がやりがいを感じられない，という面があることを忘れてはならないのである（河村　2003）。

　そうなったとき，学校現場はその高い目標とは裏腹に，ひと昔前の管理的教育に戻っていく危険性が高まるのではないだろうか。管理的な教育とは，子どもたち個々への1次・2次援助レベルへのガイダンス機能の発揮が少なく，集団としての規律を管理する・逸脱行動を発生させないための対応が主になった指導である。

　アメリカの学校教育が，当初は学習指導とガイダンス機能の発揮を教師が同時に行っていたものを，分業する形に展開していったのも，そのほうがより実態に合い，効率的だったからではないだろうか。日本の社会がよりアメリカナイズされてきた現在，日本の学校教育のシステムもアメリカ同様の道を歩んで

いくことになるのだろうか。

注1：ソーシャルスキル（social skills）とは，人とかかわる，社会にコミットしていく知識と技術を総称して，心理学ではソーシャルスキルという。子どもの心理社会的な発達を促進するには，建設的な対人関係や集団生活・活動の体験が欠かせない。それは対人関係や集団生活・活動の体験学習を通して，人とかかわる知識と技術，社会にコミットしていく知識と技術が育成され，それが新たな人とのつき合い，社会環境に向かうときに大きな力になるからである（河村他 2007，2008）。

 ソーシャルスキル・トレーニング（SST）とは，ソーシャルスキルを計画的に教育していくことで，ポイントは次の3点である。
 ①ソーシャルスキルは学習によって獲得される
  対人関係がうまくいかないのは，その人のもって生まれた気質によるものではなく，ソーシャルスキルという技術が未熟なのだから，その技術を学習すれば対人関係は向上すると考える。もって生まれた気質に対人関係がうまくいかない原因を帰属させてしまっては，何も変わらない。SSTは問題解決志向，教育志向である。
 ②ソーシャルスキルは特定しうる言語的および非言語的行動から成り立っている
  友人ができないのは優しさ・思いやりが足りないから，それに気をつけなさいと言われても，言われた本人はどうしてよいかわからない。「朝，友人に最初に学校で出会ったら，自分から『おはよう』って言うようにしてごらん」とアドバイスされたら，明日からやってみようという気になるのである。SSTは学習する内容が明確になっている。
 ③SSTは働きかけと応答，相互性とタイミングが効果的である必要がある
  SSTは対人関係についての知識を理解させるだけでは不十分で，対人関係のなかでの演習，つまり体験学習が重要になってくる。繰り返し練習することで，ソーシャルスキルは着実に身についてくるのである。

注2：ナーシシズム（Narcissism）とは自己愛のことであり，万能感，自己中心性，うぬぼれの3点がセットになったコンプレックスである（國分 1982）。幼児は誰でももつ幼児性である。

注3：アセスメントとは，ある問題についてその基盤となる情報を収集し分析し意味づけし統合し，意志決定のための資料を提供するプロセスである（石隈 1999）。学校現場では援助の対象となる子どもが課題に取り組むうえで，出会う問題や危機の状況についての情報の収集と分析を通して，対応の方針や計画を立てるための資料を提供するプロセスである。

引用文献

石隈利紀 1999 学校心理学 誠信書房

河村茂雄・國分康孝 1996a 小学校における教師特有のビリーフについての調査研究 カウンセリング研究，29（1），44-54.

河村茂雄・國分康孝 1996b 教師にみられる管理意識と児童の学級適応感との関係についての調査研究 カウンセリング研究，29（1），55-59.

河村茂雄・田上不二夫 1997a 教師の教育実践に関するビリーフの強迫性と児童のスクール・モラールとの関係 教育心理学研究，45（2），213-219.

河村茂雄・田上不二夫 1998a 教師の指導行動・態度の変容への試み（1）－教師特有のビリーフと指導行動・態度との関係－ カウンセリング研究，31（2），126-132.

河村茂雄・田上不二夫 1998b 教師の指導行動・態度の変容への試み（2）－教師のビリーフ介入プログラムの効果の検討－ カウンセリング研究，31（3），270-285.

河村茂雄　1999a　生徒の援助ニーズを把握するための尺度の開発（1）－学校生活満足度尺度（中学生用）の作成－　カウンセリング研究, 32（3）, 274-282.
河村茂雄　1999b　生徒の援助ニーズを把握するための尺度の開発（2）－スクール・モラール尺度（中学生用）の作成－　カウンセリング研究, 32（3）, 283-291.
河村茂雄　2003　教師力, 教師として今を生きるヒント　誠信書房
河村茂雄・品田笑子・藤村一夫　2007　学級ソーシャルスキル・小学校低学年　図書文化
河村茂雄・品田笑子・藤村一夫　2007　学級ソーシャルスキル・小学校中学年　図書文化
河村茂雄・品田笑子・藤村一夫　2007　学級ソーシャルスキル・小学校高学年　図書文化
河村茂雄・品田笑子・小野寺正己　2008　学級ソーシャルスキル・中学校　図書文化
國分康孝　1982 カウンセリングと精神分析　誠信書房
近藤邦夫　1988　教師－児童関係と児童の適応　東京大学教育学部紀要, 28, 103-142.
学校不適応検討委員会　1991　学校不適応検討委員会第一次報告書
文部省　1995　学校基本調査報告
臨時教育審議会　1985　第二次答申
横湯園子　1992　子どもの悲鳴と苦悩から　佐伯胖・汐見稔幸・佐藤学（編）　学校を問う（学校の再生をめざして1）　東京大学出版会
参考文献
中央教育審議会　1996　「21世紀を展望した我が国の教育のあり方について」第一次答申
河村茂雄　2000　教師特有のビリーフの児童に与える影響　風間書房

第10章

グループアプローチと学級経営

　日本の学校教育の特徴は，学習指導とガイダンス（生徒指導）を教師が統合して実施する点であり，学習指導のなかにもガイダンスの側面が溶け込み，学級という集団のなかで展開されていくことにある。すべての教育実践に，学級集団の状態の良否の問題が影響するところに，日本の教育実践のむずかしさがある。

　筆者はこの15年間，各県や市の教育センターが主催する教員研修の講師を担当することが多かった。おもにガイダンスに関する内容である。依頼される講義内容・ガイダンスの内容も，その時期の学校現場のより優先順位の高い課題が中心になってくる。

　例えば，不登校やいじめの問題が社会問題化していた1990年代は，教育相談・カウンセリング関係の研修が多かった。それが2000年ころから集団づくり・グループアプローチの研修依頼が急速に増えていったのである。それは授業崩壊や学級崩壊の問題が，全国的に広がったことに由来すると思われる。

　教育改革が進むなかでも，最低１年間固定されたメンバーで生活を共にし，

一緒に授業や活動に取り組むという日本型の学級集団制度は原則としてそのままの状態である。そのうえにさまざまな教育プログラムが展開されていく。

本章では学級集団での集団生活，活動が所属する一人一人の子どもたちの心理社会的な発達の促進につながるようにするためには何が必要かを考察するため，そのモデルとなると思われるグループアプローチについて考える。

第1節 グループアプローチとは

1 集団体験の必要性

國分（1995）は，いじめや不登校，校内暴力などの学校教育問題を考えるとき，家庭や地域社会における集団体験の低下に伴う，人間関係能力の低下が背景にあることを指摘している。つまり，人間関係を形成し維持していこうとする意欲と能力は，集団体験を通した体験学習が不可欠であり，現代社会はそれが減少しているという指摘である。その結果，児童生徒の人間関係能力が低下し，そのような児童生徒が唯一共同生活を送る場ともいえる学校で，さまざまな問題として表出していると考えられるわけである。

したがって，学校で子どもの「心の教育」（人格の陶冶）を推進していこうと考えたとき，集団体験を通した体験学習が不可欠になるのである。小学校校長の81％が「生きる力」の育成をめざすには，「体験を重視した学習のための組織編成が最も必要である」（全国連合小学校長会　1997）という認識をもっていたのも，上記の内容を支持しているものと思われる。

このような体験学習を実施する単位は，日本の学校の場合，学級集団が中心になることが多い。したがって，日々の学級集団のなかに，意図された体験学習が生きる土壌が必要になってくる。そのためには，学級集団での日々の生活そのものが，子どもたち一人一人にとって体験学習となるような，学級の集団としての望ましい状態や機能が必要であることを意味している。

機能体の特性の強い学級集団で知識伝達式の授業を行っている教師が，ホームルームの時間のみにトピック的に体験学習を取り入れても，木に竹を継ぐようなもので，それが子どもたちの心の教育に直接つながると考えるのは少し短絡的である。集団を通した体験学習がもたらす効果は，学級集団で成される授業や活動，級友との関係などすべてを通した集団体験の作用が，児童生徒の心に働きかけるものであると考えられるからである。子どもたち一人一人にとって，学級集団での生活のすべての内容が体験学習となるような集団の状態が必要であり，教師にはそのような状態を構築するための学級経営が求められていると思われる。

2　グループアプローチと学級経営

　グループアプローチとは，個人の心理的治療・教育・成長，個人間のコミュニケーションと対人関係の発展と改善，および組織の開発と変革などを目的として，小集団の機能・過程・ダイナミックス・特性を用いる各種技法の総称である（野島　1999）。
　参加するメンバーの一般的な社会生活への復帰をめざして実施されるような，病院での治療的側面の強いグループアプローチもあれば，刑務所や少年院などの矯正的側面の強いグループアプローチもある。
　教育関係では，参加するメンバーの人格形成の促進が目的になることが多い。日常生活をすでに送っている人々が，その生活のなかでより自己実現をめざして生活できるようになることが目的となる。
　教育分野で実施されているグループアプローチの代表的なものとして，心理劇，グループワーク，グループカウンセリング，集中的グループ体験などがある。参加するメンバーの教育・成長をめざした，グループでの生活体験であり，その生活体験が体験学習となるようにプログラムされているわけである。
　グループアプローチは，その目的を達成する方法として，集団の機能や特性を積極的に活用する。集団の機能や特性とは，同じ集団に所属する者同士の協同の活動や，日々の集団生活のなかで発生する人間関係の相互作用である。メ

ンバー同士が相互に影響を与え合う力である。

　こう考えると，固定されたメンバーで1年を通して協同活動や生活を営む日本の学級集団は，すでにそれがグループアプローチの土壌になっているといえる。第5章で解説した教育力のある学級集団に所属し，活動や生活をする児童生徒は，日々の集団生活のなかで心理社会的な発達が促進されるのである。

　この場合，個人と集団との関係は，螺旋のようになっていて，学級集団を育成することは，集団を構成する児童生徒一人一人の育成につながり，児童生徒一人一人への対応は，結果として学級集団の育成につながっていくのである。

3　グループアプローチの効果

　グループアプローチに参加したメンバーがグループ体験から得られる効果として，野島（1999）は「個人アプローチとグループアプローチに共通に見られる効果」と「グループアプローチに特有に認められる効果」とに整理して，次の点を指摘している。

〈個人アプローチとグループアプローチに共通に見られる効果〉
①受容：他者に温かく受け入れられることにより，自信や安定感が生まれる
②支持：他者からのいたわりや励ましによって，その人の自我が支えられ強められる
③感情転移：他者に対しその人にとって重要な人との関係が再現される
④知性化：知的に理解したり，解釈をして不安を減少させる
⑤カタルシス：自分のなかの抑えていた情動を表出することで，緊張解消が起こる
⑥自己理解：自分自身の自己概念・行動・動機などについて，前よりも理解が深まる
⑦ガイダンス：他者からその人に役立つ助言や情報が得られる

〈グループアプローチに特有に認められる効果〉
⑧愛他性：自己中心的傾向を抑えて，他者を温かく慰めたり，親切な助言をすることで他者を助けることができる喜びによって，安定感，生活意欲が高ま

る
⑨観察効果：他者の言動を見聞きするなかで，自分のことを振り返ったり見習ったりする
⑩普遍化：他者も自分と同じような問題や悩みをもっているということを知り，自分だけが特異でないことを自覚し，気が楽になる
⑪現実吟味：家族関係，人間関係の問題をグループのなかで再現し，その解決法を試行錯誤しつつ学ぶことで自信をもち，適応能力が高まる
⑫希望：他者の成長や変化を目の前にすることによって，将来に向けて希望がもてるようになる
⑬対人関係学習：話したり聞いたりすることを通して，自己表現能力や感受性が高まる
⑭相互作用：グループ担当者とメンバー，メンバー同士でお互いに作用し合う
⑮グループ凝集性：グループとしてのまとまりが相互の援助能力を高める

一方，第5章で解説した理想の学級集団には，次の特性が認められた。

> Ⓐ個人の士気と同時に集団士気が高まっている
> Ⓑ集団生産性が高まる取組み方法・協同体制・自治体制が確立している

そして，その背景に集団としての以下の点があることが確認された。

> Ⓒ集団斉一性が高くなっている
> Ⓓ集団内の子どもたちの自己開示性と愛他性が高まっている
> Ⓔ集団凝集性が高まっている
> Ⓕ集団機能・PM機能が子どもたち側から強く発揮されている
> ⒼⒻを強化する集団圧が高まっている
> Ⓗ自発的な集団同一視が強まっている

これらの要因は，グループアプローチの効果と符合していると考えられる。こう見てくると，学校で児童生徒が，メンバーが固定された学級集団のなかで

生活・活動するということは，大きなグループアプローチそのものなのだと，あらためて確認できるだろう。そして，発達途上にある子どもたちにとって，人とのかかわりが自己の確立に不可欠な要素であることを考えると，学級での活動や生活という集団体験は，まさに人間教育そのものとなるといえるだろう。

逆に，子どもたちが学級での活動や生活を通して集団体験の効果を得られないとしたら，その学級集団は単に知識や技能を習得する場でしかない。かつ現代は，子どもたちが知識や技能を習得する場や方法が，学校以外にもたくさんある時代である。その結果，子どもたちが学級での生活から得られる教育の成果は，相対的にどんどん低下してしまうわけである。

したがって，日本型の学級集団制度のなかでは，学級経営にどのようにグループアプローチのエッセンスを盛り込むことができるか，児童生徒が良質な集団体験をすることができるかが，学級経営を進め，心の教育を進めるうえで重要になると考えられる。

4 グループアプローチを有効にする集団過程

メンバーが特定の場所に集い，ただ自由に行動しているだけでグループアプローチの効果が生まれるわけではない。松井（1991）も集団過程は逆方向をもつ2つの傾向の力動的関係としてとらえられるとしている。

逆方向の傾向とは次のような内容である。

①成熟	⟷	退行
②凝集	⟷	解体
③統合	⟷	分裂
④変化（柔軟性）	⟷	安定化（硬直化）
⑤組織化	⟷	混沌化
⑥リーダーシップの分散	⟷	集中（特定の権力者が独占）
※（　）は河村の補足		

集団の変化は，あるときは左から右へ，またあるときは右から左へと，揺れ

動きながら集団過程が流れていく。集団は自然に成熟していくのではなく、集団過程を成熟の方向に向かわせようとする何らかの力が働いているのである（ホメオステーシスの法則）。

したがって、そのときどきに適切な力が働かなかった場合、右列の特徴を強くもった原始集団形態の集団が生まれることを松井（1991）は指摘している。代表的な例としては次のような集団である。

・個人の退行的欲求が支配的な集団で、集団としてのまとまりも目標も価値も希薄になってしまっている集団
・集団に所属する個人のメリットがほとんど欠けてしまっていて、集団を改善していこうとする個人の意欲もモラルも失われているために解体の方向に向かっている集団
・構成員のコミュニケーションが欠けていて、感情的には対立が予想される個人および小分団間に攻撃や否定的感情の表現がまったく見られず、物理的に同じところにいるだけといった状態の分裂集団
・どんな構造であれ、現在の集団構造を崩すまいとする力が強く働いている集団。内外から集団を変えようとする力が働くと、その力を排除しようとする力が働く
・組織や役割は形式的には存在していても、ほとんど無視され、個人的動機が優先して、課題達成への動きは最低限にしか見られない、曖昧で混沌とした状態の集団
・特定の個人にリーダーシップが集中し、多くの問題解決はリーダーに任せられ、依存や服従の心性が支配的になり、リーダーへの個人的欲求のみが優先してしまう集団

上記の状態は、第5章で解説した学級集団発達過程で適切な発達過程を辿れなかった学級集団の状態に類似しているのではないかと思われる。

松井は、多くの現実集団は左右の中間を揺れ動きながら進展していると述べ、集団が成熟していくためには、さまざまな、ほどほどの危機状況を解決していく過程での試行錯誤と、その過程で得られた構成員同士の基本的信頼感が必要

であるとしている。

　同様のことは村山・野島（1977）も指摘し，村山らの指摘は学級集団発達過程と符合することが多い。村山らは，日本でのグループ体験をもとに，グループ・プロセスを発展段階論（ステージ論）として次のようにまとめている。

段階Ⅰ　当惑・模索
段階Ⅱ　グループの目的・同一性の模索
段階Ⅲ　否定的感情の表明
段階Ⅳ　相互信頼の発展
段階Ⅴ　親密感の確立
段階Ⅵ　深い相互関係と自己直面

　そして，集団が「段階Ⅳ　相互信頼の発展」以上にグループ・プロセスを展開できるかどうかがグループ体験の成否となること，それはメンバーにとって満足したグループ体験となるか，不満足なものとなるかがそれを規定していくことを指摘している。

　以上のグループアプローチの集団発達過程の指摘は，日本型学級集団での教師の学級経営に多くの示唆を与えると考えられる。

5　グループアプローチを有効にする条件

　グループアプローチにより，メンバーの間に集団体験の教育的な作用が成立している集団を，「教育力のある集団」という。教育力のある集団では，メンバーは日々の集団生活，すなわちグループ体験を通して，野島（1999）が指摘したような15の点（P.176〜の①〜⑮）などを自ら学んでいくのである。では，集団体験の教育的効果が生まれる集団の条件，教育力のある集団の状態の条件とは何だろうか。

　筆者は上記の点について数々の先行研究で指摘されている条件を整理し，その最大公約数として次の2点を指摘した。

> Ⅰ 集団内にふれあいのある人間関係（率直さ・受容的・共感的・援助的）がある
> Ⅱ メンバーが自己表現したり，他のメンバーと積極的にかかわれる方法と場面がある

　この2つの条件が集団に同時に成立しているとき，グループアプローチの効果は生まれる。これらが同時に成立している状態での集団体験が，所属するメンバーに教育力を発揮すると考えられるのである。

　特定の集団にグループアプローチを実施するリーダーは，最低限この2つの条件の成立を目標に，リーダーシップを発揮していくことになるだろう。

6　グループアプローチを学級経営に取り入れる

　では前述のグループアプローチの効果が生まれる2つの条件は，学級集団にはどう位置づくのだろうか。

　一般のグループアプローチでは，事前にメンバーを選抜する。特定の参加条件のあるグループに，メンバーはその条件を承知のうえで契約し，自分の意志で参加する。いっぽう学級集団は，参加時点での児童生徒たちの意志は関係ない。さらに，人とうまくかかわれなくなった，対人関係が稀薄になった，集団で遊ぶ喜びを知らないといわれる現代の児童生徒たちがメンバーなのである。

　したがって，教師はグループアプローチの効果を学級経営に取り入れるためには，教育力をもつような集団づくりを意図した対応をしなくてはならない。

　学級を教育力のある集団に育成していくポイントは，村山・野島（1977）も指摘しているとおり，次の点の確立であろう。

> ●学級に所属する児童生徒一人一人の，学級生活の満足感・充実感を向上させること

　そうすれば，児童生徒たちは学級集団に対する帰属意識が強まり，みんなといたいという親和欲求をバネに，一人一人の結びつきが強まり，対人交流が活

発になり，学級集団は内部から徐々に大きくまとまっていくと考えられる。

　教師が役割上の権力から強制の枠をはめて，児童生徒たちをなんとかまとめようとしても，表面上はきちんとその指示に従わせることができても，児童生徒の心はバラバラである。このような状態では，最低１年は続く学級集団を，１つの教育力のある集団として動かしていくことはむずかしい。

　そして，児童生徒の学級生活の満足感・充実感を向上させるためには，次のような内容が求められるだろう。

> ①学級生活において人から傷つけられないこと，ストレスが低いこと
> ②学級内で児童生徒一人一人の所属欲求，承認欲求を満たすこと

　マズローの欲求階層説（注1）に基づいて考えると，集団生活において，心身の安全を確立したいという人間のもつ基本欲求をまず満たすことが第一歩である。そのうえで，その学級に積極的に所属したいという欲求を満たすことが必要である。教師や他の児童生徒から認められたり，学級生活が楽しかったり，満足できたり充実しているという気持ちにいたらせることである。

　では，児童生徒の学級生活での楽しみは何か，それは多くの調査でも指摘されていることだが，常に友人とのかかわりが上位にくる。しかし，児童生徒が学校に行きたくない最も多い理由も，圧倒的に友人関係である。つまり，友人関係は学校生活における諸刃の剣であり，児童生徒たちの学校生活，学級生活での満足感を大きく左右するのである。

　なお，満足したいものとして友人関係に続くものは，学級集団での活動，学習活動，教師との関係などがあげられる。

　上記①②の達成をめざして，教師は学級環境を整えたり，集団活動や授業などの展開を工夫していくわけである。その指針として前述のⅠ，Ⅱを学級集団に置きかえると次のようになるだろう。

> Ⅰ　対人関係や集団生活のマナーやルールを児童生徒に共有させる
> Ⅱ　教師と児童生徒，児童生徒同士の間にリレーションを形成する
> ※学級生活のなかに，児童生徒一人一人が認められる場面，方法を設定する

　この条件のもと，教師は学級集団の発達過程に即してさまざまな活動や取組みを設定し，児童生徒がその課題について試行錯誤しながら問題解決し，その過程で学級集団での生活・活動に満足感が高まるように支援していくことが，グループアプローチの考え方を生かした学級経営の具現化といえるだろう。

注１：米国の心理学者マズロー（Abraham H. Maslow）は，人間の欲求の５段階説を唱えた。まず低次の欲求が満たされると次の段階の欲求が出てくるというもので，欲求階層説と呼ばれる（小林　1993）
　　　第５段階「自己実現欲求」──自己達成，生きがいの追求など
　　　第４段階「承認欲求」──尊敬，承認，顕示，支配，名誉を得たいなど
　　　第３段階「所属欲求」──所属，愛情，緩和を得たいなど
　　　第２段階「安全欲求」──恐怖・危険・苦痛を回避したい，健康でいたいなど
　　　第１段階「生理的欲求」──飢え，睡眠，性などを満たしたいなど

第2節　グループアプローチの考え方を生かした学級経営の実践事例

　第４章の第２節（P.60参照）でも，前節「Ⅰ　対人関係や集団生活のマナーやルールを児童生徒に共有させる」「Ⅱ　教師と児童生徒，児童生徒同士の間にリレーションを形成する」を両立させたと考えられる満足型の学級集団で，有意に学級内の子どもたちの学力の定着度が高いこと，いじめの発生率が低いことを説明した。

　本節ではグループアプローチの考え方を生かした学級経営の実践事例として，筆者が行った介入研究（河村　2001）の概要を紹介する。この研究を取り上げる理由は，学級集団に単発にグループアプローチのプログラムを実施し，その前後でその効果を検討したものではなく，年間を単位として，児童生徒の育成をねらいとしている学校教育にそって，学級集団の生活やさまざまな活動につ

いて取り組んだ研究だからである。かつ，プログラムの導入効果を検討したものではなく，学級集団を通しての子どもたちのかかわりや適応の変化を検討したものだからである。

1 研究の概要

本研究は，学級経営にグループアプローチ（構成的グループエンカウンター）を導入した学級経営が，児童生徒のスクールモラールおよび人間関係形成の向上に効果があるかどうかを検証することを目的にした。構成的グループエンカウンター（Structured Group Encounter：以下，SGEと表記する）は，その活動のねらいをある程度定めたプログラムをもとに，リーダーが時間や人数を配慮した課題を提示しながら展開する，教育的側面の強いグループアプローチ（注1）である。

具体的には，課題（エクササイズ）は日常の児童生徒間の人間関係の形成を促進させ，リレーションを体験できる手段として活用し，授業や学級の活動でも意識して小グループ活動を取り入れ，そのグループに個々の児童生徒が適応できるような配慮と認められる場面を設定したものである。

2 方法

(1) 対象

東京都公立小学校の学級編成をしたばかりの5学年の2学級（A学級，B学級）の全児童が対象とされた。2つの学級は，児童の学習成績，運動能力，リーダーシップをとれる児童数，個別に配慮を要する児童の数が均等になるように，事前に4年次の担任によって新たに編成された学級であった。そして，現担任は児童名が伏せられた状態で担任学級を選択したものであった。

(2) 手続き

実験群であるA学級のみに年間カリキュラムの学級活動，道徳，ゆとりの時間にSGEのプログラムが導入された。SGEのプログラムの内容は小学校5年生の発達段階と学級集団の発達過程を考慮して選定された（表10-1）。

第2節　グループアプローチの考え方を生かした学級経営の実践事例

表10-1　小学校5年生の学級のSGEプログラム例（河村　2001）

月	週	時限	実施したエクササイズ	ねらい
4月	2 3	3H 1H	自己紹介ゲーム，団結くずし，なんでもバスケット 団結くずし，なんでもバスケット	学級集団参加への不安の軽減と意欲の喚起
5月	2 4	2H 1H	団結くずし，なんでもバスケット，他己紹介ゲーム，いいとこさがし サイコロ・トーキング（自分のこと）	4月と同様のものと友達関係形成のきっかけ作り
6月	3 4	1H 3H	団結くずし，ジャンケン・インタビュー なんでもバスケット，グループ作りゲーム サイコロ・トーキング（自分のこと・学級生活のこと） 10年後の私	4月と同様のものと居場所となる小集団作り
7月	1	4H	ブラインド・ウォーク サイコロ・トーキング（いま考えていること），10年後の私［移動教室にて実施］	6月と同様 自己・他者受容
9月	1	2H	団結くずし，なんでもバスケット サイコロ・トーキング（夏休みの出来事）	学校生活に対する不安の軽減と意欲の喚起 自己・他者受容
10月	1 3	1H 1H	グループ大なわとび グループ大なわとび	小集団から中集団への集団作り
11月	1 3 4	1H 1H 1H	団結くずし，なんでもバスケット 探偵ゲーム クラス全体大なわとび	中集団での活動体験の積み重ねと学級集団全体での活動体験
12月	1 2 3	1H 1H 4H	テーマ別フリートーキング クラス全体大なわとび 模擬店	学級集団全体での活動体験の積み重ね
1月	2 3 4	1H 1H 1H	団結くずし，なんでもバスケット クラス全体大なわとび 探偵ゲーム	学級集団全体での活動体験の積み重ね
2月	2 4	1H 1H	テーマ別フリートーキング Xからの手紙	学級集団における個の自覚 自己・他者理解
3月	1 3	1H 1H	いいとこさがし（友達，クラス） 別れの花束	自己・他者・学級集団理解

　そして，4月，10月，3月に，児童たちのさまざまな領域の意欲・充実度を測るスクールモラールテストと，児童たちの人間関係の関係性を検討するためにソシオメトリックテストが実施された。ソシオメトリックテストは「生活班で一緒になりたい友達を教えてください」と指示し，選択する児童を5名以内で書くことを求めた。

B学級の児童たちには調査のみが実施された。なお，B学級の担任教師は体育主任をしており，一輪車，なわとび，持久走などの実践に意欲的に取り組んでいた。授業で使用した教科書やドリル，行事への参加などはA，B学級とも同一であった。

　つまり，1学級は1年間構成的グループエンカウンターのエクササイズを導入して学級経営を行った学級で，もう1学級は導入しないで学級経営を行った学級であった。2つの学級の児童の両テストの結果を本研究者が分析し，それぞれの学級の児童のスクールモラール得点および社会的地位指数の変化の差を統計的に分析することにより，グループアプローチの考え方を生かした学級経営の効果を検討するものであった。

3　結果と考察

(1) 全体の傾向

　4月，10月，3月のA，B学級の児童たちの，スクールモラールテストの学級の平均値の推移を**表10-2**に，ソシオメトリックテストから算出された社会的地位指数の学級の平均値の推移を**表10-3**に示した。

表10-2　スクールモラールテストの推移
(河村　2001)

	SMS 得点			
	4月	10月	3月	児童数
A 学級	26.72 (4.20)	28.75 (3.49)	30.08 (3.06)	36
H 群	31.57 (1.05)	32.29 (1.67)	33.29 (2.05)	7
M 群	27.67 (1.67)	29.29 (2.62)	30.43 (2.24)	21
L 群	20.00 (1.73)	24.25 (1.56)	26.38 (1.49)	8
B 学級	26.84 (4.71)	26.56 (4.89)	26.23 (4.37)	35
H 群	32.40 (0.49)	34.80 (0.98)	34.20 (1.17)	8
M 群	27.80 (2.38)	28.70 (2.59)	28.85 (1.98)	20
L 群	19.00 (2.31)	20.33 (2.59)	21.00 (1.15)	7

( ) 内は標準偏差

表10-3　社会的地位指数の推移
(河村　2001)

	社会測定的地位指数			
	4月	10月	3月	児童数
A 学級	.16 (.41)	.17 (.30)	.23 (.32)	36
H 群	.41 (.21)	.43 (.15)	.49 (.16)	7
M 群	.08 (.21)	.03 (.15)	.16 (.16)	21
L 群	.01 (.19)	.05 (.23)	.20 (.12)	8
B 学級	.18 (.28)	.18 (.29)	.22 (.31)	35
H 群	.52 (.16)	.48 (.19)	.52 (.28)	8
M 群	.17 (.18)	.18 (.22)	.19 (.26)	20
L 群	.01 (.13)	.02 (.31)	.02 (.27)	7

( ) 内は標準偏差

統計的に分析した結果，4月時点では両テストにおけるA，B学級の得点に差は認められなかった。しかし，スクールモラールテストでは，10月と3月の時点でA学級のほうがB学級よりも有意に高くなっていた。さらに時間の効果がA学級に認められ，時間の経過とともに児童たちのスクールモラールが向上したことが確認された。この結果から次のことが示唆される。

> ● グループアプローチの考え方を生かした学級経営の効果として，児童たちの学級生活でのさまざまな領域の意欲・充実感が時間経過とともに向上する

ソシオメトリックテストから算出された社会的地位指数では，どの時点でもA，B学級の差は認められなかった。しかし，時間の効果でA学級のみで10月と3月の間で有意に得点の向上が認められた。この結果から次のことが示唆される。

> ● グループアプローチの考え方を生かした学級経営の効果として，時間経過とともに学級内の児童たちの人間関係の広がりと親密性の高まりが見られる

(2) 児童の特性ごとの傾向

4月の調査時に，学級のSMS得点の平均値と標準偏差をもとに，A，B学級の児童をスクールモラールの高い群（H群）と中間群（M群）および低い群（L群）に分類した（平均値を基準に上下に1標準偏差の範囲の児童をM群，M群より高い児童をH群，低い群をL群と分類）。つまりこの時点の得点は，4年次までの経験と5年次になっての期待や不安が強く影響されていると考えられる。そして，各群のスクールモラールテスト得点の推移を図10-1に示した。

分析の結果，A学級では3群すべての児童たちが上昇し，特にL群の児童たちの上昇が大きくなっていることが認められた。B学級ではH群のみ上昇しているのに対して，M群とL群の児童たちは上昇が認められないことが明らかに

なった。

また各時点で、ソシオメトリックテストから算出された社会的地位指数をもとに孤立児童（被選択がゼロの児童）と周辺児童（相互選択がゼロの児童）の割合の推移を図10-2に示した。

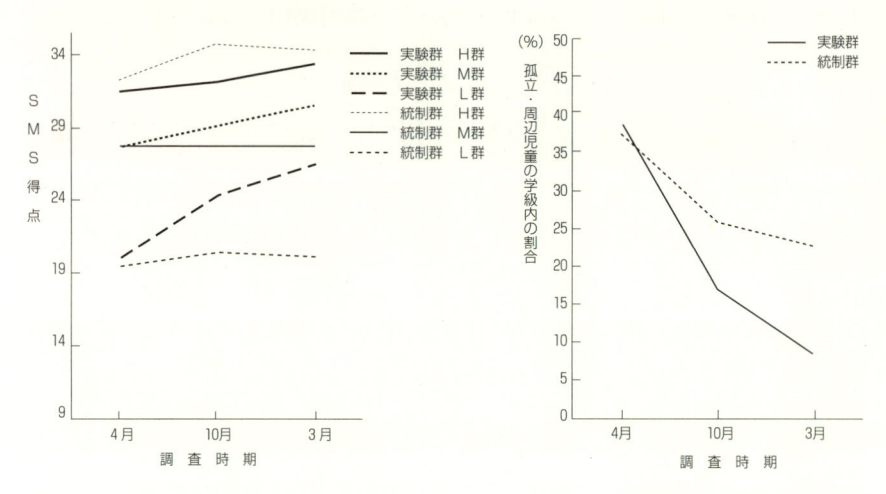

図10-1　2学級3群のSMS得点の推移（河村　2001）　　図10-2　学級内の孤立・周辺児童の推移（河村　2001）

その結果、孤立児童と周辺児童の割合は、A学級（実験群）が38.9%から8.3%に減少し、B学級（統制群）では37.1%から22.9%の減少であった。特定の取組みがない場合、高学年になると児童間の個人差が顕著になり、かつ固定化してしまう傾向が見られる。児童全員が参加する定期的なエクササイズの実施はコミュニケーションの均等化を図り、それが一人一人の児童、特にL群の児童たちのリレーションの形成に寄与し、意欲を喚起したものと考えられる。

また、A学級での児童の社会的地位指数の向上と孤立児童と周辺児童の割合の減少は、児童自身の変容とともに、彼らを取り巻く他の児童たちの受容性の向上により、孤立児童と周辺児童を友達として受け入れた面の両面の可能性が考えられる。

これらの結果から次のことが示唆される。

> ● グループアプローチの考え方を生かした学級経営の効果として，ほとんどの児童のスクールモラールを向上させ，集団内の孤立児童と周辺児童の割合を顕著に低下させる

4 まとめ

　B学級の実態を見ると，特別の配慮を設定しなければ，学級内の児童の友達関係の形成は1学期の時点で固定化する傾向が考えられる。いわゆる学級のインフォーマルリーダーとなる児童が出現し，学級の活動のイニシアティブをとり，それが評価される形でそれらの児童のスクールモラールとソシオメトリック地位が高く維持されるという図式である。つまり，学級内の児童間のソシオメトリック地位とスクールモラールは，何らかの対応をしなければ，スターである児童とその対極にある孤立児童を両極として，階層化して固定していくことが考えられる。これは児童のリレーションスキルの育成を促さず，児童間のリレーションの形成にマイナスの影響を与えることにつながるだろう。

　SGEのエクササイズの実施は，児童間に対等の活動，学級集団への参加の機会を提供し，児童間の差異の固定化を抑制し，児童たちのリレーションスキルを向上させ，児童間のリレーションの形成を促進させる可能性が示唆されるのである。友達関係は児童のスクールモラールに大きな比重を占める。そこにリレーションが存在すれば，児童のスクールモラールはより向上するであろう。また，スクールモラールは児童の学級集団への適応状態を示す側面をもつことを考えると，SGEの実施が児童のリレーションのある友達関係の形成を促進し，児童の学級不適応を予防する可能性も考えられる。

　学級担任制をとる小学校では，8割以上の学習や活動が学級集団を単位として実施される。児童のスクールモラールも所属する学級集団の影響を受けることが考えられる。そのなかで，児童の友達関係形成への配慮や学級集団への適応を促進する具体的な場面設定，かつ児童のスクールモラールをより向上させる取組みは，心の教育として重要な意味をもってくると思われる。

第10章　グループアプローチと学級経営

　児童の豊かな人間性の育成を強く期待されながら（中央教育審議会第一次答申　1996）その具体的なプログラムが少ない学校現場の教師にとって，どう特別なプログラムを取り入れればよいのかと悩む前に，実は普段の学級経営にグループアプローチの考え方や方法を生かした学級経営を行うことも，その有効な手だてとなることを本研究は示唆しているといえるだろう。

　吉本（1979）も，教師の学級経営の方針には管理的集団の育成，適応的集団の育成，自治的集団の育成の３つのスタイルがあり，自主的共同体として集団体験が活性化される自治的集団の育成が児童の人格の陶冶を促進することを指摘している。すなわち，日々の学級集団での生活が体験学習の場となるような学級経営が，教師が「心の教育」を推進していく１つの方法になることが考えられるのである。吉本の指摘する自治的集団の育成とグループアプローチの考え方や方法を生かした学級経営は，重なってくるものと思われる。

　本研究は探索的な研究の域を出ていないが，学級経営を考える１つの資料になるのではないだろうか。最後に，A学級の児童たちの３月時点での感想を表10-4に示した。

表10-4　A学級の児童たちの３月時点での感想（河村　2001）

よかった・楽しかった　33人（91.7％）
＜理由＞
１．みんなで楽しくやっているうちに，クラスのほとんどの人と気楽に話せるようになった　28人（84.8％）
２．ゲームをやっていたら，おもしろくて自然と多くの人と仲良くなった　24人（72.7％）
３．ゲームでやったことや話したことが，自分のためになった　20人（60.6％）
４．普通なら話さない人（異性の級友も含めて）ともゲームで話したら，ゲーム以外でも話すようになった　17人（51.5％）
どちらともいえない・いやなときもあった　3人（8.3％）
＜理由＞
１．いやなことを言う人がいた　2人（66.7％）
２．みんなのようにうまく話すことができなかった　2人（66.7％）
３．自分のことを話すのがはずかしかった　2人（66.7％）

理由は複数回答。
SGEのエクササイズを児童たちは「（心の）ゲーム」と呼んでいた。

注１：構成的グループエンカウンターの展開の流れは次のようなものである。
　　　〈インストラクション──ウォーミングアップ──エクササイズ──シェアリング〉
　　　・インストラクションとは，その取組みの意味や方法をリーダーが簡潔に具象的に述べること
　　　・ウォーミングアップとは，その後に続くエクササイズの意欲づけをする取組み
　　　・エクササイズとは，心理的成長を意図して作られたプログラム
　　　・シェアリングとは，直前の集団体験を通して得た感情や思いを，自分のなかで，そして他者と分かち合うことを通して，確認すること
　　　この一連の流れが，グループカウンセリングに近い機能を発揮し，自己・他者理解や児童・生徒相互の信頼感の育成，人間関係能力の育成につながる。
　　　学級集団で構成的グループエンカウンターを活用する方法としては，次の２つの展開がある。
　　①学級での授業や活動の時間にSGEの展開を一通り実施する方法。例えば，学級活動の時間に実施するなど
　　②SGEの一部分の展開・エッセンスを，授業や活動のなかに活用する方法。例えば，国語の時間に本に出てくる登場人物の気持ちについて話し合うときに自分の気持ちを自己開示できるように活用する，運動会のあとにこの取組みを振り返るときにシェアリングの方法を用いるなど
　　　グループアプローチの考え方と方法を導入した学級経営を意図した場合，①と②は学級集団の状態によってバランスよく併用されることになるだろう。

引用文献
河村茂雄　2001　構成的グループ・エンカウンターを導入した学級経営が学級の児童のスクール・モラールに与える効果の研究　カウンセリング研究，34（２），153-159．
小林司（編）1993　カウンセリング事典　新曜社
國分康孝　1995　現代人に応えるカウンセリング　日本カウンセリング学会第28回大会発表論文集，30-31
松井紀和（編著）　1991　小集団体験　牧野出版
村山正治・野島一彦　1977　エンカウンターグループ・プロセスの発展段階　九州大学教育学部紀要　21（２），77-84．
野島一彦（編）　1999　現代のエスプリ385　グループ・アプローチ　至文堂
吉本均　1979　指導的評価活動とは何か　学級集団研究７　明治図書
全国連合小学校長会　1997　97年度研究紀要③－教育界各委員からの調査から－
参考文献
中央教育審議会　1996　「21世紀を展望した我が国の教育の在り方について」第一次答申
河村茂雄（編著）　2001　グループ体験によるタイプ別学級育成プログラム　小学校編・中学校編　図書文化
河村茂雄　2002　教師のためのソーシャル・スキル　誠信書房

第11章 日本の教師のリーダーシップ行動

　どのような集団であってもなんらかの目的をもち，成員たちはその目標を達成するために行動している。したがって，集団の効果的な目標達成へ向けての働きかけ全体を，リーダーシップという。リーダーシップの代表的な要件としては，次の5つが指摘されている（狩野　1985）。
・集団の目標を具体的に設定し明確化すること
・集団の目標を達成するための具体的な方法を示すこと
・集団の目標の達成に向けて成員を動機づけること
・成員間相互の好ましい人間関係を形成し，集団としてまとめること
・集団内外の資源を有効に活用すること
　教師の指導行動やリーダーシップ行動については各国で研究されている（注1）。日本でも英米を中心とした諸国の研究成果を取り入れ，特に授業の展開の仕方などが検討されている。だが英米で効果が見られた教師のリーダーシップ行動はそのまま日本の学級集団でも通用するだろうか。本章ではこの問題意識をもとに，日本の学級集団で求められる教師の指導行動のあり方を整理したい。

第1節 英米とは異なる日本の教師のリーダーシップ行動

　英米の学級集団で効果が見られた教師のリーダーシップ行動がそのまま日本の学級集団でも通用するのか。第1章でも説明したが，この疑問の理由は，日本の学級集団と英米の学級集団ではその特性（集団に求められる機能，教師の役割など）が異なるからである。第1章で説明した，日本と英米の学級集団の特性のおもな違いは，次の点である。
・英米の学級集団は学習集団としての，機能体としての集団の特性が強い
・日本の学級集団は生活共同体の面を有し，その同じ集団が学習集団としての機能体の機能も担っている
　具体的には，次の4点である。
①心の教育
　学級集団で展開される授業においても，英米では最終的に子どもたち一人一人の学習の定着が主要な目的となるが，日本では同時に社会性の育成など，心の教育の視点も含まれている。子どもたち同士の学び合いを尊重する。
②子どもたちの人間関係
　英米では教師の授業におけるリーダーシップを検討するとき，学級の子どもたち同士の人間関係の状態が媒介変数（個人の学習意欲や学習への取組み方，ひいては学習の定着度に与える影響）として重要視されることが少ない。しかし日本の学級集団は，同じメンバーで最低1年間固定され，さまざまな活動を共にする生活集団としての基盤があるので，子ども同士の関係性のよしあしの影響はとても大きなものになる。つまり，学級が荒れていて私語が飛び交い，周囲の子どもたちに学習に向かう姿勢が見られない集団のなかでは，個人的に高い学習意欲をもっていたとしても，その場での高い学習活動にはつながりにくい。このように日本の教師は，学級内の子どもたちの建設的な人間関係の育成が主要なリーダーシップ行動に含まれるのである。これは授業の展開にも大きな影響を与える前提となるのである。

③規律の確保

学級内の規律の確保に，懲戒などの権限が日本では認められていない。かつ，事前に規律に関する学校・教師と児童生徒との間に明文化された契約が結ばれていない。このようななかで集団活動における規律の確保の仕方は，英米の教師のリーダーシップ行動とは異なる面が求められるのである。

④自治的な活動や行動

教科内外の取組みとして，学級集団の子どもたちの自治的な活動や行動が尊重されており，その集団としての機能を育成していくことも，日本の教師には主要なリーダーシップ行動に含まれるのである。

したがって英米と日本の教師のリーダーシップ行動を，その特徴にそって整理すると，次のようになるだろう。

表11-1　教師のリーダーシップ行動の比較

	学級集団の特性 形成の目的	リーダーシップ行動	教師と子どもの関係
英米の教師	機能体 学習活動	個別学習活動の推進	役割交流の比重が高い
日本の教師	共同体・機能体 学習・人格形成	一斉指導・学び合い 自治活動の支援	役割交流 感情交流

特徴的にいうと，英米の教師は個人の学習の定着を主目的とした機能体としての学習集団＝学級集団の形成を目的とし，その集団で教師主導の個別指導の比率の高い学習活動を展開するためにリーダーシップ行動を発揮する。極端にいってしまえば，教師の指導に従って，自分の学習を自主的に意欲的に取り組めるようにするためのリーダーシップ行動が主になるのである。

それに対して日本の教師は，固定されたメンバーの子どもたちが相互にかかわり合い，共に生活できる集団の形成を基盤にして，学習活動と係活動や諸々の特別活動を子どもたちが自治的に動けるようにするためにリーダーシップ行動を発揮する。日本の教師のリーダーシップ行動における特徴的な面は，固定されたメンバーの子どもたち同士の感情交流を活発化し，役割交流を越えた子

ども同士の関係性を形成し，まとまった１つの集団として自治的な活動ができるようになる，という面への働きかけの比重がとても大きいことである。子どもたちが自分の学習に自主的・意欲的に取り組めるようにするにしても，素直に教師の指導に従うようになるという対応では不十分で，子どもたち同士で切磋琢磨するような集団の雰囲気を形成し，そのなかで子どもたちが，教師に言われなくても自ら取り組めるようにする形が理想とされるのである（第５章参照）。

　図１-１（P.20参照）を見ればわかるように，日本の教師は学級集団を形成しつつ，学習指導と生徒指導，その他の取組みを同時に行っていくので，対応のベクトルは図11-１のように多様になり，その多様なリーダーシップの発揮に一貫性をもたせることがむずかしいのである。

　つまり，日本の教師と英米の教師は，学級集団形成の目的が異なるため，授業などで用いるリーダーシップ行動も異なるのである。したがって，英米の教師のリーダーシップ行動を，日本の学級で教師がそのままモデルにするには無

①　教師 ↑↓ 児童生徒
②　教師 ⇔ 児童生徒
③　教師 ↑↓ 児童生徒 ⇔ 児童生徒　グループ ⇔ グループ
④　教師 ↑↓ 学級集団

英米の教師……①が中心
日本の教師……①～④すべて

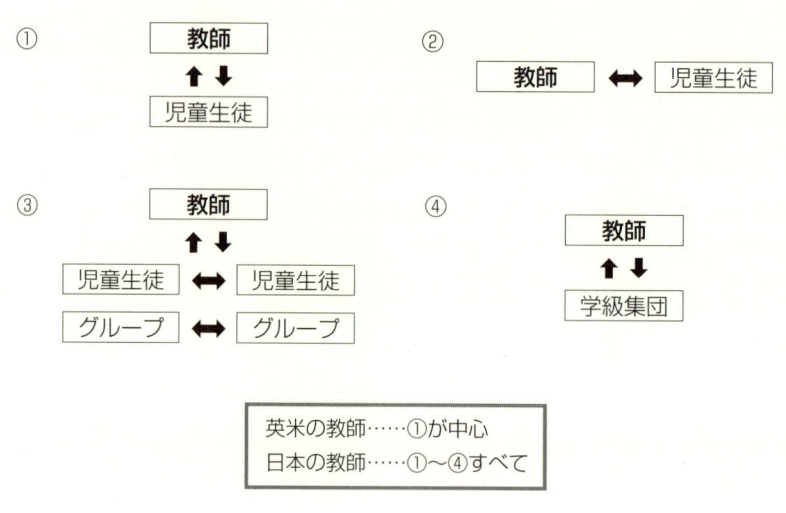

図11-１　教師からの働きかけの方向

理がある。日本の学級集団で教師が求められるリーダーシップ行動は日本の学級集団の独自性と同じように，かなり独自な面をもっているといえるだろう。

日本の教師のリーダーシップの発揮は，授業中でも生徒指導面のことを視野に入れながら，そして，学級集団の形成と常に整合性をもたせながら展開していくことが求められるのである。

注１：リーダーシップに関する研究は，1940年代ころから盛んに行われるようになった。代表的なものを，田崎・青木（1995）の文献を参考に注目された順に以下に紹介したい。
　　●特性論　〜1940年
　　　有能な個々のリーダーを選択し，共通する資質や特性を抽出して，理想のリーダー像を提示し，そのリーダーシップの発揮の仕方をモデル化するものである。選択されるリーダーは立身伝に登場する人物が選ばれることが多い。例えば日本ならば，「西郷隆盛」などの歴史上の人物，「松下幸之助」など一代で大企業を築いた経営者，という具合である。この考え方は，抽出したリーダーを絶対視する傾向があり，そのリーダーシップがどのような状況で，どのような特性をもつ成員に対して発揮されたのかは，あまり重視されていないのが難点である。
　　●行動論　1950年〜1970年
　　　グループダイナミックスの視点から，集団や組織の目的（生産性・業績・勝率・成員の満足感，意欲など）をより高く達成するリーダーシップスタイルを提示するものである。その手法は，目標達成に必要ないくつかの視点を抽出し，その視点に対する得点の組み合わせから，複数のリーダーシップスタイルを提示し，その優劣を示すものである。代表的なものに三隅（1984）のＰＭ理論がある（ＰＭ理論については，ほかの項で詳述する）。部下の心情への配慮を重視する温和な上司と，率先垂範して仕事をし，部下をぐいぐい引っ張っていく上司とを比較するという例は，この立場の身近な例である。この考え方は，リーダーシップをリーダー個人の特性ではなく，その個人が発揮する機能ととらえた点で特筆される。誰でもその機能を発揮することで，有効なリーダーシップをとれるからである。
　　　しかし，この考え方の難点は，一般化されたリーダーシップスタイルの視点が強く，集団の成員の変数は固定化されている傾向がある。つまり，部下の心情に配慮する温和なだけの上司は，成員が仕事に対する意識が高く，自主的に仕事に取り組んでいる場合においては有効であろうが，職場内に沈滞した雰囲気が漂い，成員たちが馴れ合いのなかで仕事をしている場合は不十分である。優れたリーダーシップスタイルは，すべての状況において優れているのではなく，特定の条件のもとで，特定のリーダーシップスタイルで臨んだときに，その有効性が発揮されると考えられるわけである。
　　●状況適合論　1970年〜
　　　リーダーシップの有効性は，成員たちの特性や集団の状況と，リーダーが発揮するリーダーシップスタイルとの関数である，という説である。あらゆる状況で最適な唯一のリーダーシップスタイルはなく，状況や要因に応じて，適切なリーダーシップスタイルは異なる，と考えるものである。したがって，リーダーは成員たちの特性や集団の状態をしっかり把握し，そのうえで適切なリーダーシップスタイルで，リーダーシップを発揮することが求められるのである。この説の代表的な理論にシチュエーショナル・リーダーシップ理論（ＳＬ理論,P.Hersey & K.H.Blanchard）がある。この理論は，リーダーシップの効果は，リーダーシップスタイルと部下の成熟度合いの相互関係によって決まると考えるものである。
　　リーダーシップの効果＝成員の成熟度×リーダーシップスタイル

最近の組織に関するリーダーシップ論では，積極的にメンバーの信念・価値・ニーズを，リーダーが意図する方向に入れかえようとする，変革型リーダーシップ論（T.Burns）や，思想・価値・目標を形成したり，使命の達成に関連するモチベーションを喚起し，成員の自己変革をしていこうとする，カリスマ的リーダーシップ論（R.J.House）も注目されている。このようにリーダーシップに関する考え方は，時代とともに変化してきている。

第2節 教師の代表的なリーダーシップスタイル

学級集団形成の目的，学級の児童生徒の特性，学級集団の状態に応じて，教師はそれに見合ったリーダーシップスタイルをとることになる。代表的なリーダーシップスタイルを，PM理論，勢力資源をもとに解説する。

1 PM理論

三隅（1984）は，リーダーシップ機能を2つの次元から解説することを提唱した。1つは，目標達成ないし課題遂行機能であるP（performance）機能である。教師のリーダーシップとしては，学習指導や生徒指導の遂行に関する機能である。もう1つは，集団維持機能であるM（maintenance）機能である。教師のリーダーシップとしては，学級内の好ましい人間関係を育成し，児童生徒の情緒の安定を促したり，学級集団自体を親和的にまとめたりする機能である。

この2つの機能の強弱を組み合わせ，4つのリーダーシップスタイルを提唱した（図11-2）。P機能とM機能をともに強く発揮するPM型，P機能の発揮が弱くM機能を強く発揮するM型，P機能を強く発揮するがM機能の発揮が弱いP型，P機能とM機能の発揮がともに弱いpm型である。

そして，数々の実証研究の結果，業種の違いにかかわらず，業績に関するリーダーシップ効果は，第1位がPM型，第2位がM型，第3位がP型で，最低はpm型である。

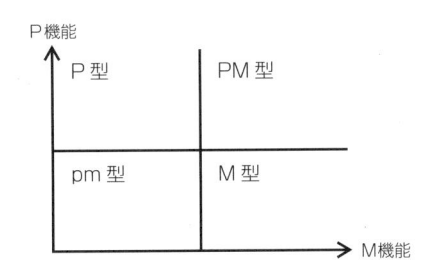

```
P機能
  ↑
  │ P型    PM型
  │
  │ pm型   M型
  └─────────→ M機能
```

図11-2　4つのリーダーシップスタイル（三隅　1984）

　教師のイメージでたとえると，PM型は細やかな気づかいのなかに強い指導性をあわせもつ教師，M型は温和で気づかいの細やかな教師，P型は一貫して厳しく指導する教師，pm型は放任型教師というところだろうか。

　状況適合論から考えると，児童生徒の特性や学級集団の状態に合わせて，教師はP機能とM機能を柔軟に，適切なバランスで発揮することが求められるだろう。教師のリーダーシップスタイルを考えたり，そのリーダーシップ発揮の方向性と強さを考えたりするうえで，PM理論はいまでも参考になる。

　英米の教師は，学級集団形成の目的と教師の役割上，効果的なP機能の発揮に主眼をおいたリーダーシップ行動を志向するのではないだろうか。恒吉（1992）は，米国の教師は自分の存在を前面に押し出し，教師が個人リーダーとして，自ら指示を下して子どもを率いていく仕組みであり，ものごとの因果関係や力関係などの，非感情的な指導をする，直接統制の傾向があると指摘している。

　それに対して，日本の教師は学級集団形成の目的からして，M機能の効果的な発揮は必要条件となる。したがって，強いM機能の発揮に支えられたP機能の発揮が理想のリーダーシップ行動になる。つまり日本の教師の理想のリーダーシップスタイルはPM型になるのである。さきほどの恒吉も，日本の教師は集団活動において逸脱行動があった場合，子どもの感情や罪悪感に訴え，人の気持ちになることを促し，改心させたり，行動を変えさせたりしようとする指導が多いと指摘している。このような指導は，教師の側からすると，直接

言わなくても，相手が意に沿うような行動をとることをしだいに学習するので，子どもの行動を間接的に統制できるとしている。そして，日本ではこの間接的な統制が学校で制度化され，日本的な集団管理体制のもとに，直接干渉を控えながらも教師が教室を統制できる状況をつくり出していることを指摘している。

2 勢力資源

児童生徒に指示がすっと入る，授業に集中させることができる，行事に意欲的に取り組ませることができる，このような教師は適切なリーダーシップを発揮できているといえるだろう。

では，児童生徒が，教師の指示や指導に従う，注意や叱責に耳を傾けるのは，どういう理由からだろうか。例えば，ある生徒が厳しいA先生の注意をおとなしく聞いているのは，素直に聞かないともっと怒られる，罰を与えられると思いそれを回避したいからかもしれない。あるいは，A先生の率直で毅然とした態度に尊敬の念を感じ，それで素直に聞いているのかもしれない。このように，児童生徒には，教師の指導を受け入れるだけの理由があり，その理由も教師一人一人に対して違う。

つまり，児童生徒は一人一人の教師に対して特定の勢力を感じて，その指導や指示に従っていると考えることもできる。この勢力を，教師が児童生徒に対してもつ勢力資源という。教師が児童生徒から獲得する代表的な勢力資源は，次の6つの種類がある（河村　1996）。

①準拠性：教師に対する好意や尊敬の念，信頼感，ある種のあこがれなど，教師の内面的な人間的魅力に基づく

②親近・受容性：教師に対する親近感や，自分を受け入れてくれるという被受容感など，教師の内面的な人間的魅力に基づく

③熟練性：教師の専門性に基づく教え方のうまさ，熱心さなど，教師の教育技術の高さと熱意に基づく

④明朗性：教師の性格上の明るさ，かかわることで楽しい気分になること

> に基づく
> ⑤正当性:「教師」「先生」という役割や社会的な地位に基づく
> ⑥罰・強制性:教師の指示に従わないと罰せられたり,成績に響くので,それを避けるために教師の指導に従うことに基づく

 英米の教師は,学級集団形成の目的と教師の役割上,その勢力資源として,「正当性」「熟練性」「罰・強制性」が核になっているのではないだろうか。近年のアメリカの教育改革の流れのなかで,教師の指導性について知識の伝達だけではなくコミュニケーションの重要性が指摘されている(二宮　2006)。

 それに対して日本の教師は,学級集団形成の目的と教師の役割上,「準拠性」「親近・受容性」「明朗性」などの教師の人間的な面の勢力資源は不可欠になる。学級の子どもたちが学級集団に一体感をもつようにするためには,まず教師に対する同一視は重要な要素であるからである。

3　子どもたちの発達過程における教師への勢力資源の変化

 児童生徒は1人の教師に対して,前述の6つの勢力資源を,それぞれ別個に,独立したものとしてとらえているわけではない。いくつかの勢力資源が分化せず,統合された形で,教師の勢力を認識しているのである。教師の勢力資源のとらえ方には,当然,子ども一人一人に個人差はあるが,小学生,中学生,高校生,それぞれ特有の,目安となるとらえ方がある。

 では,1990年代後半以降の日本の児童生徒は,教師の勢力資源をどのようにとらえているのだろうか。私が小学生,中学生,高校生,計8000人を調査した結果をもとに,平均的なとらえ方を説明する(河村　2002)。

〈小学生の場合〉

 発達的に幼い小学生は,前述の6つの勢力資源を,次の2つに統合して,教師をとらえる傾向がある(図11-3左)。簡単にいえば,教師が好きだから・信頼しているから,授業が面白いから・教え方がうまいから,その指導を素直に聞いている,自らすすんで教師の指導に従っているという側面「教師の魅力」

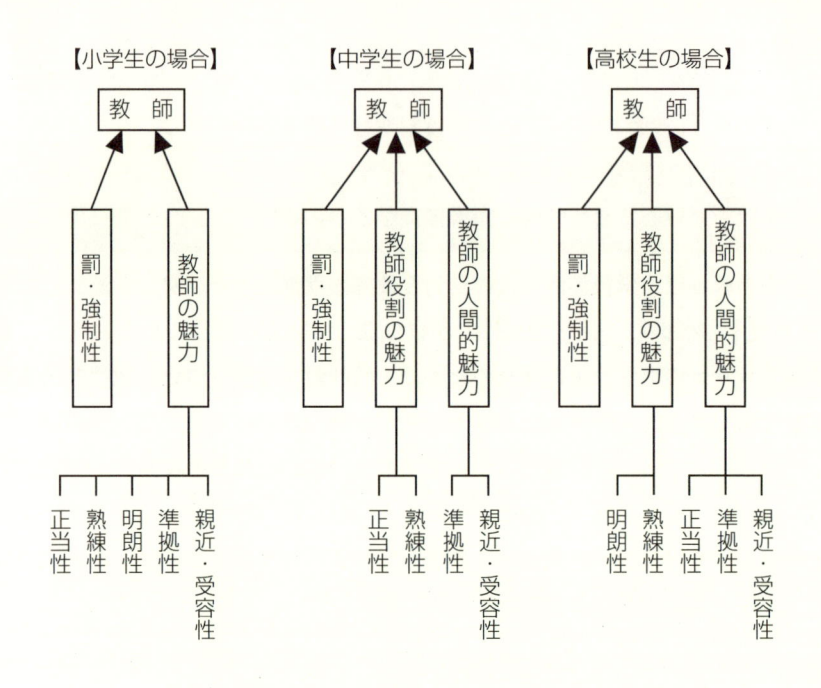

図11-3　小・中・高校生の勢力資源（河村　2002）

と，指導を聞かないと後が怖いので仕方なく従っているという側面「罰・強制性」である。小学生の教師の勢力資源のとらえ方で重要なのは，「教師の魅力」という視点のなかに，教師の人間的な魅力と，教師としての役割に関する魅力が分化せず，一緒になっている点である。つまり，小学生は教師の人間的な部分と，授業の教え方などの役割の部分を識別していない。したがって，どんなに教え方がうまく，かつ熱心でも，親しみや明るさ，悩みなどを受け入れてくれる対応や雰囲気がないと，その教師に対して魅力を感じてくれず，授業にものってこない，という状況が生まれるのである。

　児童が「教師の魅力」を強く感じているとき，両者の人間関係は良好になり，「罰・強制性」を強く感じているとき，両者の人間関係はマイナスに振れていくのである。

〈中学生の場合〉

　思春期の中学生は，前述の教師の6つの勢力資源を，次の3つに統合して，教師をとらえる傾向がある（図11-3中）。

　小学生が「教師の魅力」ととらえていた視点も，中学生になると教師の人間的な魅力と，教師としての役割に関する魅力を分化してとらえることができるようになっている。したがって，授業のなかでの教師と，放課後に個別に相談にのってもらうときの教師の態度には違う側面があることを理解できる。そして，中学生が「教師の人間的魅力」と「教師役割の魅力」の勢力資源を教師に強く感じているとき，生徒はその教師の指導に，素直に進んで従おうとする。

　中学生は教師の2つの魅力の側面を識別できるが，2つの魅力の両方をそれにふさわしい場面で強く感じているとき，その教師に全面的に従おうとするのである。

　「罰・強制性」は，中学生と教師の心理的なつながりを少しずつ引き離す勢力資源である。「罰・強制性」の勢力資源を強く感じている教師に，少しでも高圧的なものの言い方や，叱責をされると，中学生は強い反発を覚え，それが続くと反抗したり，教師の指導を聞き流したり，バカにしたりという攻撃的な行動にでることが少なくない。

〈高校生の場合〉

　高校生は，6つの勢力資源を，次の3つに統合して教師をとらえる傾向がある（図11-3右）。高校生が教師をとらえている視点は，中学生とほぼ同様のものである。高校生が「教師の人間的魅力」と「教師役割の魅力」を教師に強く感じているとき，教師の指導を進んで受け入れようとするわけである。

　中学生と高校生は教師をとらえる視点がかなり似ているが，決定的な違いがある。それは正当性の勢力資源である。中学生は，「教師役割の魅力」のなかに正当性の勢力資源が含まれている。それに対して高校生は，「教師の人間的魅力」のなかに正当性の勢力資源が含まれているのである。

　つまり，中学生は教師の授業の教え方のうまさや熱心さを見て「教師らしい」と感じるのに対して，高校生は教師の人間的な部分に「教師らしさ」を感

じるのである。1人の人間として尊敬できるか，親しみがもてるかということを，高校生はとても重要視するのである。したがって，高校生とのつながりのなかで，教師は「教師の人間的魅力」を強く感じさせることができるかどうかがとても重要になる。

また，高校生のとらえる「教師役割の魅力」は，熟練性と明朗性の相関が高い。つまり，教科のむずかしい内容を，そのまま堅苦しく，むずかしく教える教師に対して，高校生は単純に教師役割の魅力を感じない。つまり，教え方がうまいと感じないのである。その結果，授業に興味がもてず，私語が増えたり，居眠りをしたりという状況になってしまう。

授業内容を面白く，意欲的に取り組めるようにアレンジし，ときには自分の人生観を織り混ぜながら語ってくれる教師に，高校生は強い魅力を感じ，そういう授業にこそのってくるといえるだろう。料理でいえば，いかに栄養価の高いものを効率的に提供できるかということよりも，栄養価の高いものを，いかにおいしく食べられるようにできるかが，より大事なのである。そういう意味での熟練性が，現代の高校教師には求められているといえるだろう。

現代の児童生徒は，教師にどのような勢力を感じて，その指導に従っているのか。それを知ることができれば，そこに教師が児童生徒にかかわっていく糸口が見いだせるだろう。ただし，ポイントは，教師がどのような勢力をもっているのかではなく，児童生徒がその教師にどのような勢力があると感じているかということである。つまり教師には，自分の思い，もっている勢力を伝える技術が必要だということである。

第3節 共同体と機能体の特性を両立させるむずかしさと管理的な教師

　集団はその存在目的によって，特有の傾向を帯びてくる。共同体の集団は，子どもたち相互の親和的な人間関係の形成のなかで共同生活・協同活動を行うことを目的とする，子どもたち一人一人の居場所となる集団である。機能体の集団は，学習の定着，特定の技能の習得という目的にそって明確なルールのもとで集団活動が行われる。それぞれ単一の目的で運営される集団は，リーダーである教師にとって運営しやすいだろう。

　しかし，2つの目的を同時に満たそうとするとき，そこに矛盾が生じやすい。リーダーシップの発揮は複雑なものになり，教師の学級経営はとてもむずかしくなってくるのである。本節ではそのむずかしさを整理したい。

1　管理的な教師とは

　第9章で不登校問題に注目し，日本型の学級集団制度のもとでの「ゆとり教育」政策の問題の背景に，画一的な管理教育を実施する一定数の教師の存在を指摘したが，そのような教師は，リーダーシップ・スタイルでいうとどのような教師なのだろうか。

　PM理論でいうと，M機能の発揮が少ないなかで強いP機能を発揮するタイプの指導行動をとる教師，つまりP型の教師ではないだろうか。教師が熱心に対応しても，逆に熱心に対応すればするほど，子どもたちには強い管理と感じられてしまい，その指導を素直に受け入れがたい状況が生まれているのではないかと思う。

　さらに，そのようなP機能の発揮の背景に，教師の勢力資源として「罰・強制性」が認知されているのだと思われる。したがって，子どもたちは教師に「やらされている」という思いが強くなってしまうのだろう。

　理想の日本型の学級集団の特徴として，子どもたちが学級のさまざまな活動に自ら取り組んでいく自治のある状態があげられているが，結果として，その

逆の状況が生まれているのである。管理型の教師が学級経営する学級集団は，機能体の集団の特性の強い状態になっていくだろう。

2 共同体を基盤にし機能体の特性を発揮する集団のリーダーシップ

　機能体の集団で，おもに求められるリーダーシップはP機能である。そして，共同体でおもに求められるリーダーシップはM機能である。イメージとしては，前者は外資系の企業で，後者は年功序列制度が主流であった一昔前の日本の地域企業やお役所であろうか。リーダーは，メンバーの人間関係の調整（日本式の集団の和を尊ぶ気風の維持）が仕事の中心だったのではないだろうか。1つの特性を強くもつ集団なら，リーダーのリーダーシップ行動もシンプルでわかりやすい。しかし，そのような単純な集団は現代の社会では逆に稀であろう。

　PM理論は，業種の違いにかかわらず，業績を上げるリーダーシップ効果は，リーダーがPM型のリーダーシップを発揮するときであると指摘している。

　英米の機能体の面の強い集団でPM型のリーダーシップを展開するイメージは，アメとムチの使い分け，賞罰をきちんと与えるというパターンが想定される。「正当性」「熟練性」「罰・強制性」の勢力資源を背景にしたP機能をおもに発揮し，期待どおり行動できた場合，一定の成果が得られた場合に賞を与え，その行動を強化するのである。逆の場合やルール違反は見逃さずに，きちんと罰する形である。実際，アメリカの初等教育の教師の机上にはキャンディが置いてあるという（二宮　2006）。

　しかし，最低1年間固定されたメンバーで，生活や活動のほとんどを共にする日本の学級集団，共同体を基盤にして機能体の特性を発揮する集団では，賞罰をはっきりさせたリーダーシップの発揮は通用しにくいだろう。共同体のまとまりにはリーダーを同一視する面が重要であり，賞と罰を交互に発揮する教師に対して，子どもたちは無条件に同一視することができにくいからである。

　したがって，共同体を基盤にして機能体の特性を発揮する集団では，教師のリーダーシップの発揮は，次のような展開が想定される。

> ①「準拠性」「親近・受容性」「明朗性」などの教師の人間的な面の勢力資源を背景にして、教師と子ども一人一人との関係づくり、子ども同士のかかわりの支援、集団としての育成にM機能を強く発揮する

そして、並行して次の展開が求められる。

> ②学習や活動、生活面のさまざまな取組みをさせることを通して、「正当性」「熟練性」の勢力資源を背景にしたP機能を発揮していく

　第1章で説明した、日本の学級集団での生活や活動には、班活動、日直・多様な係活動、作業を集団で受けもつ朝夕の学級単位の会、全校朝会、児童会活動や委員会、クラブ活動、遠足・修学旅行などの行事、運動会・集団演技、集団登校、班による給食・清掃活動など、日々の生活や学期の節目ごとの行事において、学級集団内の小集団活動や全体活動が網の目のように設定されている。

　このような取組みが作用し合って、学級集団に集う子どもたちは、学級という共同体の一員として、共通の意識や行動の仕方の一体化が生まれ、学習や活動の目的達成に向けて、子ども同士が相互にかかわり合って自主的に行動できるようになっていくと想定される。

　大事なポイントは、②の背景に常に①の対応が教師の側から強くなされていることである。この①の対応が欠けたり不十分であるとき、子どもたちは教師から「やらされている」という意識を強くもってしまうのではないだろうか。

　そして、①の対応の代わりに、「罰・強制性」の勢力資源を背景にしたP機能で②を強化しようとするとき、子どもたちは教師から管理されているという意識を強くもってしまうのだと思う。①の対応には、最初からできないことを注意するのではなく、ソーシャルスキルトレーニングの要領で、子どもが期待される行動をとることを、納得できるように教えていくことが求められる。

　現在の日本の教育現場では、学力向上など目的達成のために、②の領域にTT（ティームティーチング）などの補強政策を取り入れているが、日本型の学級集団制度を継続していくならば、①の領域の補強が実は優先順位が高いの

ではないだろうか。

3　グループアプローチの取り入れは第一歩

　第10章で，日本型の学級集団での生活や活動を通して子どもたちの心理社会的な発達を促進していく活動は，グループアプローチに似ていることを指摘した。では，日本の教師は，学級経営の展開としてグループアプローチのリーダーの対応をすればよいのかというと，それだけでは不十分である。
　グループアプローチは，その集団での人間同士のかかわりを通した個人の気づきが，メンバー一人一人の心理社会的発達を促進するというメカニズムである。人間同士のリレーションのある建設的なかかわり自体を目的とし，その結果として子どもたち一人一人の心理社会的発達が促進されるという流れである。それに対して，日本の学級集団での生活や活動には，子どもたちの教科学習の内容や文化・社会規範の習得も大きな目的となっているからである。
　つまり，グループアプローチのリーダーの対応は，前項でいうと①の領域の対応であり，②の領域がカバーされていない。教師の管理的な対応の修正として，①の領域にグループアプローチのリーダーの対応を取り入れることは重要であるが，それだけがすべてではない。②の領域に対して，グループアプローチのリーダーのスタイル（カウンセリングマインド，リレーション形成を大事にする姿勢）をもちつつ，かつM機能の発揮に裏打ちされた能動的なP機能の発揮が求められるのである。
　したがって，日本型の学級集団制度のもとで，その目的の効果を高く達成するためには，①と②の領域の具体的な対応の仕方を，教師は身につけなければならないだろう。
　②の達成のみに偏り，①の対応を「罰・強制性」の勢力資源を背景にしたP機能で②に対応しようとする教師は，管理的であるという批判を受けるだろう。
　逆に，①の領域にグループアプローチのリーダーの対応を取り入れるが，②の領域にP機能の能動的な発揮の具体的なスキルをもたない教師は，なれあい型という批判を受けることになる。

①と②の対応をバランスよく実施する，そのためにリーダーシップ行動を適切に活用するのは，とてもむずかしいことである。

しかし，両者をうまく統合した理想の学級集団を形成し，高い教育実践を行っている教師がいる。そういう教師のP機能とM機能の勢力資源の背景は，ともに「準拠性」「親近・受容性」「明朗性」「熟練性」の勢力資源が子どもたちから高く付与されており，その結果「正当性」の勢力資源も高く付与されているのである。

教師に対する子どもたちの信頼は最初からあるものではなく，勝ち取るものであるといわれるが，まさにこの点であろう。

第4節 日本型の学級経営で求められるリーダーシップの発揮の仕方

共同体を基盤にして機能体の特性を発揮する集団では，教師のリーダーシップの発揮は，前節①②のような展開が期待される。

理想の学級集団を育成していた教師たち（第5章で調査した教師たち）は，M機能，P機能の発揮の背景にある勢力資源として「教師の人間的な魅力」，「教師役割の魅力」を，どのような対応を通して子どもたちに伝え，感じさせていたのか。本節はその対応のポイントを，聞き取り調査の結果をもとに解説する。

1 「教師の人間的な魅力」を伝える対応

理想の学級集団を育成していた教師たちが行っていた，「教師の人間的な魅力」の勢力を背景にした対応を整理したものが次の内容である。

忙しいなかでも以下の5つを心にとめて，具体的に言葉や態度で，子どもたちにメッセージを送り続けることが，教師として現代の子どもたちとの人間関係づくりには必要なのだろう。

> (1) 子どもの存在を尊重する
> (2) 自分から子どもに話しかける
> (3) 子どもが話しかけやすい雰囲気を意識してつくる
> (4) プラス志向のフィードバックをする
> (5) ユーモアと遊び心をもつ

それぞれについて説明を加える。「教師の人間的な魅力」を子どもたちに感じさせる対応とは，学校生活のほんの1コマのなかで展開される。

(1) 子どもの存在を尊重する

①問題行動は注意するが，人間性を否定するような言動はしない

「また遅刻か，君はだらしないな」という言い方を戒めているという。

このような言葉がけは，子どもの行動を注意すること以上に，子どもの人間性を否定している。子どもに自分が否定されたというメッセージが強く伝わり，行動を修正しようと考える精神的な余裕がなくなり，せいぜい，教師からうるさく言われないためにその指導に従おうとするくらいである。これは，「罰・強制性」の勢力を背景にした対応と感じさせる。教師が注意する目的は，子どもが言動の不適切さに気づき，自ら直そうと意識し，具体的な行動を起こさせることにあるので，不適切な行動にいたってしまう原因を一緒に考える，そのための方法を一緒に確認するという対応をとるようにしている。

②相談された内容は，必要な場合以外は他言しない

子どもから受けた相談を職員室の話題にして，それが別の教師の口からその子どもに伝わってしまうことがあるという。その子どもは2度とその教師を信頼しないだろう。伝えた別の教師にも悪気はないと思うが，それとは別の次元の問題である。子どもと教師との人間関係のマナーの問題であり，相手が子どもであってもそういうマナーを教師側もきちんと守るということである。

③ほかの子どもの前で子どもに注意をしない

子どもはいくら自分に非があるとしても，ほかの子どもたちの前で注意や叱責をされた場合，気が動転して，注意された内容も頭に入らなくなることが多

い。これでは見せしめの効果しか期待できない。子どもに注意するときは個別に，ということを意識しているという。
④子どもの批判を，その子のいないところで，ほかの子どもたちにしない
　これも子どもと教師との人間関係のマナーの問題である。陰口に近い行動なので，対象となる子どもだけではなく周りで聞いている子どもたちも，だんだんとその教師への信頼感を低下させてしまうのである。

(2) 自分から子どもに話しかける
①自分から名前を呼んで，あいさつする
　子どもからいい返事がなくても，続けることが大事だという。これをするためには，まず，自分がかかわる子どものフルネームを覚えることが前提になる。教師側からかかわる窓口は開いていることを，子どもたちに伝えるメッセージになるだろう。
②子どもの情報をメモし，あいさつのときにひとこと添える
　これは①の発展形である。常にあなたを気にかけているよというメッセージになり，教師に対して親近感が生まれる素地になるだろう。
③自分の苦手な子ども，低い評価をつけている子どもにこそ，さりげなく，定期的に言葉がけをする，いい面を言葉にして伝える
　人の行動や態度には，相手に対する感情や評価が意識しないなかで溶け込んでしまうことはよくあることである。教師も同様である。そして，教師のそうした何気ない無意識の対応や行動を，子どもたちはしっかり見ているものである。したがって，そういう無意識的な対応を，意識して気をつけていこうという姿勢をもっているのである。

(3) 子どもが話しかけやすい雰囲気を意識してつくる
①休み時間や放課後などくつろいで子どもとおしゃべりできる時間を設定する
　こういう時間をもつということは，その時間を生み出すということである。教師自身がそういう時間を，意識してつくり，つくった時間を楽しもうとする姿勢をもっているのである。
②自己開示して，役割を越えた交流を楽しむ

自分の思いや感情，失敗談などを率直に伝えるなど，教師という役割から離れて，1人の自分を出して子どもと感情交流する姿勢をもっているのである。

(4) プラス志向のフィードバックをする
①感動したこと，面白かったことなどの感情を，率直に表現する
　「合唱祭で，うちのクラスが優勝したとき，先生は胸がいっぱいになったよ」という具合に，自分の感情を飾らずに表現する姿勢をもっているのである。
②子どものがんばりや，取り組んだ熱意に対して，小さいことでも言葉にしてほめる
　「今日も掃除をしっかりやってくれてるね，ご苦労さま」という具合に，

> ・目立たないこと
> ・いつもと同じように継続していること
> ・結果はいまひとつだけれども，その子なりにがんばったこと

これらを，さりげなく認める言葉を子どもたちに伝えているのである。

(5) ユーモアと遊び心をもつ
①子どもとも共有でき，自分も楽しい話題，趣味をもち，一緒に楽しむ
　休み時間や放課後などのちょっとした時間に，サッカーチームの話題で子どもたちと盛り上がるなど，1人の人間として子どもたちと対等にかかわることで，役割を越えたつながりを大事にしているのである。
②子どもたちとよく冗談を言う
　ユーモアやジョークは，「私はあなたを攻撃しませんよ」という，見えないメッセージの役割を果たす。子どもたちはそれを受け取って，教師に対する緊張や不安を軽減させ，親密感をもつようになるのであろう。

2 「教師役割の魅力」を伝える対応

　最近，子どもの気持ちが理解できない，対応しきれない，指示がうまく子どもたちに通らず授業が成立しにくい，学級経営がうまくいかないと悩んでいる教師は多い。筆者の調査の結果（河村　2002），教師たちが最近の子どもたち

に感じていることの上位10項目は次の内容である。

> ①あきっぽく，我慢できない
> ②傷つくこと，失敗することを恐れ，新しいことに取り組もうとしない
> ③欲求充足志向で，面白くないことはしない
> ④個人的にしつけられていない，集団生活のマナーを理解していない
> ⑤うぬぼれが強く，自己主張的である
> ⑥対人関係を自ら形成しようとする意欲と技術が低い
> ⑦他人の気持ちを察することができない
> ⑧周りに流されやすい。ことの善悪よりも多数派につく
> ⑨しゃべる内容は大人だが，心はとても幼い
> ⑩知識と生活面での具体的な行動が一致していない

悩んでいる教師たちは，子どもたちに期待される行動や態度を求めて，①〜⑩の実態を前にして，注意や叱責などを「罰・強制性」の勢力資源を背景に行っていることが多いのではないだろうか。

いっぽう，理想の学級集団を育成していた教師たちが行っていた，「教師役割の魅力」の勢力を背景にした対応を整理したものが次の内容である。

ポイントは，以下の３点である。

> ●現代の子どもたちのマイナスと感じられる内容が表面化しないように，事前に具体的な対応をしていた
> ●放っておけば，子どもたちがそのような傾向の行動や態度にいたってしまう環境をつくらないようにしていた

以上の２点を押さえ，そのうえで次の対応をしていた。

> ●上記の２つの対応のなかで，マイナスと感じられる面を少しずつ克服できるように，無理のないレベルで子どもたちを活動させていた

２つの例をあげ，具体的に解説する。

③「欲求充足志向で，面白くないことはしない」
　こういう状態の背景には，次のような傾向がある。
・面白いと思えないものには，取り組まないで済ませたい
・めんどうくさいものは，やりたくない
・興味がなくても，やらなければという意識が低い
　したがって，日々の授業などにおいて具体的な対策を立てないと，私語が始まったり，手遊びをしたりと，授業が学習の場になっていないという状況が現出してしまう。だから，これらの対策を事前に計画してから対応するのである。
・取り組む前に，課題の面白さを説明する
・課題の導入に興味を引く内容を盛り込むようにする
・ワンパターンの授業展開をしない
・パソコンなどを活用し，興味をもてるような授業展開にする
・学習にゲーム的要素を取り入れる
・学習にグループ活動を取り入れる
・子どもたちが集中できるレベルの時間で，授業をいくつかの方法の異なる内容で構成する

④「個人的にしつけられていない，集団生活のマナーを理解していない」
　こういう状態の背景には，次のような傾向がある。
・個人的に基本的なマナーが身についていない
・集団生活のマナーや，集団で活動するための基本的なルールを知らない
　このような子どもたちが集まり，各自が自分の都合のよい行動をすると，相互に衝突してトラブルが多発してしまう。したがって，これらの対策を事前に計画してから対応するのである。
・みんなで活動するときには，最低限のマナーを事前に必ず確認する
・みんなで活動する際には，マナー違反しそうな内容について，事前に注意を促しておく
・知らないでマナー違反をしている子どもには，叱責しないで，マナーを教える

・マナーについて常日ごろ説明し，意識性を高める
・特に必要なマナーは，集団でスムーズに活動できるためにルールとして明確化し，事前に守ることを約束させる
・活動内容を振り返らせるなかで，対人関係や集団生活のマナーやルールについても言及させる
・前よりもよくできていた行動・態度を，個人単位で，全体を前にして褒める

　教師が期待する子ども像，期待する行動や態度をいったん横におき，目の前の子どもたちの実態を真摯に受けとめ，そこからどうするのか，どう援助し指導するのかを考え，具体的に対応していることがわかる。
　子どもたちへの対応がうまい教師と，そうではない教師とには，大きな違いがあるわけではない。子どもたちの実態に応じて，一つ一つ具体的対策を取り入れているかどうかの差だと思う。
　事前にこれらの対策を立てておけば，子どもたちの意欲が低下したり，他のことに興味を散らしたり，ということがかなり防げるのではないだろうか。その結果，子どもを注意しなければならない場面が少なくなる。そうなると，教師にも余裕が生まれ，子どものよさをじっくり見守ることができ，自然と褒めることが多くなるだろう。このようななかで，教師と子どもたちとの人間関係は，だんだん良好になっていくことだろう。

引用文献
狩野素朗　1985　個と集団の社会心理学　ナカニシヤ出版
河村茂雄　1996　教師のＰＭ式指導類型と勢力資源及び児童のスクール・モラールとの関係についての調査研究　カウンセリング研究，29（3），187-196.
河村茂雄　2002　教師のためのソーシャル・スキル　誠信書房
三隅二不二　1984　リーダーシップ行動の科学　有斐閣
二宮皓（編著）2006　世界の学校－教育制度から日常の学校風景まで－　学事出版
田崎醇之助・青木修次（編著）1995　産業心理学トゥデイ　八千代出版
恒吉僚子　1992　人間形成の日米比較　中公新書

第11章　日本の教師のリーダーシップ行動

参考文献

河村茂雄・田上不二夫　1997　教師の教育実践に関するビリーフの強迫性と児童のスクール・モラールとの関係　教育心理学研究, 45（2）, 213-219.

河村茂雄・田上不二夫　1997　児童のスクール・モラールと担任教師の勢力資源認知との関係についての調査研究　カウンセリング研究, 30（1）, 11-17.

河村茂雄・田上不二夫　1997　児童が認知する教師のPM式指導類型と児童のスクール・モラールとの関係についての考察　カウンセリング研究, 30（2）, 121-129.

第12章

日本の学級集団制度を考える

　日本の学校教育の特性ともいえる次の2点は，自明のこととして，問い直されることのないまま，国の重要な政策として，教育改革が進められている。
(1)固定されたメンバーで生活面やさまざまな活動を学級で取り組む日本型の学級集団制度
(2)学習指導とガイダンス機能を教師が統合して実施していくという指導体制
　日本型の学級集団制度のもとでは，子どもたちの人格の陶冶は，共同生活・活動から体験を通して自ら学んでいくという考え方が基盤にある。生徒指導や教育相談，進路指導も，この大きな流れのなかに位置づいて展開されるのが理想であり，それらが教師によってトータルに指導されていく。つまり

共同体の面の強い学級集団　＋　集団生活・活動や行事への取組みの重視

である。
　OECD（経済協力開発機構　2009）は，加盟国30カ国の教育比較報告書「図表で見る教育 OECD インディケータ2009年版」を公表し，日本の教育支出が

OECD平均であるのに,高い教育効果を上げていると指摘している。OECD諸国に比べ日本の教育投資が低迷している現状でも,PISAに見られるような教育の効果が得られるのは,学級規模が大きいことによると指摘し,教育予算を抑えることができ,その分,日本の教員の給与レベルを高く設定することができ,より優秀な教員を集めるインセンティブになっていると指摘する。

しかし,前述の(1)(2)の日本の学校教育,学級集団の特性に踏み込んだ指摘は見られない。そして,この日本型の学級集団制度は,このまま対症療法を続けながら継続し,成果を上げていけるのだろうか。本章ではいままでの章の内容を総括して,自明のこととして議論されてこなかった(1)(2)について考える。

第1節 日本の学級集団制度改革の方向性を考える視点

現在,小学校,中学校,高等学校では,固定されたメンバーによる学級集団を通しての生活・活動体験を通した心の教育やガイダンス,学習活動の同時展開がむずかしくなってきた(第8章)。そのなかで,学級集団の状態によって児童生徒の「学力の定着」「いじめの発生」に大きな差が見られること(第4章),日本型の学級集団制度を対症療法的に補うシステムができ,それがかなり広がってきていること(第6章)を解説した。

そして,日本型のガイダンス機能を,教師が学習指導を行いながら同時に担っていくことの現状でのむずかしさ(第9章),第3次支援レベルのみを外部のスクールカウンセラーが補うだけでは限界があること,特別支援教育の推進が日本の学級集団制度のなかで十分に機能していない実態(第7章)を解説した。

さらに,大学ではそれまでの学生の自己責任による自由な学習活動の展開から,ある程度固定されたメンバーのクラスを編成し,クラス担任の教員を配置し,オリエンテーションやガイダンスをきめ細かく行い,学生の大学生活の適応への支援,心理社会的発達の促進への支援が行われ始めている現状を指摘し

た(第6章)。この背景には、高校段階までの学習内容(学習指導とガイダンスの両面)が未消化な児童生徒が相当数存在していると思われる。

以上のような背景の考えられる問題に対して、教育改革として次のような議論が高まっている。
①学校で教える学習内容量(学習指導とガイダンス両面で)をより増加する
②1学級の児童生徒数をより少なくする
③外部の専門家をもっと学校に導入する

①は、現状のシステムのなかでの現状の教員数では、学校現場はかなり厳しくなってくるだろう。問題は児童生徒の学習定着内容の低下だと考えられるが、それはひとえに指導する学習内容量が少ないからではなく、指導内容を消化できない現状もあるからである。そして第7章の、教師の精神衛生の問題を考えると、②と③の問題とも関連して考える必要がある。

②と③の問題は、個別対応の必要性が高まっている子どもたちを、集団として活動をさせ、一斉授業を行っていくことのむずかしさ、また学習指導とガイダンスを統合して教育力のある学級集団を育成するなかで実践していくという日本の教師の仕事の多様さと複雑さ、この2つが合わさって、議論が学校現場から高まっているのだと思う。その要望は十分理解できるものである。

ただ、この問題に対して、単に1学級の児童生徒数を減らす、教員数を増やすというだけでは、学校現場では漠然としていて、確実な成果には結びつかないだろう。やはり自明とされてきた本章冒頭の(1)(2)の問題を整理したうえで、どうするかを検討する段階に日本の学校現場はきているのだと思う。

この視点に対するビジョンがないまま、単に1学級の児童生徒数をどうするかを議論するのは無理がある。学習指導をするにしても機能体での展開をするのと、いままでの共同体での指導をするのとでは、人数の考え方が違うからである。また、外部の専門家をガイダンス対応として学校に導入するにしても、どのような領域の専門家を導入し、どのようなレベルの対応を、どのように学校教育に位置づけて取り組んでもらうかが漠然としてしまうからである。

日本の学校教育は、教育内容は英米をモデルとしているが、方法論は日本独

自の展開をとってきた。だが，現在の日本の学校現場は，徐々に英米の学校教育の方法論を取り入れているという現状がある（第6章，第7章）。

そこで，日本型の学級集団制度から英米型の学級集団制度を連続線上に並べて，公立の義務教育の学校教育システム・学級集団制度について，どのような形態が想定されるか考えてみたい。

1 基本的な枠組み

(1)と(2)の問題を組み合わせると，基本形は次の図のように4タイプになる。ポイントとして，次の2点をどうするかが大きな分岐点になる。

		(1) 固定した集団	
		A 有	B 無
(2) 学習指導・ガイダンス	A 統合	Ⅰ型	Ⅲ型
	B 分離	Ⅱ型	Ⅳ型

図12-1　日本の学校教育の特質のマトリクス

(1) A 固定した学級集団を設定し，その集団で係活動やさまざまな集団活動を展開していく。共同体の特性をもった学級集団を形成する。
　　B 能力別や援助ニーズに応じた集団（個人対応も当然ある）を適宜形成し，学習の目的により適した機能体の学習集団を形成する。
(2) A 教師が学習指導とガイダンスの対応の両方を中心で行っていく。
　　B 学習指導とガイダンスの対応を分業にし，学習指導のみを教師が担当し，ガイダンスは専門家チームがプログラム（注1）を展開する。

第1節　日本の学級集団制度改革の方向性を考える視点

2　現状の日米のシステムの確認

〈従来の日本型の学級集団制度〉　Ⅰ型　(1)Ａ ×(2)Ａ

① 1 学級40人以下の固定されたメンバーによる学級集団
② 教師は学習指導と生徒指導および課外活動をすべて統合的に指導する
③ 学級集団でのさまざまな生活・活動を計画的に実施し，子ども同士をかかわり合わせながら個人の心理社会的な発達を促進していく
④ 授業は学級集団全体の一斉授業が中心で，子ども同士の学び合いを重視する
⑤ 義務教育の形態として国の定めた学校に就学するという方法しか認めない

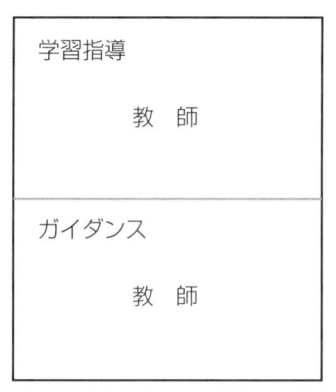

図12-2　日本の場合

〈アメリカ型の学級集団制度〉　Ⅳ型　(1)Ｂ ×(2)Ｂ

① 学習指導の学級集団は，初等教育は固定，中等教育以上は能力や生徒の選択科目別の授業集団を形成し，学習集団は 1 学級20人くらい
② 教師は学習指導を担当し，ガイダンスおよび課外活動は複数の専門家がそれぞれ担当する。オリエンテーションを行う場合はそれに応じた集団を形成してプログラムが展開される
③ ガイダンス機能も個人単位や，特定の対応が求められる児童生徒を小集団にして，必要に応じたプログラムが展開される
④ 授業は学級集団のなかで行われるが，個人のプログラムに沿った展開が重視される

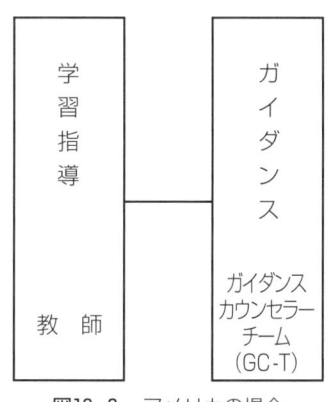

図12-3　アメリカの場合

⑤義務教育の形態として，連邦政府に教育の内容や制度を統制する権限は与えられておらず，徹底した地方分権型制度をとる。学校以外の場での教育も義務教育として認める

〈現状の一部英米のシステムを取り入れた日本の学級集団〉

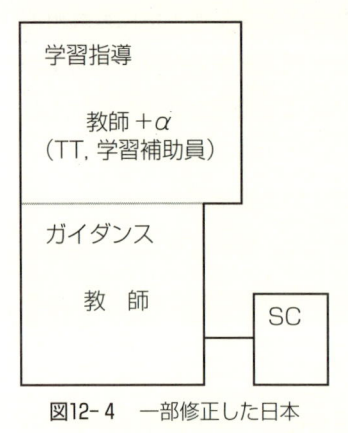

Ⅰ型＋α型　(1) A ×(2) A ＋ SC　外部の専門家がそれぞれ補助する

① 1学級40人以下の固定されたメンバーによる学級集団
・市町村の教育委員会の判断で，1学級の人数を減らすことができる
② 教師は学習指導と生徒指導および課外活動をすべて統合的に指導する
・TTによる指導を取り入れる
・特別支援の必要な児童生徒を支援員などが学級内で個別サポートする
・放課後チューター制度，夏季の補習学習を取り入れる
・非常勤のスクールカウンセラーを各校に配置し，不登校などの3次対応レベルの子どもの　対応をする

図12-4　一部修正した日本

（学習指導　教師＋α（TT，学習補助員）／ガイダンス　教師／SC）

③ 学級集団でのさまざまな生活・活動を計画的に実施し，子ども同士をかかわり合わせながら個人の心理社会的な発達を促進していく
・学校行事を2，3割削減する
④ 授業は学級集団全体の一斉授業が中心で，子ども同士の学び合いを重視する
・教科学習で一部セッティング方式の少人数指導を取り入れる
⑤ 義務教育の形態として国の定めた学校に就学するという方法しか認めない
・各市町村教育委員会の下に適応指導教室を適正数配置する
・出席扱いになる教育形態がかなり広く認められはじめた

注１：ガイダンスプログラムとは，ガイダンス機能の発揮に特化して，計画的，継続的に行われる一斉指導のこと。ソーシャルスキルや人間関係づくりを入り口に，人格形成，社会性・進路意識・創造性の育成をめざす。ガイダンスカリキュラムともいう。

　特定のガイダンスプログラムを実施する場合，その効果を高めるためには，実施するプログラムが子どもたちや学級集団の実態（子ども同士の関係性を含む）にマッチしており，かつ実態に合った方法で展開されることが必要になる。さらに，実施するプログラムが子ども同士のかかわり，学級集団での共同生活に般化していくことが大事である。そして，社会生活にも般化していくことで，初めてそのプログラムの内容が定着したといえるのである。この流れが見られなければ，特定のガイダンスプログラムはただの科目の１つとして，知識が定着するレベルにとどまってしまうだろう。木に竹を接ぐような形になり，取り組んだわりに効果は少ない，ということになってしまいかねない。

第2節　学級集団制度の改革の方向性

　第１節の〈現状の一部英米のシステムを取り入れた日本の学級集団〉での教育成果が，学習面でもガイダンス面でも行きづまりを見せていることは，これまでの章で解説した。それを打開するためには，日本の学校教育の特性(1)(2)について検討し直していく必要があるだろう。

　そこで，本節では，他の類型への移行した形態を考えていく。

1　Ⅱ型への移行

〈パターン１〉　(1) A　×(2) B
日本型の学級集団制度を基準にするが大胆に米国の分業システムを取り入れる
①固定されたメンバーによる学級集団
・１学級の人数は制限を設けない（学級の児童生徒の実態に応じる）
②教師は学習指導を担当し，ガイダンスおよび課外活動は複数の専門家がそれぞれ担当する
・教科ごとに専門の教師が担当する
・ＴＴによる学習指導体制を取り入れる
・特別支援の必要な児童生徒を支援員などが学級内で個別サポートする

第12章　日本の学級集団制度を考える

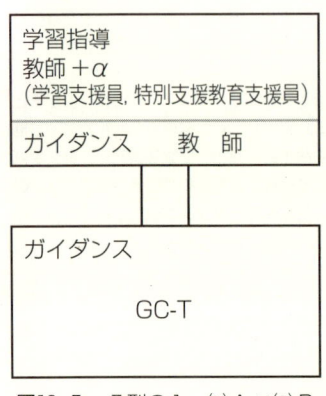

```
┌─────────────────────┐
│ 学習指導            │
│ 教師＋α             │
│ (学習支援員,特別支援教育支援員) │
├─────────────────────┤
│ ガイダンス　　教　師 │
│                     │
├─────────────────────┤
│ ガイダンス          │
│                     │
│     GC-T            │
│                     │
└─────────────────────┘
```

図12-5　Ⅱ型の1　(1) A ×(2) B

☆教師は授業での児童生徒の様子などを，ガイダンス担当に取り次ぐ程度の役割をする
③学校行事，学級での係活動などは大胆に削減する
・常勤のガイダンスカウンセラーなどの専門家チームが不登校などの3次対応レベルの子どもの対応だけではなく，1次，2次対応のガイダンス面を全面的に担当する
・道徳，キャリア教育を教科として取り入れ，専門家チームが担当する
④授業は一斉指導の割合を減らし，個別プログラムの展開を重視する

〈パターン2〉(1) A＋α ×(2) B　チューター制度
専門家チームが従来の学級担任のイメージでガイダンス全体に対応し，教師は授業をやりにくるイメージになる

```
┌─────────────────────┐
│ 学習指導            │
│                     │
│   教　師＋GC-T      │
│                     │
├─────────────────────┤
│ ガイダンス          │
│                     │
│     GC-T            │
│                     │
└─────────────────────┘
```

図12-6　Ⅱ型の2
　　　　(1) A＋α×(2) B

①固定されたメンバーによる学級集団
・1学級の人数は制限を設けない（学級の児童生徒の実態に応じる）
②教師は学習指導を担当し，ガイダンスおよび課外活動は複数の専門家チームが担当する
・教科ごとに専門の教師が担当する
・ＴＴによる学習指導体制を取り入れる
・専門家チームが教師の学習指導中のガイダンス面をサポートする
特別支援の必要な児童生徒などを学級内外で個別サポートする
③学校行事，学級での係活動などは，専門家チ

ームが担当し積極的に行う
・専門家チームが学級経営の責任をもち，1次，2次，3次対応のガイダンス面を全面的に担当する
・道徳，キャリア教育を教科として取り入れ，専門家チームが担当する
④授業は一斉指導の割合を減らし，個別プログラムの展開を重視する

2 Ⅲ型への移行
〈(1) B ×(2) A〉
学年団の教師チームが学年の児童生徒の学習指導とガイダンスを，従来の固定された学級の枠を外して全員で連携して担当する

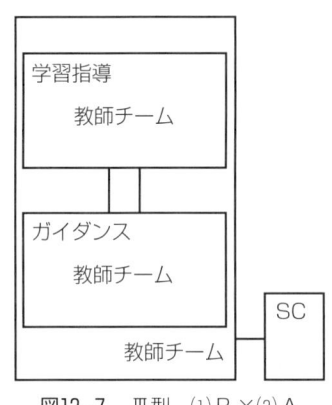

①学習指導の学級集団は能力や児童生徒の選択科目別の授業集団を形成する
学習集団は1学級20人くらいで，教科に応じて柔軟にメンバーや人数が変わる
②教師は学習指導を担当するとともに，ガイダンスおよび課外活動は援助レベルに応じた小集団をそれぞれ担当する（学習集団とガイダンスを受ける集団は一致していない，かつ，柔軟に変化する）
③学校行事，学級での係活動などは大胆に削減する
ガイダンス機能も個人単位や，特定の対応が求められる児童生徒を小集団にして，必要に応じたプログラムが展開される
④授業は学級集団のなかで行われるが，個人のプログラムに沿った展開が重視される

図12-7　Ⅲ型　(1) B ×(2) A

3 Ⅳ型への移行

《(1) B ×(2) B》

英米型の機能体を主とした学級集団制度に切り替える

① 〈小学校〉固定されたメンバーによる学級担任制度にする
- 1学級の人数は20人以下にし，学習指導に特化した学級集団を形成する
- 教師は学習指導のみを担当し，個別指導に重点をおいた授業展開にする
- 専科教師の授業を積極的に取り入れる
- TTによる指導を積極的に取り入れる

〈中学校〉固定した学級集団をつくらず，教科ごとに学習する子どもたちの集団を柔軟に形成する
- 1学級の人数は20人以下にし，学習指導に特化した学級集団を形成する
- 教師は学習指導のみを担当し，個別指導に重点をおいた授業展開にする
- 子どもたちの学習の定着度に応じて，教科ごとにセッティング方式の能力別クラスで授業を実施する
- TTによる指導を積極的に取り入れる

```
┌─────────────────┐
│ 学習指導        │
│                 │
│      教師＋α   │
│                 │
└────────┬────────┘
         │
┌────────┴────────┐
│ ガイダンス      │
│                 │
│      GC-T      │
│                 │
└─────────────────┘
```

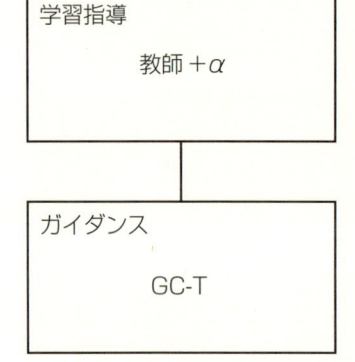

図12-8　Ⅳ型　(1) B ×(2) B

② 学習指導と生徒指導および課外活動を分業化し，教師は学習指導のみを担当し，他はガイダンスカウンセラーなどの専門家たちが担当する

③ 学級集団でのさまざまな生活・活動を基本的には行わない
- 常勤の専門家チームを各校に配置する
- 生活指導，特別活動，キャリア教育の指導，教育相談を専門家チームが教育

課程に位置づけて行う
・対象（対人関係がうまくとれない子どもなど）を設定したプログラム，個別指導のプログラムを行う
・道徳を教科として取り入れ，専門家が指導する
・専門家が運営する学校から独立したスポーツや芸術関係の課外活動の組織を設定して，放課後に子どもたちに積極的に参加させる
④授業は学級集団のなかで行われるが，個人のプログラムに沿った展開が重視される

4 各形態の考え方

　固定した学級集団を形成し，そのなかで児童生徒同士のかかわり合いを重視する背景には，子どもたちの人格の陶冶は，共同生活・活動体験を通して自ら身につけていくという考え方がある。逆に，援助ニーズ・レベルに応じたメンバーで構成された小集団に能動的なプログラムを導入する方法の背景には，最低限の内容を一人一人に確実に身につけさせていくという考え方がある。

　その指導の担当は，専門的により適任で，かつ，他の仕事との兼ね合いも含めて効率的（人件費の問題も入る）という条件が選択肢になる。

　想定したⅡ，Ⅲ，Ⅳ型は机上の仮説ではなく，実在するモデル校がある。

　Ⅱ型・パターン1は，アメリカの型の発想が強く，事務的な効率から固定した学級集団を組織している場合が多い。受験に特化した私立の中・高校に多く，学級も文系コースや特進クラスなどの命名になっていることが多い。そのような学校では，ガイダンス面の対応が少なくなる傾向がある。

　Ⅱ型・パターン2は，通常の公立学校では適応のむずかしい児童生徒が通う学校に見られる。固定された学級も，1学級の児童生徒数も少なく，似たような問題を抱える児童生徒で組織される場合もある。最近は各県にこのような学校が設置され始めてきた。

　Ⅲ型は，通常の公立学校では適応のむずかしい児童生徒が通う学校に見られる形態である。健康診断などの便宜上，ゆるやかな学級に児童生徒を所属させ

る場合もある。単位制の高等学校もこの形態に近い。Ⅱ型と同様にガイダンス面の対応は学校差が大きい。教師チームの連携をかなり密に，かつ組織化しないと，一定のガイダンス機能の発揮がむずかしい。

　Ⅳ型は，国際化をめざした大学の附属の学校によく見られる形態である。単位制の高校にも見られる。とても自由度が高いので，ある程度自立して行動できる児童生徒であることが前提である。

　以上の4つの形態は，日本の自明視されてきた(1)(2)に踏み込み，その一方か両方をやらない場合の形態案である。日本の現状から一足飛びにそれらの型に変更することはむずかしいが，現状の問題に対して対症療法を繰り返し，そのいきづまりが限界に近づいていくのであれば，いずれ検討しなくてはならないだろう。

　また，学習指導もガイダンスも一定の成果を求めるのであれば，特にガイダンス面では，児童生徒たちに，どのような力の育成を目的に，何を，誰が，どのように対応するのか，という点を明確にしていかないと，どのような形態をとろうとも，指導する者の個人差が大きくなってしまうのは必定である。それができにくかったのは，日本の教師の仕事の範囲が膨大で，複雑だったからである。前提の部分から教師の仕事をより整理していかなければ，改革と呼べるような変革はできないだろう。

　さらに，新たな教育プログラムを実施する際にも，(1)(2)との関連性を検討せず，ただ新たな取組みを増やしていくだけでは，学校現場が混乱し，教師たちが疲弊していくことになってしまうだろう。そして，新たな教育プログラムも木に竹を接ぐような形になり，費やした労力のわりに成果が少ない，という結果になる危険性が高くなる。

　大事な点は，新たな教育プログラムが(1)(2)にどのように位置づいていくのかを明確にし，教師たちの十分な理解を得ること，学習指導とガイダンスでの対応の両面における，教師の役割と責任の範囲をできるかぎり明確にしていくことだと思われる。

第3節 日本型の学級集団制度を継続する形態

現在の学校問題の根底に，日本型の学級集団を教育的な環境に成立させることがむずかしい，その背景に個別対応を必要とする児童生徒の増加，現在の児童生徒のコミュニケーション能力の低下がある。そのため，学習指導とガイダンスの対応を教師が統合して行う日本の現状のシステムで，学習面とガイダンス面の取組みが相乗的にマイナスの展開をしている面が見られるのである。

そこに新たな人員を増員する（教師数も調整し大幅増にはならない）ことができるならば，現在の日本の学級集団制度を基盤にした形態も考えられる。

1 現行制度を基盤とした改善策

〈(1) A ×(2) AB〉

教師と外部の専門家がチームになって，学習（教師T1）もガイダンス（柔軟にT1 T2をやる）も連携してあたるというシステム

この際の専門家チームは臨床心理の専門家よりも，グループアプローチ，教育相談の専門家の比重が高まるだろう。学校教育に精通している者がより求められるので，教師のなかでグループアプローチ，教育相談の専門性を身につけている者を，教師カウンセラーとして活用するのも効果的である。

①固定されたメンバーによる学級集団
・1学級の人数は制限を設けない（地域，学校の実態に応じる），上限は35人
②学習指導と生徒指導および課外活動を，複数の教員配置，外部の人員・専門家との連携のもとで行う

学習指導
教　師 +GC-T
ガイダンス
教　師 +GC-T

図12-9　(1) A ×(2) AB

・常勤のガイダンスカウンセラーを各校に配置する

　不登校などの3次対応レベルの子どもの対応だけではなく，ガイダンスカウンセラーとして1次，2次援助レベルの活動を重視する

③学級集団でのさまざまな生活・活動を積極的に行う

・②の常勤の専門家が，教師とTTで行ったり，副担任の形でかかわったり，並行して個別指導の時間を設け，対象（対人関係がうまくとれない子どもなど）を設定したプログラムを個別に実施する

④授業は学級集団全体の一斉授業を基本とするが，個人指導の比率を高める

・教科担任制度を大胆に取り入れる

・教科ごとにセッティング方式の少人数指導を積極的に取り入れる

・TTでの指導を標準にする

　以上の形態でも，教師たちと専門家チームの密接な連携，相互のメンバーの役割と責任の明確化，が前提になる。

　さらに，日本の学校教育の理念，日本型の学級集団制度をしっかり具現化するためのスキルの獲得をめざした教員養成の徹底が求められるだろう。具体的には，現代の子どもたちの実態に応じた学級経営の展開（アセスメントも含む）についてのスキル，生活指導，グループアプローチ，キャリア教育の指導，教育相談に関連する，年間単位の体験学習である。医師のインターンのようなものである。もしくは，同様の領域に関する専門家を重点的に養成していく必要があるだろう。

2　日本人の特性を大事にした教育形態の確立が必要

　アメリカでは，まず何よりも個人が存在することを出発点としており，個人同士がそのときどきの目的に応じて人間関係を形成する「独立型自己観」の傾向が強い。それに対して日本では，人は1人だけでは完結しえず，他者との関係性のなかではじめて自分というものが定義される「相互依存型自己観」の傾向が強いといえる（宮原　1992）。恒吉僚子も，個人と他者，個人と集団を対

立的にとらえがちな欧米においては，日本人の集団同調は，個人が集団に埋没しているようなとらえ方をしてきた。しかし，自他の一体感が強い日本人は欧米人と違い，同調を「個」の犠牲としてはとらえていない。日本人が「個」が発達していないという言い方は，日本人を欧米的基準で評価していると指摘している。

日本の学校教育の学級集団制度は，大正時代に「相互依存型自己観」の傾向を帯びた価値観でその原型がつくられ，それが多少の修正を経ながらも現在まで継続されてきたのではないだろうか。

国際化が叫ばれ，日本の国からは地域の共同体的な風習がどんどん減少していくなかで，日本の学校教育はどのような人間の育成をめざしていくのだろうか。「独立型自己観」の傾向が強い人間なのだろうか，「相互依存型自己観」の傾向が強い人間なのだろうか。

さらに，子どもたちの規範の低下がいわれるなかで，道徳教育の充実が社会的に求められているが，現状のシステムの上にただその領域を上乗せするだけでは限界があるのではないだろうか。学校教育の目的を問う際に常に議論される，教育は「個人の育成を重視する」のか，「国民の育成，ないし市民の育成を重視する」のか，今後の日本の学校教育はこの折り合い点をどのように定めるのかの選択も必要となる。

そして，子どもたちの学習のあり方としての「系統主義的な学習」と「経験主義的な学習」という，2方向の学習の考え方を今後の日本の学校教育はどの比重で統合していくのか，の指針も必要になってくる。

> (1)固定されたメンバーで生活面やさまざまな活動を学級で取り組む日本型の学級集団制度
> (2)学習指導とガイダンス機能を教師が統合して実施していくという指導体制

ずっと自明のこととされ，検討されることが少なかったこの2点を問い直すということは，日本の学校教育はどのような人間の育成をめざしていくのか，

という問い直しでもあるといえよう。

　日本人の生き方や考え方，国際社会のなかで生きる日本人を育成していく視点として，子どもたちの学習面，心理社会的な発達を促進して人格の育成をめざした教育を展開していくうえで，日本人の特性を大事にした形，大事にしたい形があるのではないだろうか。

　そのうえで，現代の子どもたちの実態にマッチし，それに相応しい教育形態が選択されなければならないのである。

3　最後に

　日本とアメリカとの義務教育に対する考え方の相違（第1章）のなかで，あらためて次の3点に注目し，考えてみたい。

①日本では公立の義務教育諸学校では退学，停学を行うことは許されていない（教育委員会が行う出席停止は懲戒ではない）が，アメリカでは教育の場での懲戒や罰則は種類が多く細かく定められている

②義務教育の考え方が，日本は原則として義務教育の形態として国の定めた学校に就学するという「就学義務」とする考え方をとるのに対して，アメリカは一定の条件のもとで学校以外の場での教育も義務教育として認める「教育義務」と考える立場である

③日本は文部科学省が出す学習指導要領によって各学校の教育内容や指導時間が均一に定められているが，アメリカでは連邦政府に教育の内容や制度を統制する権限は与えられておらず，徹底した地方分権型制度である

　Ⅰの形態をより充実させる，Ⅱ，Ⅲ，Ⅳの形態に改革を進めるにしても，最低限，①②③の点について，学校側の意志が保障されるようなシステムの構築が求められるだろう。

　①の点に関連して，学校教育が保障する教育内容を明文化し，学校教育に子どもをゆだねる際の保護者の権利と責任について国がガイドラインを制定し，学校側は保護者とその内容について契約する。このことで，子どもに対する責

任を保護者に求める権利を学校側にもたせていく必要があるだろう。学校側だけが一方的に保護者に対して責任を負うような形では，学校と保護者・地域との連携は，スローガンだけで終わってしまうからである。

そして，②③に関連して，日本の学校教育は全国の子どもたちの義務教育の機会均等とその水準の均等をめざして，全国一律の教育システムを構築している。しかし，日本のなかでも各地域の実態，経済活動の内容や文化や伝統に関しての地域の違いは小さくない。それぞれの地域での保護者の願う子どもの将来像も一律ではないだろう。そのようななかで，全国一律の教育システムの維持は，かなり限界にきているのではないだろうか。

地域，学校の実態に合った教育システムをより柔軟に取り入れることが，結果として全国の教育水準の均等をめざすことにつながる面もあると思われる。つまり，県や市町村，そして学校にもっと裁量権（助成も含めて）を与えてもよいのではないだろうか。中央の文部行政の権限を，地方に大胆に委譲する発想を考慮してもよいのではと考える。

各地方は地域住民の民意を取り入れ，その地域にあった教育システムを構築すればよいのである。国は最低のガイドラインを定め，定期的な全国学力調査などを実施して，各地方の教育行政を大きな視点で評価するが，教育の方法は各地方に委ねていくのである。

また，日本型の公教育の限界として，どうしても能力の平均的な層の多数派の子どもたちに対しての教育・教育方法が中心になってしまう（注1）。特に本書でふれられなかった点でいえば，能力の高い子どもや一芸に秀でているような子どもをより育成していくような私立の学校の設置が，もっとあってもよいのではないだろうか。例えば，スポーツや芸術の科目の比重を高めた学校，英国のパブリックスクール（注2）のような真のエリートの養成をめざした学校などである。そういう学校の設置をより認める基準の緩和，助成などが国の教育政策として検討されてもよいのではないかと考える。

第12章　日本の学級集団制度を考える

注1：ギフテッド教育（Gifted,Talented Education）とは，英才児を対象にした英才教育のことである（二宮　2006）。英才の定義は，知的能力，学業，創造性，指導力，芸術的才能，運動能力などの面で特に優れた能力や力を有していることが一般的である。アメリカでは英才教育を行うかどうかは州政府の権限であるが，全米の25州では州政府自ら英才児などの定義を明確に定めて，積極的に英才教育プログラムを提供しているという。

注2：パブリックスクール（public school）とは，イギリスでは公立学校ではなく，私立の名門中高一貫校のことを指し，ジェントルマン階層の子弟を養成する学校としてイギリス社会のなかに浸透し，21世紀の今日まで，各界の指導者を数多く輩出してきたエリート学校として全世界にも知られている（二宮　2006）。高額な授業料が必要で，一流大学進学を前提とし，大部分は寄宿制であり，厳格な規律のもとに集団生活を送っている。演劇や討論会なども盛んに行われ，勉強のみならず，「運動競技がジェントルマンを創る」という考え方から，スポーツにも相当時間が割かれている。また，キリスト教の教えに基づく道徳教育にも力を入れ，骨太のエリート教育が行われている。

引用文献

経済協力開発機構（OECD）　2009　図表で見る教育 OECD インディケータ2009年版
宮原哲　1992　入門コミュニケーション論　松柏社
二宮皓（編著）2006　世界の学校－教育制度から日常の学校風景まで－　学事出版

あとがき

　実態調査，介入研究（支援も含めて），教員研修会への参加，という3つの形で，この15年間，日本全国の学校にかかわらせていただいた。まさに北海道から沖縄までである。

　数値データと観察・聞き取りデータ，現地での先生方との交流を通した生の声，これらを統合していったた結論は，日本の学校教育の基本システム，学級集団制度と，それを成立させる学習指導と生徒指導を教師が統合して行っていくという指導体制が揺らいでいるということである。

　教師個人のレベルや，1つの学校の組織レベルを超えて，そのシステムそのものが再検討の段階にきているということである。

　そのうえに不登校やいじめ，学級崩壊，退学，学力問題など，学校を取り巻く問題が山積し，学校現場が多くの労力をかけても大きな改善にはいたらない，一過性に終わってしまうという結果になっているのではないだろうか。

　そして，その対策としてのいろいろな教育政策が，日本の学校教育の基本システムへの検討がないままに積み上げられる形で実施され，徐々に学校現場の教師たちのキャパシティを上回り，教師たちが慢性疲労の状態になってきていると感じる。研究活動当初の5年間と近年の5年間を比べると，近年の5年間の教師たちの疲労感の強さは，肌で感じる実感である。

　教室の教師が疲れているなかで，子どもたちの生きる力を育てようというスローガンがむなしく響いてしまうのである。一部の例外はあっても，全体に日本の教師たちは真面目で，その能力は他国の教師と比べて勝るとも劣らないであろう。しかし，日本の学校教育は何を最も大事にしていくのか，その部分が揺らいでしまうと，「子どものためならあれもこれもすべてやろう」という形になり，教師たちは強い多忙感のなかで疲弊し，そのような状況でいい結果が生まれるはずはない。子どもたちも，多くの学習内容のなかで消化不良になり，すべてが中途半端になりかねないのである。

日本の学校教育は何を最も大事にしていくのか。
　その問いは，日本の学校教育の基本システム，学級集団制度とそれを成立させる学習指導と生徒指導を教師が統合して行っていくという指導体制の検討につながっていくことであろう。
　日本の学校教育少なくとも公教育は，「学級集団での日々の生活体験，子ども同士の相互交流，係や行事などの活動体験を通して，社会性，道徳性などの心の発達を促し，ソーシャルスキルなどの社会で生活していくためのスキルを体験学習させていく，同時に，子ども同士が学び合う学級集団を単位とした学習活動を通して，子どもたち一人一人の人格の陶冶をめざす」，という方針で展開されてきたのである。そして，その基盤となる方法論が，日本の学校教育の基本システムだったのである。それを学校現場の教師たちは，一般に「学級経営」と呼んでいるのである。
　本書は，この問いに対する検討の重要性を問題提起しようと試みたものである。まずこの検討から出発しなければ，大きな教育改革は始まらないと思うからである。問題提起するための資料は，私のライフワークの研究を，1つの節目の時点でまとめたものである。論を進めていくうえで最低限必要な教育学の先行研究にもあたった。専門外なので力足らずの部分が多々ある点はお許し願いたい。その点は，今後の新たな研究の出発点にしたいと，強く心に期している。ただ，一応の自分なりのまとめができたことを，いまはうれしく思っている。
　本書を出版するにあたって，私の研究活動を支えてくださっている方々に，この場を借りてあらためて感謝したい。大学院時代に研究のあり方を教えてくださった，國分康孝先生，田上不二夫先生，新井邦二郎先生。大学院時代からの仲間たち。そして，常にフォローしてくれた武蔵由佳氏をはじめとした河村研究室の院生とOB・OGの面々，元気をくれた多くの学生たち。さらに，実務・事務面で支援をいただいた図書文化社社長の村主典英氏と楠元奈津子氏，東則孝氏と渡辺佐恵氏をはじめとした図書文化社出版部の方々。数々のアドバイスをくださった早稲田大学の教育心理学，初等教育学の先生方。そして，私

の研究に協力してくださった全国の先生方と子どもたち。この15年間自由に研究活動に取り組ませてくれた我が家族に，である。

　本書が，教育の理想と多忙な学校現場のなかで悪戦苦闘している多くの先生方，教育問題を真摯に考える方々への，1つの問題提起になれば幸いである。

　最後に，本書を故池田公治校長先生に捧げます。教師のあり方，教育の意義を，身をもって私に教えてくださった先生でした。

　2009年12月
　きれいに色を変えた銀杏の葉が，わずかに残る早稲田キャンパスにて

　　　　　　　　　　　　　　　　　　　　　　　　　　　河村　茂雄

著者紹介

河村　茂雄　かわむら・しげお

早稲田大学教育・総合科学学術院教授。博士（心理学）。筑波大学大学院教育研究科カウンセリング専攻修了。公立学校教諭・教育相談員を経験し，岩手大学助教授，都留文科大学大学院教授を経て現職。日本教育カウンセリング学会常任理事。日本カウンセリング学会理事。日本教育心理学会理事。論理療法，構成的グループエンカウンター，ソーシャルスキルトレーニング，教師のリーダーシップと学級経営について研究を続ける。「教育実践に生かせる研究，研究成果に基づく知見の発信」がモットー。著書：『教師のためのソーシャル・スキル』『教師力　上・下巻』（誠信書房），『若い教師の悩みに答える本』（学陽書房），『学級崩壊　予防・回復マニュアル』『学級担任の特別支援教育』『学級づくりのためのQ-U入門』『データが語る①〜③』『いま子どもたちに育てたい学級ソーシャルスキル』（図書文化）ほか多数。

日本の学級集団と学級経営
―集団の教育力を生かす学校システムの原理と展望―

2010年5月1日　初版第1刷発行　［検印省略］
2019年9月20日　初版第7刷発行

編　著　者 ⓒ 河村茂雄
発　行　人　福富　泉
発　行　所　株式会社 図書文化社
　　　　　　〒112-0012　東京都文京区大塚1-4-15
　　　　　　TEL. 03-3943-2511　FAX. 03-3943-2519
　　　　　　振替　00160-7-67697
　　　　　　http://www.toshobunka.co.jp/
装　　　幀　中濱健治
組　　　版　株式会社 Sun Fuerza
印刷・製本　株式会社 厚徳社

|JCOPY| ＜出版者著作権管理機構 委託出版物＞
本書の無断複写は著作権法上での例外を除き禁じられています。複写される場合は，そのつど事前に，出版者著作権管理機構（電話 03-3513-6969，FAX 03-3513-6979，e-mail: info@jcopy.or.jp）の許諾を得てください。

乱丁・落丁の場合はお取り替えいたします。
定価はカバーに表示してあります。
ISBN 978-4-8100-0560-8　C3037

河村茂雄の学級経営

● Q-U検査を知る

学級づくりのためのQ-U入門
A5判　本体1,200円

● 要点の早わかり

授業づくりのゼロ段階
[Q-U式学級づくり入門]
A5判　本体1,200円

学級集団づくりのゼロ段階
[Q-U式学級集団づくり入門]
A5判　本体1,400円

「みんながリーダー」の学級集団づくり!
学級リーダー育成のゼロ段階
A5判　本体1,400円

● 学級集団づくりの実践

Q-U式学級づくり
満足型学級育成の12か月
小学校（低学年／中学年／高学年）・中学校
B5判　本体各2,000円

シリーズ 事例に学ぶQ-U式学級集団づくりのエッセンス
集団の発達を促す学級経営
小学校（低／中／高）・中学校・高校
B5判　本体2,400〜2,800円

学級集団づくりエクササイズ
小学校編・中学校編
B5判　本体各2,400円

学級崩壊 予防・回復マニュアル
B5判　本体2,300円

● 社会的スキルの育成

学級ソーシャルスキル
小学校（低学年／中学年／高学年）・中学校
B5判　本体各2,400円（中学のみ2,600円）
CD-ROM版（Windows）　本体各2,000円
※ CD-ROM版には、書籍版の2〜4章（実践編：掲示用イラストとワークシート）がデータで収録されています。

● 学級タイプに応じる指導案

授業スキル
小学校編・中学校編
[学級集団に応じる授業の構成と展開]
B5判　本体各2,300円

学級タイプ別 繰り返し学習のアイデア
小学校編・中学校編
B5判　本体各2,000円

● その他

データが語る
①学校の課題
②子どもの実態
③家庭・地域の課題
A5判　本体各1,400円

公立学校の挑戦
小学校編・中学校編
A5判　本体各1,800円

教育委員会の挑戦
A5判　本体2,000円

実証性のある
校内研究の進め方・まとめ方
A5判　本体2,000円

日本の学級集団と学級経営
A5判　本体2,400円

図書文化

※本体には別途消費税がかかります。